죽음 너머, 우리가 몰랐던 귀신 이야기

죽음 너머, 우리가 몰랐던 귀신 이야기

발행일	2020년 9월 21일			
지은이	이원철			
펴낸이	손형국			
펴낸곳	(주)북랩			
편집인	선일영	편집	정두철, 윤성아, 최승헌, 이예지, 최예원	
디자인	이현수, 한수희, 김민하, 김윤주, 허지혜	제작	박기성, 황동현, 구성우, 권태련	
마케팅	김회란, 박진관, 장은별			
출판등록	2004. 12. 1(제2012-000051호)			
주소	서울특별시 금천구 가산디지털 1로 168, 우림라이온스밸리 B동 B113~114호, C동 B101호			
홈페이지	www.book.co.kr			
전화번호	(02)2026-5777	팩스	(02)2026-5747	

ISBN 979-11-6539-392-2 03110 (종이책)   979-11-6539-393-9 05110 (전자책)

이 도서의 국립중앙도서관 출판예정도서목록(CIP)은 서지정보유통지원시스템 홈페이지(http://seoji.nl.go.kr)와
국가자료공동목록시스템(http://www.nl.go.kr/kolisnet)에서 이용하실 수 있습니다.
(CIP제어번호: CIP2020039271)

(주)북랩 성공출판의 파트너

북랩 홈페이지와 패밀리 사이트에서 다양한 출판 솔루션을 만나 보세요!

홈페이지 book.co.kr   •   블로그 blog.naver.com/essaybook   •   출판문의 book@book.co.kr

이원철 지음

죽음 너머,
우리가 몰랐던
귀신 이야기

우리 곁의 영혼들

우리 주위 어디든 존재하며
한때 우리의 친구였고 가족이었던 이들의
영혼에 대한 이야기,

오싹하지만 흥미진진한 영적 세계가
당신 앞에 펼쳐진다!

북랩 book Lab

머/리/말

2017년 2월 초순의 어느 날, 우리 형제들은 지난가을 돌아가신 아버지의 생신날을 기리기 위해 부산 주례동에 있는 큰형님의 아파트 거실에 모여 있었다. 베란다 창문을 통해 따스한 햇볕이 실내로 쏟아지고 있었으나 바깥에는 아직 잔설이 여기저기 남아 있었고, 추운 날씨에 행인들이 몸을 웅크린 채 외투 옷깃을 올리고 지나다니는 모습이 보였다. 그 순간 어디서 나타났는지 노랑나비 한 마리가 날아들어 우리 머리 위를 한 바퀴 휙 돌고서는 팔랑거리며 베란다 쪽으로 사라졌다. 급히 따라가 보았으나 더 이상 보이지 않았다. 이 겨울에 나비가 나타나다니, 그것도 창문이 닫혀 있는 아파트 실내로 날아들다니, 모두 의아해했다. 아내는 아버지의 영혼이 나비가 되어 나타난 것이라고 했다.

사람은 누구나 죽음을 맞게 된다. 사람뿐만 아니라 생명을 가진 모든 유기체는 조만간 죽게 마련이다. 그러나 사람들은 죽음에 대해 생각하거나 입에 올리기를 꺼린다. 그것은 아마도 죽음을 극도로 두려워하기 때문일 것이다. 죽음에 대해 생각하기를 기피하다 보니 죽음 이후의 세계에 대해서는 매우 무지하다. 그러다가 막상 죽음에 직면하면 어찌할 바를 몰라 허둥댄다. 죽음 이후의 영적 세계를 대하는 사람들의 태도는 크게 두 가지로 분류된다. 하나는 특정 종교의 교리에 따라 하늘나라로 인도되어 갈 것이라고 맹목적으로 믿는 부류고, 다른 하나는 죽음으로 모든 것이 소멸되므로 그 이후의 세계는 아예 존재하지 않는다고 생각하는 부류다. 어느 쪽이든 영적 세계를 학문적으로 탐구할 필요가 없다고 생각하는 점에서 동일하다. 이러한 태도는 비단 현대인에게만 나타나는 것이 아니라 고대로부터 지금까지 이 지구상에 살다간 대부분의 사람이 보인 태도다. 신앙인이거나 유물론적 무신론자 중 어느 한쪽인 경우가 많았다.

그러나 어느 시대에나 영적 세계를 합리적, 이성적으로 탐구하는 소수의 연구자가 있었다. 중세 유럽의 연금술사들도 그런 연구자였다. 그러나 영적 세계를 학문적으로 탐구하는 연구자들은 종교에 의하여 엄청난 박해를 받았다. 마녀로 몰려 화형에 처해지기 일쑤였다. 그러다가 근대에 이르러 뉴턴 이래 고전 물리학이 혁혁

한 성과를 이루면서 이번에는 과학계로부터 박해가 시작되었다. 정통 과학자임을 자처하는 그들은 우주는 사람의 정신이나 마음과는 무관하게 객관적으로 존재하며, 수량적인 측정에 의하여 그 실체와 미래를 파악할 수 있다고 확신하였다. 이러한 자신감에서 그들은 영적 세계를 연구하는 학자들을 미신 신봉자라고 매도하고 캠퍼스에서 내쫓았다. 실험에 의하여 재현될 수 없으며 관찰자들의 주관에 따라 다른 결과가 도출되는 심령학자들의 연구 결과는 비과학적이라고 공격하였다.

그러나 몇몇 용기 있는 학자들에 의해 영적 세계에 대한 연구는 면면히 이어졌다. 영국 케임브리지 대학에서는 심령연구회(SPR)를 조직하여 체계적인 연구를 시작하였다. 심령연구자들은 전 세계적으로 무수히 관찰되는 영적 현상의 실증자료들을 토대로 영혼과 사후세계의 존재를 규명하기에 이르렀다. 때마침 아인슈타인의 상대성이론과 보아, 하이젠베르크, 슈뢰딩거 등에 의한 양자역학으로 대표되는 현대 물리학이 등장하면서 기계적 우주관을 주창하던 고전 물리학이 파기되기에 이르렀으며, 프로이트와 융 등의 심층심리학자들은 인간의 마음 세계가 의식과 무의식의 이중구조로 되어 있음을 밝혀냈다. 이러한 현대 물리학과 심층심리학의 등장으로 과학자들이 더 이상 심령과학자들의 연구를 비과학적이라고 배척할 수 없게 되었다. 저명한 현대 물리학자인 봄, 카프라 등이 영적 현상의 하나인 초능력과 저승의 존재를 과학적 방법으로 연구하였고, 융의 후계자로서 초심리학자인 미국 듀크대학의 라인 교수는 ESP(초감각적 지각)와 염력 등 초상현상을 통계적 연구 방법으로 규명하였다.

그러나 이러한 심령과학의 연구 성과가 아직도 주류 과학자들에 의해 일반적으로 수용되지 못하고 있는 실정이며, 특히 우리나라에서는 학계에서나 일반인에게나 여전히 사이비 과학이거나 미신이라고 배척되고 있다. 그것은 16세기에 코페르니쿠스가 지구가 태양을 돈다는 사실을 밝혔음에도 아무도 믿으려 하지 않았던 것과 같다. 마치 물속에 사는 물고기가 수면 바깥에 거대하고 아름다운 세계가 존재함을 보지 못하는 것과도 같다.

필자는 학창 시절부터 심령현상에 관해 관심을 가지고 꾸준히 관련 자료들을 섭렵하였다. 비록 법과대학을 나와 법조인의 길을 걷게 되어 현생에서 일어나는 인간사를 다루는 것을 직업으로 삼고 있지만, 30여 년간 심령학에 관심을 두고 연구한 결과 우리 인간에게는 물질적인 육체 이외에 영혼이 존재한다는 사실을 깨달았으며, 또한 인간의 지구상에서의 삶은 육체를 떠나 영혼으로 존재하는 무한한 시간에 비추어 극히 짧은 일순간에 불과하다는 사실을 깨닫게 되었다. 이러한 결론은 신앙으로서의 깨달음에 의해서가 아니라 고대 이래 지금까지 종교와 정통 과학계의 박해를 무릅쓰고 용기 있게 연구해온 많은 학자의 연구 결과물을 탐구함에 의한 것이었다. 영국 심령연구회의 저작물과 저명한 심령과학자들을 비롯한 물리학자, 의학자, 화학자, 심리학자들이 저술한 문헌에는 영적 세계에 관한 많은 연구 결과가 축적되어 있는 것이다. 필자는 이러한 문헌을 접하면서 사람들이 죽음을 두려워하고 영적 세계에 대해 무관심한 것은 죽음과 영혼의 실체에 대해 무지하기 때문임을 알게 되었다. 청소년들에게 수학과 역사를 가르치듯이 죽음과 영혼에 대해 학문적으로 가르쳐야 할 필요성을 절감하였다. 이 책을 저술하게 된 것도 그런 이유 때문이다.

 아버지가 숨을 거두시는 순간 필자는 "이생의 모든 것을 놓아버리시고 밝은 빛을 따라 저승으로 떠나가세요."라고 마음속으로 빌었다. 그 이후, 사람들에게 죽음 이후의 세계를 쉽게 설명할 방법이 없을까 하고 생각해 오던 중 아버지의 첫 생신날 날아든 나비를 보고서는 용기를 내어 이 책을 쓰기로 마음먹게 되었다.

 이 책은 사람의 육체적 죽음 이후 영혼으로 존재하는 실체, 즉 귀신에 대한 이야기다. 마냥 무섭기만 한 존재가 아니라 우리 주위 어디든 존재하며 우리에게 영향을 미치고 소통하고 싶어 하는, 한때는 우리의 친구였고 가족 또는 조상이었던 이들의 영혼에 대한 이야기다. 그에 관해 많은 학자가 연구한 결과를 알기 쉽게 소개하는 내용이다. 귀신에 대해 알게 되는 것은 영적 세계를 이해하는 첫걸음이 된다. 누구나 죽음이 끝이 아니라는 사실을 알게 되면 삶을 대하는 태도가 달라진다고 한다. 이 책이 참된 삶을 살고자 하는 사람들에게 조금이나마 보탬이 되었으면 필자에게는 더없는 기쁨이 되리라 생각한다.

2020년 8월
이원철

목차

머리말   5

제1장 귀신의 정체

1_   귀신이란 무엇인가?-신(神)과 귀신(鬼神)의 관계   16

2_   인간과 영혼   18

3_   귀신은 순수한 에너지체다   30

4_   왜 귀신(지박령)이 되는가?   36

5_   귀신은 무엇을 먹고사나?   43

6_   공동묘지에는 귀신이 없다?   48

7_   귀신이 나타나면 왜 오싹해지는가?   51

8_   어떤 영혼이 원귀(冤鬼)가 되는가?   54

9_   귀신의 능력-귀신은 로또 번호를 맞힐 수 있을까?   63

10_ 귀신이 화재를 일으킨다?   73

11_ 급발진사고는 귀신의 짓일까?   75

12_ 귀신과 외계생명체   81

13_ 동물령   93

14_ 자살한 사람들의 영혼   99

15_ 조상신   105

16_ 잠시 귀신 되어보기(1)-유체이탈   110

17_ 잠시 귀신 되어보기(2)-임사체험   119

18_ 심술궂은 귀신-폴터가이스트   130

제2장 귀신의 침범

1_ 빙의(憑依)-귀신들림   138

2_ 빙의 환자의 증세   146

3_ 구마(驅魔)의식   150

4_ 빙의와 최면치료   157

5_ 빙의와 구마의식을 주제로 한 영화   165

6_ 귀신을 막는 방패막이-오라(Aura)   171

7_ 귀신이 병자를 치료한다-심령치료   177

8_ 다이아몬드에 들러붙은 귀신   184

제3장 귀신과의 소통

1_ 귀신과의 교신-채널링   200

2_ 비범한 채널러들   202

3_ 귀신이 글을 쓴다-자동서기(自動書記)   237

4_ 접신   249

5_ 무당과 귀신   255

6_ 귀신을 초대하다-교령회   262

7_ 귀신을 함부로 불러들이지 마라   271

8_ 위자보드와 분신사바   281

9_ 귀신을 촬영할 수 있나?   294

맺음말   315

참고문헌   317

제1장

귀신의 정체

1. 귀신이란 무엇인가?
-신(神)과 귀신(鬼神)의 관계

귀신의 정체를 알기 위해서는 신과 귀신의 관계를 먼저 알아보아야 한다. 신을 어떻게 정의할 것인가에 관해서는 역사적, 문화적 상황에 따라 여러 가지 견해가 있으나 여기서는 '종교적 신앙의 대상으로 초자연적이거나 초인간적 힘이나 성질을 가진 우주의 근원적 실체'를 신이라고 정의하고자 한다.

신은 일반적으로 종교적 신앙의 대상으로 초자연적·초인간적 힘이나 성질을 가진 존재를 말한다. 대우주에 편재해 있는 우주의식이 곧 신이다. 그러나 신은 모든 것을 초월해 있으므로 '하나의 존재'가 아니라 상징이거나 암호라고 보는 것이 더 정확할지 모른다. 그러나 세상에는 신의 존재 자체를 부인하는 무신론자들도 많다. 반면 유신론자들은 신이 우주의 근원적 실체로서 자신이 가진 무한한 에너지(氣)를 사용하여 우주 만물을 창조하였으며, 인간도 신의 에너지를 나누어 받아 태어나는 것으로 믿고 있다. 필자도 신의 존재를 믿는다. 신의 존재를 직접적으로 증명할 길은 없다. 그러나 신이 존재해야만 설명되는 많은 현상이 있다. 그러므로 최소한 그런 현상들에 관심을 가질 필요가 있지 않을까?

구약성서 창세기에 보면 '여호와 하느님께서 진흙으로 사람을 빚어 만드시고 코에 입김을 불어 넣으시니, 사람이 되어 숨을 쉬었다'라는 구절이 있다. 이는 하느님의 영혼 일부가 갈라져 인간의 영혼이 되었다는 얘기다. 우리는 누구나 큰 어려움에서 벗어나면 자기도 모르게 "하느님, 감사합니다!"라고 외친다. 또 너무나 안타까운 일을 겪게 되면 "하늘도 무심하시지!"라고 말한다. 이 하느님과 하늘이 바로 신이다. 우리나라에서는 신을 다른 말로 하느님, 하나님, 천제, 신령님 등으로 부르고, 서양에서는 GOD이라 하며, 중국에서는 상제, 인도에서는 브라만, 유대인들은 야훼라고 부르며, 로마 시대에는 주피터, 페르시아에서는 미트라라고 불렀다.

그러면 귀신은 무엇인가? 신의 에너지를 나누어 받은 인간이 사망하게 되면 육체는 그 구성 원소에 따라 흩어지지만 영혼은 본래 고향인 천상으로 되돌아가게 되는데, 이처럼 인간의 육체에서 분리된 영혼을 크게 보아 모두 귀신이라고 지칭할 수 있다. 그러나 좁은 뜻으로는 사망 후 육체에서 분리된 영혼이 아직 저승으로 돌아가지 못하고 이승에 남아 있는 동안을 귀신이라고 하고[1], 이미 저승으로 돌아간 영혼은 이와 구별하여 영(靈)이라고 부른다. 육체에서 분리된 영혼을 혼령, 정령, 사령, 고스트, 유령이라고 표현하기도 하고, 특히 악한 성품을 가진 귀신을 악마, 데몬, 악령, 루시퍼,

---

1) 『영혼들의 여행』의 저자 마이클 뉴턴도 '귀신'을 그렇게 정의하였다.

원귀 등으로 표현한다. 저승으로 돌아가지 못하고 지상에 머무는 영혼을 지박령(地縛靈), 어스바운드(Earthbound)라고 하며[2], 동물이 죽어 육체와 분리된 영혼을 동물령이라고 한다.

이 책에서는 인간의 사망으로 육체로부터 분리된 영혼 중에서 지박령 또는 어스바운드와 같이 아직 저승으로 돌아가지 못하고 지상에 남아 있는 영혼을 귀신이라고 정의하고 그에 관하여 주로 설명하고자 하나, 때에 따라서는 이미 저승으로 돌아갔다가 이승을 방문하러 온 영혼들도 귀신에 포함해 살펴보고자 한다.

2. 인간과 영혼

우리 선조들은 고대부터 '나는 누구인가'라는 철학적 사색을 해 왔다. 그에 따라 '인간은 무엇인가', '인간은 무엇으로 이루어졌는 가', '인간의 실체는 무엇인가'라는 의문에 대해 끊임없는 논쟁을 계속해 왔다. 인간은 "내가 누구지?"라고 의문을 가진다는 점에서 다른 생명체와 구별된다고 한다. 들판에 피어 있는 백합과 하늘을 나

---

2) 지박령의 '박(縛)'자는 얽어맨다, 포박한다는 뜻이고, 어스바운드(earthbound)의 'bound' 역시 묶다, 속박한다는 bind의 과거 분사형이다. 따라서 지박령과 어스바운 드는 문자 그대로 땅에 묶여 있는 영혼이다.

는 새들은 우리 인간처럼 "내가 누구지?" 하고 묻지 않는다는 것이다. 그런 의문이 없으니 마음에 갈등이 없고 평화로워 보이는 것인가? 선불교에서는 '나는 누구인가'라는 근원적 물음을 '이뭣고?'라는 화두로 삼아 깨달음을 추구해 왔다.

그러한 의문에 대한 해답으로 고대 그리스의 플라톤을 비롯한 서양 철학자들은 '인간은 육체와 영혼으로 이루어진 존재'라고 결론지었다. 이른바 이원론이다.[3] 여기에 따로 정신을 보태어 인간은 육체와 영혼 및 정신으로 이루어져 있다는 삼분론(trichotomy)을 주장한 학자들도 있다. 정신을 물질적인 육체와 비물질적인 영혼 사이를 이어주는 제3의 요소로 본 것이다. 현대의 심령 연구가들도 인간의 이원성을 주장한다. 그들은 인간은 내면체와 외면체로 이루어져 있으며, 외면체는 육체로서 '이승'의 법칙이 적용되는 반면, 내면체는 인격의 중심체인 영혼으로서 외면체의 죽음 이후에도 '저승'의 법칙에 따라 영원히 존재한다고 한다. 어떤 학자는 인간이란 '탄소형 생명체'인 육체와 '전자파 에너지 생명체'인 영혼이 겹쳐진 이중구조로 되어 있다고 설명하기도 한다.[4] 탁월한 설명이다. 탄소와 에너지라! 인간뿐만 아니라 지구상의 모든 생명체가 그렇게 구성되어 있는 것 같다.

---

3) 17세기에 살았던 데카르트가 대표적인 인물이다.
4) 안동민 저, 『빙의령 이야기』(서음미디어, 2019), 21쪽

그러나 현대 철학자들 중에는 이원론이든 삼분론이든 불문하고 인간을 대상화하여 육체와 영혼(또는 정신)으로 절대적으로 분리하여 이질적인 요소로 보는 것에는 문제가 있다고 주장하는 사람들이 많다. 그들은 육체와 영혼(또는 정신)이 조화와 통일을 이루고 있는 것이 인간이라고 주장한다.[5] 데카르트는 육체와 영혼을 구별하는 이원론자에 해당하지만, 육체와 영혼의 연결성과 상호 작용에 관해서도 많은 연구를 하였다. 그들 사이의 조화를 강조한 것이다. 그는 흥미롭게도 우리 몸에서 영혼과 상호 작용하는 기관으로 송과선(松果腺)을 지적하기도 하였는데, 이는 현대 심령과학자들이 송과체는 우주의 근원적인 존재에서 나오는 파장과 공조하는 기능을 한다고 주장하는 것과 일맥상통한다.

어쨌든 인간이 단지 물질적인 육체만으로 이루어진 존재가 아니라 영혼이 깃들어 있는 영적 존재라는 점에 대해서는 부정할 수 없다고 생각한다. 물론 유물론자 등 일부 과학자들은 영혼의 존재를 부인하고 인간의 모든 정신적 작용은 물질에 속하는 뇌의 작용에 불과하다고 주장하기도 한다(물활론). 그러나 우리가 경험하는 수많은 비물질적, 영적 현상에 비추어볼 때 받아들이기 어려운 주장이다. 영혼의 존재 및 영적 현상의 실재에 대하여는 역사적으로, 전 세계적으로 너무나 많은 증거가 누적되어 있고 학문적인 연

---

5)   20세기 네덜란드 철학자 C. A. 반 퍼슨 등

구도 이루어져 있어 더 논쟁할 가치가 없다고 생각된다. 이제는 이러한 연구를 과학의 한 분야인 심령과학이라고 부르는 데 주저할 필요가 없다. 심령과학은 초심리학이라고 부르기도 한다. 심령현상은 크게 보면 신과 귀신뿐만 아니라 UFO, 초능력(ESP), 미스터리 서클[6] 등에 관한 현상을 포함한다.

이 책을 읽는 독자들도 한두 가지씩의 심령현상을 나름대로 직접 체험하였을 가능성이 크다고 생각한다. 우리가 몹시 힘들어할 때 꿈에 돌아가신 어머니가 나타나 용기를 내라고 하신 일 같은 경험 말이다. 비틀스의 유명한 노래 〈렛잇비(Let it be)〉를 좋아하는 사람이 많을 것이다. 그 노래의 가사를 지은 폴 매카트니는 멤버 간의 불화로 큰 고뇌에 빠져 있던 어느 날 꿈속에서 암으로 돌아가신 어머니 메리(Mary)를 만난다. 어머니는 아들에게 너무 걱정하지 말고 용기를 가지라고 하면서 "Let it be!"라고 말해 준다. 억지로 어떻게 해보려 하지 말고 순리에 맡겨두라는 말이다. 돌아가신 어머니의 영혼이 고뇌하는 아들에게 용기를 주기 위해 꿈에 나타난 것이다. 어머니의 말을 듣고 매카트니가 지은 노래의 가사를 번역하면 다음과 같다. 여러분도 이 노래에서 위로와 용기, 그리고 영감을 얻기 바란다.

---

6) '크롭 서클(Crop circle)'이라고도 하며, 영국 동남부의 고대 유적지 근처 밀밭에 나타나는 기하학적 도형을 말한다.

〈Let it be(그냥 내버려 두렴)〉

내가 고통의 시간 속에 있을 때,
어머니가 내게 다가와 지혜의 말씀을 해주셨지.

그냥, 내버려 두렴.

내 어둠의 시간에 그녀는 내 앞에 서서
지혜의 말씀을 해주셨지.

그냥, 내버려 두렴.

마음이 힘들고 괴로울 땐
그냥, 그 마음을 지켜만 보게.

뭔가 하려고 하지 말고
그냥, 그 마음 내버려 두게.

아직 폴 매카트니와 같은 경험을 못 해 봤더라도 실망할 필요는 없다. 남은 인생 동안 언젠가는 그런 경험을 한두 번씩은 하게 될 것이다. 우석대학교 맹성렬 교수는 귀신(유령)의 형상을 보거나, 소리를 듣거나, 귀신과 접촉한 사람이 전 세계 인구의 10%를 상회한다고 한다.[7] 비록 직접 체험하지는 못한다고 하더라도 다른 사람

---

7) 맹성렬 저, 『과학은 없다』(쌤앤파커스, 2012), 266쪽

의 체험담이나 심령연구가들의 연구 결과를 통해 간접적으로 경험하게 될 독자들도 많을 것이다. 우주와 인간의 본질에 관하여 고전 물리학과 정통 심리학 등의 관점으로 설명하던 시대는 이제 서서히 저물어가는 것 같다. 양자역학으로 대표되는 현대 물리학과 초심리학, 심령과학 등이 물질과 영혼의 이분법적 경계를 허물어뜨리고 영계의 실체까지도 밝혀내기 시작하였다. 따라서 우리는 머지않아 이러한 분야의 선구적 과학자들이 이룩한 성과에 힘입어 심령현상의 실체를 똑똑히 확인하게 될 것이다. 재미있는 것은 2007년에 일부 과학자들이 정밀 컴퓨터를 이용하여 영혼의 무게를 측정하는 데 성공하였다는 사실이다(스웨덴의 룬데 박사 연구팀이 측정한 영혼의 무게는 21.26214g이었다고 한다). 이처럼 영혼의 무게를 측정하는 것에 그치지 않고 여러 영적 현상들을 과학적으로 확증할 수 있는 날이 곧 도래하기를 기대해 본다.

뒤에서 자세히 살펴보게 되겠지만, 인간은 죽으면 그 영혼이 한동안 자신의 육체나 집 주위를 맴돌다가 먼저 죽은 가까운 사람의 안내로 저승으로 향하게 된다. 이때 생전에 영혼의 존재를 부정하고 사후의 생명 영속성을 믿지 않았던 사람들은 매우 당황하게 된다. "어, 내가 죽었는데 왜 그대로 존재하지?"라고 하며 자신이 죽은 뒤에도 엄연히 존재하는 현실에 놀라게 되는 것이다. 이런 사람들은 저승에 가면 현생에서 유물론자들로부터 배웠던 것과는 다른 사실 체계를 배우고 새로운 개념에 적응해야 한다. 신과 영혼의 존재를 믿지 않았던 무신론자들은 죽은 뒤에 생전과 똑같이 자신이 존재하는 현실을 보고 처음에는 이를 부정하려고 한다. "이건 사실이 아닐 거야!"라고. 저승이 존재한다는 사실도 애써 부정한다. 그래서 저승으로 떠나지 않으려 하는 경우가 많다. 그렇다 보니 무신론자들이 유신론자들보다 죽어서 저승으로 가지 못하고 지박령이 되거나 살아 있는 사람에게 빙의할 확률이 높다고 한다. 이런 사태를 피하기 위해서라도 우리는 죽음 이후의 세계에 대해서 미리 약간의 공부를 해둘 필요가 있다. 이 책이 그런 공부에 조금이나마 도움이 되기를 바란다.

우리나라 사람들은 사람이 죽는 것을 '돌아간다'라고 말하는데, 이는 인간이 죽으면 소멸하는 것이 아니라 저승으로 되돌아간다는 것을 표현하는 것이다. 우리의 영원한 고향은 어디까지나 저승이며, 우리는 잠시 이 지구상에 다니러 온 여행객에 불과하다는 깊은 진리가 담긴 말이다. 아메리카 인디언 등 세계 각처의 많은 원주민들도 살아 있는 사람의 육체는 영혼이 잠시 머무르다 가는 물체에 불과하며, 죽음은 영혼이 출생 이전의 원초적인 대모신(Great Mother)의 품 안으로 되돌아가는 상태라고 믿는다. 그냥 '간다'라고 하지 않고 '되돌아간다'라고 말하는 것은 우리가 왔던 곳으로 다시 찾아가기 때문이다. 저승은 결코 처음 가보는 낯선 곳이 아니다.

영혼의 개념에 관하여는 문화와 종교에 따라 다양하게 설명하지만, 공통적인 특성을 들어 정의하자면 우리 인간의 육체에 깃들어 있는 초자연적인 존재로서 육체의 사망 이후에도 영원히 존속하는 불멸의 실체를 뜻한다. 인간의 육체는 작은 우주라 할 수 있으며 그곳에 편재해 있는 정신, 즉 에너지 생명체가 바로 영혼이다. 지중해의 성자라고 불리는 다스칼로스는 우리 인간은 물질적인 육체 이외에도 심령체와 이지체를 가지고 있다고 했다. 그는 물질적인 육체가 죽은 후에도 심령·이지체를 지닌 채 심령계라는 4차원 세계에서 산다고 하였다.[8] 다스칼로스가 말하였듯이 인간의 육체적 죽음 이후에 심령·이지체로서 살고 있는 존재가 바로 영혼인 것이다. 심령과학자들은 대부분 인간이 죽은 뒤에 영혼이 환생한다고 설명한다. 영혼은 하나의 개체로서 한 육체에 깃들어 환생하는 것이 일반적이나, 그렇지 않고 여러 영혼이 한 육체에 깃들기도 하고(복합령), 한 영혼이 나뉘어 여러 육체에 깃드는 경우(분령)도 있다고 주장하는 학자도 있다.

앞에서도 언급하였듯이 우주의 근원적·궁극적 실체는 신이며, 신은 무한한 에너지(氣)의 원천으로서 자신의 에너지로 우주의 만물을 창조하였다. 인간도 신의 에너지를 나누어 받아 탄생한 것인데,

---

8) 키리아코스 C. 마르키데스 저, 이균형 역, 『영혼의 마법사 다스칼로스』(정신세계사, 2001), 25쪽

에너지의 낮은 주파수를 가진 거친 영역은 물질적인 육체를 이루게 되었고 높은 주파수를 가진 미세한 영역은 영혼을 이루게 되었다. 인간의 육체와 영혼은 모두 신에게서 유래한 것이므로 인간을 신의 자식이라고 부르든 신의 일부라고 부르든 본질적인 차이는 없다. 동학에서 말하는 인내천(人乃天), 즉 인간이 곧 하늘이라는 가르침도 바로 이러한 이치를 뜻하는 것으로 생각된다.

  물론 기독교를 중심으로 한 서구의 정통 개념에 의하면 신은 본질상 우리 인간과 영원히 분리된 타자(他者)이지만 힌두교와 불교, 도교를 중심으로 한 동양적 시각에서 보면 신과 인간은 궁극적으로 하나이며 일시적으로 분리되었다 하더라도 곧 절대적 합일을 향해 나아가도록 되어 있다. 알베르트 아인슈타인은 "인간은 우리가 '우주'라고 부르는 전체의 일부이자 시공간의 제약을 받는 존재다. 인간이 자기 자신, 생각과 느낌을 나머지와 분리된 것으로 경험하는 것은 의식에 대한 일종의 시각적 망상이며 이러한 망상이라는 감옥에서 스스로를 해방시켜야 한다."고 주장하였다. 그가 말한 '우주라고 부르는 전체'는 궁극적 실체, 즉 신을 뜻하는 것이므로 그가 주장한 것은 결국 인간은 신의 일부라는 것이다. 아인슈타인이 말했듯 우리는 인간 중심주의라는 망상에 빠져 있으며 하루속히 그 망상에서 깨어나야 한다.

미국의 대표적 심리학자 켄 윌버는 그의 저서 『에덴을 넘어』에서 인류는 물리적 자연과 동물적 신의 지배를 받았던 잠재의식 상태로부터 진보된 마음인 정신적 에고 상태를 거쳐 높은 초의식 상태인 혼과 영의 단계로 진화해 간다고 하였다. 이러한 대사슬의 종국적인 지향점은 '궁극', 즉 신이라고 한다. 그는 이러한 '궁극'이라는 통합적 전체는 인간 안에 이미 완전하게 존재하며, 우리가 의식을 통해 이를 발견하는 것은 마치 파도 스스로가 자신이 바다와 하나임을 알게 되는 것과 같고, 이것이 곧 초월현상, 깨달음, 해탈, 목사(moksha), 견성이라고 설명하고 있다. 저명한 종교학자인 오강남 박사는 미래의 종교는 '믿음에서 깨달음으로' 진화되어야 한다고 주장한 바 있다.[9]

이러한 깨달음은 인간이 삶을 유지하는 동안 신앙과 수행 등을 통해 도달할 수 있는 경지인데, 이 책에서는 인간이 죽은 후에 육체로부터 분리된 영혼이라는 주제에 관해 살펴보는 것이므로 깨달음의 문제에 관하여는 더 이상의 설명을 그치기로 한다.

다시 영혼의 문제로 돌아와서, 인간의 육체는 물질이어서 사망하게 되면 부패하여 각 구성 원소로 환원되어 흩어지게 되지만, 영혼은 육체를 떠나 원래의 고향인 천상으로 되돌아가게 되며 기회

---

9) 오강남, 성해영 저, 『종교, 이제는 깨달음이다』(북성재, 2011)

가 닿으면 카르마의 법칙에 따라 새로운 육체에 깃들어 환생하게 된다. 이처럼 사망 후 육체로부터 분리된 영혼, 즉 귀신은 잠깐 지상에서 자신의 육체와 가족 주위를 맴돌다가 빛의 인도를 받아 천상으로 돌아가게 되는데, 간혹 천상으로 돌아가기를 거부하고 오랫동안 지상에 머무는 귀신이 지박령과 어스바운드이다.

듀크대학의 조지프 B. 라인 박사는 인간이 죽으면 영혼은 '마음의 세계'로 여행을 계속한다고 하였다. 육체를 떠난 영혼이 돌아가는 곳, 즉 라인 박사가 말한 '마음의 세계'를 유계(幽界) 또는 영계(靈界)라고도 하는데, 그곳이 어떤 모습인지 궁금하기만 하다. 아마 독자 여러분도 저승이 어떤 모습인지 몹시 궁금할 것이다. 영화 〈반지의 제왕〉을 보면 새카맣게 몰려온 오르크 군대에 의해 곤도르의 미나스티리스 성이 함락되기 직전 절체절명의 순간에 호빗 피핀이 절망감에서 "이제 모든 것이 끝나는 것인가요?"라고 울부짖는다. 그러자 옆에 있던 마법사 간달프가 그렇지 않다고 하면서 "저세상으로 갈 뿐이다. 그곳에는 파란 바다와 하얀 모래가 깔린 아름다운 해변이 있다."라고 말하는 장면이 나온다. 과연 저세상은 파란 바다와 흰 모래가 깔린 해안처럼 아름다운 곳일까?

영화 〈반지의 제왕〉의 한 장면. 프로도와 간달프 일행이 중간계를 떠나 저승으로 향해 가고 있는 장면이다.

　잠깐 사망하였다가 다시 살아난 임사체험자들[10]이나 전생퇴행최면[11]에 의하여 삶과 삶 사이의 시기를 기억해 낸 사람들로부터 그들이 본 영계의 모습을 전해 듣는 것이 궁금증을 푸는 한 방법이다. 그 외에 신 또는 영적 존재들과 소통하는 채널러(Channeler), 영매(靈媒), 무당들로부터 이른바 '영계 통신'을 통해 그곳의 모습을 전해 듣는 것도 좋은 방법이다. 그들이 전한 영계의 모습을 이 책 곳곳에서 소개하고자 한다. 어쩌면 독자 여러분도 유체이탈을 통해 영계의 모습을 잠깐이라도 엿볼 수 있을지 모른다.

---

10)　사고나 질병 따위로 의학적 죽음의 직전까지 갔다가 살아남은 사람들이 겪은 죽음 너머의 세계에 대한 체험을 임사체험이라 한다.
11)　최면 상태에서 시간을 과거로 거슬러 올라가 전생의 삶을 기억하도록 하는 최면 요법.

3. 귀신은
순수한 에너지체다

   양자역학에 의하면 우주 만물은 출렁이는 물 위의 표면에 그려지는 물결무늬와 같은 파동이며, 그 실체는 정보를 지닌 에너지체라고 한다.[12] 저명한 재료공학자인 방건웅 박사는 우리의 생각, 상상, 환각 등도 바로 눈앞에 보이는 물체와 다름없는 존재이며, 다만 에너지 밀도가 다를 뿐이라고 한다. 물질계와 의식계가 완전히 분리된 세계가 아니라 상호작용하는 모종의 에너지 체계를 공유하는 관계라고 보는 것이다. 그는 에너지 밀도가 낮은 존재는 길게 존재하지 못하고 사라지지만 집중력을 발휘하여 에너지 밀도가 높아지면 생각을 실체화하는 것도 가능한데, 이것이 귀신 혹은 영(靈)이라고 한다. 『영혼의 최면치료』의 저자 김영우 박사도 죽은 사람의 '영혼'이라고 불러온 존재의 실체는 사람의 육체가 소멸된 후 남는 의식의 에너지 덩어리를 의미한다고 설명한다.[13] 육체의 죽음 후에도 인간의 의식은 소멸하지 않고 계속 존재하고 작동하는데, 이 의식을 담은 무형의 에너지체를 고대로부터 영혼이라고 불렀다는 것이다. 그러나 학자들은 죽음 후에 영혼에게 남는 것은 살아 있을

---

12)   미국의 물리학자 아치볼드 휠러의 말이다.
13)   김영우 저, 『빙의는 없다』(전나무숲, 2012), 62쪽

때와 같은 전인격(全人格)이 아니라 정동적 자아(情動的 自我)라고 한다. 예를 들어 5년 전의 스마트폰 번호가 몇 번이었던가 하는 기억 따위는 저승으로 가져갈 만한 가치가 없는 것이어서 죽는 순간 버려지며, 굉장한 기쁨이나 결혼, 친구와의 우정, 즐거운 여행, 커다란 비극이나 슬픔 등은 모두 기억되어 영적 자아의 일부로서 남게 된다고 한다. 나는 여행 중에 아름다운 경관을 만나게 되면 '내가 죽는 순간에 이 장면을 회상하게 될까?'라고 생각하곤 한다. 저승으로 가져갈 만큼 아름답다고 생각되면 좀 더 감동에 젖어보는 것이다.

앞서 언급한 바와 같이 궁극적 실체인 신이 에너지의 원천이며 우주 만물과 인간의 육체와 영혼은 그 에너지로 이루어져 있다. 인간의 육체뿐만 아니라 영혼도 그 실체는 양자역학에서 말하는 '정보를 가진 에너지체'라는 점에서 차이가 없다. 다만 물질계에 속하는 육체는 주파수가 낮은 거친 상태의 에너지인 반면 영계에 속하는 영혼은 주파수가 높은 미세한 에너지라는 점에 차이가 있을 뿐이다.

서양의 고대 철학과 동양철학 등에서는 인간의 육체에는 물질적인 육체 이외에 에테르체 또는 유체(幽體)라고 부르는 또 다른 에너지체가 있다고 하였다. 또한 오컬트학[14], 신지학[15], 인도의 요가 등에서는 물질적인 육체와 에테르체 외에 아스트랄체, 멘탈체, 코절체 등 영계에 속하는 상위체가 있다고 한다. 인간이 사망하면 영혼이 육체로부터 분리되는데 이때 영혼은 영계의 에너지체 중에서 가장 하위체인 아스트랄체로 존재하는 것으로 생각된다. 따라서 지박령과 어스바운드, 유령 등의 귀신은 아스트랄체라는 에너지체인 것이다. 뒤에서 자세히 살펴보겠지만 귀신은 에너지를 공급받지 못하면 더 이상 존재하거나 활동할 수 없다. 귀신은 자신의 존속을 위해 살아 있는 사람으로부터 정신적 에너지, 그중에서도 부정적인 에너지를 공급받아야 한다.

아스트랄체로 되어 있는 귀신을 사진으로 촬영하는 데 성공했다고 주장하는 사람들이 있다. 원래 아스트랄체는 물질계에 속하지 않으므로 우리의 육안으로는 식별할 수 없고 또 일반적인 사진기로는 촬영할 수 없는 게 원칙이다. 그러나 특별한 능력을 가진 어떤 사람들은 귀신이 눈에 보이며 귀신과 대화를 나누는 등 소통을 할 수 있다. 영매라는 사람들이 대체로 그런 능력을 가졌다. 우리나라의 무당이나 샤머니즘에서의 샤먼 등도 이에 속하는 사람들이

---

14) 물질과학으로 설명할 수 없는 신비적·초자연적 현상을 연구하는 학문을 말한다.
15) 보통의 신앙이나 추론으로는 알 수 없는 신의 심오한 본질이나 행위에 관한 지식을 신비적인 체험이나 특별한 계시에 의하여 알게 되는 철학적, 종교적 지혜 및 지식을 말한다.

다. 영매 중에는 아직 저승으로 가지 못한 지박령이나 어스바운드만 볼 수 있는 사람이 있고, 그렇지 않고 이미 저승으로 간 영(靈)을 불러내어 소통할 수 있는 사람도 있다.

어린아이들은 귀신을 보고 귀신과 대화를 나눌 수 있는 경우가 종종 있다. 어린아이가 지하실이나 자신의 방에 어떤 사람이 있으며 그와 같이 놀았다고 말하는 경우가 있는데 이때 어른들은 아이가 헛소리를 하는 것으로 치부해버리는 일이 많다. 그러나 실제로 귀신을 보고 그런 말을 하는 일이 드물지 않다. 심령학을 연구하는 사람들은 개와 고양이 등 애완동물도 귀신을 보는 능력이 있다고 본다. 개가 아무도 없는 방의 한구석을 향해 으르렁대거나 어떤 지점을 피하여 지나가는 등의 행동을 하는 것은 그곳에 귀신이 있기 때문이라고 한다. 독자들이 기르는 개나 고양이가 혹시 이런 짓을 하는지 유심히 살펴보기 바란다.

인간은 육체적 한계로 인하여 자연에 존재하는 빛 중에서 가시 영역 내 일정한 범위의 스펙트럼에 속하는 빛만 볼 수 있고 또한 소리 중에서 가청범위 내 일정한 주파수 범위의 소리만 들을 수 있다. 우리의 눈은 대략 380~780㎚(nanometer) 범위의 파장을 가진 빛만 볼 수 있으며, 780㎚ 이상의 파장을 가진 적외선과 380㎚ 이하의 파장을 가진 자외선 및 X선 등은 육안으로 볼 수 없다. 그리고 사람의 청력으로 들을 수 있는 소리는 대략 16~20,000Hz의 주파수 범위 내라고 한다. 반면 개는 67~45,000Hz, 고양이는 55~79,000Hz의 소리까지 들을 수 있다.

이처럼 인간의 일반적 능력을 초과하는 시력과 청력을 갖춘 개와 고양이 또는 특별한 사람들만이 아스트랄체로 이루어진 귀신을 인식할 수 있는 것이 아닌가 하는 생각이 든다. 혹은 그들은 시력이나 청력이 아닌 특별한 영적 능력에 의해 귀신을 알아보는 것인지도 모를 일이다.

『귀신학을 논하다』의 저자 세명 원장은, 귀신의 형태는 투명한 사람의 형상으로 존재하며 그 사람이 죽기 직전의 모습을 거의 유지한다고 한다.[16] 그래서 끔찍한 사고로 죽은 귀신은 그 모습이 처참하다고 한다. 그러나 임사체험이나 전생 윤회를 연구하는 많은 학자는 귀신이 죽기 직전의 모습을 유지하는 것은 저승으로 가기 이전까지고, 일단 저승에 돌아간 영혼은 죽기 직전의 모습이 아니라 생전에 가장 아름다웠던 모습을 나타내 보인다고 한다.[17] 저승으로 돌아간 영혼은 상념에 의하여 자신의 육체와 주위 환경

---

16) 세명 저, 『귀신학을 논하다』(심조원, 1999), 39쪽
17) 세명 원장은 귀신을, 현생을 떠난 사람 중 천도하지 못하고 이승을 떠도는 영으로 한정하고 있으므로 결국 죽기 직전의 모습을 보이는 영혼은 저승으로 떠나기 전까지라는 점에서 동일하다.

을 원하는 대로 창조할 수 있는 능력을 가지기 때문이다. 그래서 임사체험을 한 사람들이 저승에서 돌아가신 어머니를 만난 얘기를 들어보면 하나같이 어머니가 돌아가실 때의 늙고 병든 모습이 아니라 아주 젊고 아름답던 때의 모습을 하고 있었다고 증언하는 것이다.

귀신에게서는 살았을 때와 마찬가지의 냄새가 난다고 한다. 생전에 술주정뱅이였던 귀신은 술 냄새를 풍기며, 향수나 향기 나는 화장품을 즐겨 사용하던 귀신에게서는 향내가 난다. 이와 같은 귀신의 세계는 살아 있는 우리에게는 흥미진진한 세계가 아닐 수 없다. 물속에 사는 물고기가 수면 밖의 세계를 볼 수 없지만 그곳에는 온갖 찬란한 세계가 펼쳐져 있는 것과 같다고 할까. 많은 심령연구가와 대부분의 종교에서 사람이 죽으면 '저승'으로 간다고 하는데, 재미있는 것은 '저승'을 우리가 현재 살고 있는 곳의 아래쪽에 있다고 표현하는 것은 찾아보기 어렵고 대부분 위쪽에 있다고 표현한다는 사실이다. 저승은 우리가 살고 있는 우주와는 차원이 다른 세계이므로 공간적으로 위와 아래를 구분하는 것이 모순일지 모르나, 어쨌든 임사체험자들이나 전생퇴행최면에 의하여 저승을 기억해 낸 사람들이나 채널러를 통해 저승의 모습을 전해온 귀신들이 이구동성으로 자신이 죽었을 때 '위쪽' 하늘나라로 날아갔으며 인간세계로 돌아오기 위해 '아래'로 내려왔다는 표현을 사용하고 있다. 저승으로 떠나면서 '저 아래쪽'에 있는 지구를 내려다보았다는 증언도 많다. 아마도 저승은 이승보다 좀 더 아름답고, 좀 더 정의롭고, 좀 더 평화로운 세상이어서 '위쪽'에 있다고 표현하는 것이 아닐까?

심령과학자들은 저승과 이승은 파장만 서로 다를 뿐 같은 공간 속에 동시에 존재할 가능성이 있다고 한다. 우리가 살고 있는 현생은 물질적 우주이고 죽은 뒤의 세상은 영적 우주인데, 물질이든 영혼이든 그 본질은 다 같은 에너지이며 단지 거친 에너지냐 미세한 에너지냐, 높은 파장이냐 낮은 파장이냐 하는 차이가 있을 뿐이므로 심령과학자들의 이러한 주장은 충분히 경청할 만한 가치가 있다고 생각한다.

4. 왜 귀신(지박령)이 되는가?

사람이 죽으면 영혼은 육체를 떠나 저승으로 올라가게 된다. 사람이 죽으면 먼저 세상을 떠난 가족이나 친구들의 영혼이 저승으로 가는 길을 안내하기 위해 나타나며, 죽기 전이라도 죽음이 가까워지면 병상 주위에 그들이 나타나는 경우가 흔히 있다. 저명한 심령과학자인 한스 홀저는 육체가 삶과 죽음의 투쟁을 포기할 때 육체와 인격, 마음, 기억을 가진 에테르체 사이를 연결해 주고 있던 '은실(혼줄)'이 끊어지며, 그 순간 새로운 생명체가 더 많은 경험을 쌓은 영혼들의 도움을 받아 저승으로 안내된다고 한다.

그러면 왜 어떤 영혼은 그들 안내자를 따라 저승으로 가고 어떤 영혼은 저승으로 가지 않고 귀신이 되어 이승에 남는가? 저승으로 떠나지 않는 이유는 다양하다. 누군가에게 도움을 주기 위해서, 죽은 뒤에도 자신이 뭐든 통제하기 위해서, 다른 사람들이 자신을 그리워할 것으로 생각해서, 생전에 자신이 믿던 종교의 교리에 따라 심판이나 징벌을 받을 것이라는 죄책감과 두려움 때문에, 자신의 장례식에 주빈이 되기 위해서, 자유자재로 염탐하는 재미 때문에, 자신을 죽게 만든 사람에게 복수하고 정의를 세우기 위해, 증오심과 분노로 원한을 품고 살아 있는 사람들을 자신과 마찬가지로 비참하게 만드는 것에 희열을 느껴서 등등 실로 다양한 이유가 있다.

특정한 장소나 물건에 대한 집착 때문에 그 주변을 떠나지 못하는 영혼들도 있다. 자신이 지은 건물, 특별히 좋아하는 자동차, 애지중지하는 가구나 보석을 떠나기 싫어서 이승에 남는 영혼들이다. 골동품이나 보석을 따라다니는 유령도 많다. 죽음이 임박해 자신이 평소 아끼던 보석을 무덤에 함께 넣어달라고 유언하는 경우가 있는데, 이때 보석을 유언대로 무덤에 넣어주지 않으면 죽은 영혼은 저승으로 가지 않고 그 보석 주변을 배회하는 유령이 되기도 한다. 고대에 왕족들이 죽으면 그의 무덤에 첩이나 신하, 시종, 애완동물 따위를 함께 매장하는 순장(殉葬)이라는 풍습이 있었는데, 이는 망자가 안심하고 저승으로 떠나게 하려고 생긴 풍습이라고 생각된다.

억울하게 죽은 영혼이 가해자에게 복수하거나 자신의 무고함을 증명하기 위해 귀신이 된 것을 원귀(冤鬼)라고 한다. 자신이 억울하게 죽었다고 생각하는 영혼은 저승으로 가기를 거부하고 자신을 죽게 만든 사람과 그 가족들에게 복수하기 위해 귀신이 되어 주위를 배회하게 된다. 우리나라 '전설의 고향' 같은 귀신 이야기에 가장 많이 등장하는 유형이다. 원귀에 대해서는 뒤에서 다시 알아보기로 한다.

궁극적인 깨달음의 경지에 이르러 더는 윤회가 필요 없는 극소수의 영혼을 제외하고 대부분의 영혼은 저승으로 올라가 잠시 머물다가 다시 생명이 태어날 때 인연에 따라 육체를 받아 윤회하는 것이 우주의 이치다. 그럼에도 불구하고 저승으로 돌아가기를 거부하고 지상에 남기를 고집하는 귀신들은 이러한 진리를 알지 못하고 한갓 환상에 불과한 현생의 기억에 집착하여 환생이라는 변화를 거부한다. 그들은 현생에서의 육체와 갖가지 소유물, 현생에서 맺었던 인간관계, 경험했던 여러 가지 일들, 생각하고 느꼈던 온갖 상념들이 진정한 실체라고 생각한 나머지 마치 소중한 보물을 버리지 못하듯이 그것들에 매달려 있는 것이다. 안타까운 일이다. 그것은 마치 초등학교를 졸업한 학생이 중학생이 되는 변화를 두려워하고 초등학생 시절의 추억에 매달린 나머지 중학교로 진학하기를 거부하는 것과 같다.

죽은 자의 영혼이 가장 애착을 가지는 대상은 아마도 자신의 육체일 것이다. 한평생 희로애락을 함께한 육체야말로 자신과 동일체라고 여겨질 것이니 그에 대한 애착이 얼마나 클 것인가! 그래서 영혼은 사망 후에도 한동안 자신의 시신을 떠나지 못하고 주변을 맴돌게 된다. 혹여 남은 가족들이나 의료진이 자신의 시신을 함부로 다루게 되면 심한 모멸감을 느끼게 된다. 고대 이집트인들은 죽은 후의 영혼이 부활하여 생전의 육체로 되돌아온다는 믿음을 가지고 있었다. 그래서 죽은 자의 시신을 미라로 만들어 잘 보존되도록 하였다. 나일강 서안의 '왕가의 계곡'에 있는 파라오들의 무덤에서는 금은보화로 장식된 여러 겹의 관(棺) 속에 보존된 미라가 다수 발굴되었으며, 현재 카이로박물관 등에 전시되어 있다. 그러나 인간의 육체는 인연에 따라 일시적으로 결합된 물질에 불과하며,

생명이 떠나고 나면 본래 왔던 곳, 즉 자연으로 되돌아가게 되어 있다. 실체가 없는 허망한 것이다. 이러한 이치를 깨닫지 못한 대부분의 사람들은 생전에는 물론이요, 죽은 후에도 자신의 육체에 많은 애착을 가지게 되는 것이다. 불교에서는 죽은 자의 시신을 화장하며, 티베트 등지에서는 시신을 독수리 등 야생동물들이 먹을 수 있도록 조장(鳥葬)을 한다. 이것은 아마도 시신은 공허한 물질에 불과한 것이어서 자연으로 되돌려 보낸다는 생각에서 행하는 장례 의식일 것이다. 그렇게 함으로써 남은 가족들에게는 죽은 자의 시신에 집착하지 못하도록 교훈을 주고, 죽은 자의 영혼에게도 미련을 버리고 저승으로 떠나가라는 메시지를 전달하는 의미가 있지 않을까 생각된다.

사람이 죽게 되면 처음에는 혼수상태에 빠지게 되며, 혼수상태에서 깨어나서도 한동안은 자신이 죽은 사실을 알지 못한다. 특히 사고나 살인에 의한 사망과 같이 갑작스러운 죽음을 맞이한 경우에 더욱 그렇다. 그래서 죽은 영혼이 가족들에게 생전과 같이 말을 걸기도 하고 평소처럼 직장에 출근하기도 한다. 그러나 아무도 자신을 알아보지 못하고, 거울 속에 자신의 모습이 보이지 않고, 자신의 그림자가 없고, 이동할 때 벽이나 문을 그대로 통과하고, 물건을 집으려 해도 집어지지 않는 등의 현상을 경험하면서 가슴이 철렁 내려앉는다. 그제야 "아, 내가 죽었구나!"라고 깨닫게 되며, 이어서 자신의 장례식이 치러지는 것과 자신의 시체를 보게 되면서 죽은 사실을 확실하게 인식하게 된다. 그러나 자신의 죽음을 인식하였다 하더라도 마음으로 쉽게 죽음을 받아들이지는 못한다. 무척 상심하여 외로움과 서러움에 몸부림치게 된다. 그래서 망자의 영혼은 한동안 정처 없이 헤매기도 하고 가족들에게 다가가거나 주위 사람들의 꿈속에 나타나 보기도 한다. 우리가 생시에 고향을 잠시 떠나게 되어도 고향 집과 가족들을 그리워하게 되는데, 삶으로부터 죽음으로 향하는 거대한 강을 건너면서 회한과 애착이 없을 수 있겠는가. 그러나 이렇게 방황하던 영혼들도 차츰 생에 대한 미련이 소용없는 일이라는 것을 깨닫고 차츰 자신의 죽음을 받아들인다. 그래서 먼저 사망한 가까운 사람이나 안내자의 영혼이 나타나 영계로 인도하면 대부분 그들을 따라 저승으로 떠나가게 된다. 보통 3~5일이면 대부분의 영혼은 저승으로 떠나간다. 우리나라에서 장례식을 삼일장 내지 오일장으로 치르는 것도 이와 무관하지 않다.

이 기간 남은 가족들은 망자의 영혼이 미련 없이 잘 떠나갈 수 있도록 정성껏 기도하거나 천도재를 올리는 등으로 도와주어야 한다. 그렇지 않고 망자의 시체를 잡고 대성통곡을 하는 등으로 지나치게 애통해하거나, 반대로 장례를 너무 소홀히 치르는 등으로 망자에게 모멸감을 준다면 망자는 저승으로 떠나지 못하고 지박령이 되어 이승에 남게 된다.

　호스피스들의 말에 의하면 임종이 임박한 사람들 대부분은 마지막 순간에 매우 평안한 모습을 보인다고 한다. 그들은 아마도 사망 이후의 세계가 그들에게 평화와 자유를 줄 것으로 믿기 때문일 것이다. 일시적인 죽음에서 되살아난 임사체험자들도 저승은 매우 아름다운 곳이며 그곳에서는 어머니의 품속과 같은 평화와 자유, 환희를 느낄 수 있어서 지상의 삶으로 되돌아오기가 싫을 정도였다고 말한다. 그래서 대부분의 영혼은 자신의 죽음을 확인한 이후에는 특별히 원한이나 미련 때문에 생에 강하게 집착하는 경우를 제외하고는 별 망설임 없이 저승으로 떠나게 되는 것이다.

　『이집트 사자의 서』나 『티베트 사자의 서』는 망자의 영혼을 위한 영계 여행의 안내서다. 사후에 영혼이 이승에서 방황하지 않고 평안하게 저승으로 떠나가기를 바라는 고대 이집트인들이나 티베트인들의 염원과 그들이 찾아낸 '잘 죽는 방법' 노하우가 이 책들에 잘 담겨 있다. 죽어서 허공계를 방황하는 고혼이 되지 않으려면 이런 책들을 한 번쯤 읽어 보는 것도 도움이 될 것이다. 우리가 잠시 외국 여행을 떠나려 할 적에도 미리 『론리 플래닛』 같은 여행 안내서를 사서 읽어보는데, 언제 돌아올지 모르는 저승으로 긴 여행을 떠나려면 미리 영계 여행 안내서를 한 번쯤 읽어봐야 하지 않을까.

5. 귀신은 무엇을 먹고사나?

죽은 뒤에도 지상을 떠도는 귀신들은 어떠한 에너지에 의해 자신의 존재를 유지하는 것일까? 심령과학자들의 연구에 의하면 귀신은 주로 인간의 감정적 에너지를 흡수하여 존재를 유지한다고 한다. 귀신은 그 자체가 에너지로 구성된 아스트랄체인데, 인간의 영혼이 육체로부터 분리되어 귀신이 된 뒤에는 살아 있는 다른 사람의 주위에 들러붙어 그로부터 감정적 에너지를 흡수하여 존속한다. 귀신은 자신이 존속하며 활동하기 위해서도 그렇고, 환생을 위해 저승으로 되돌아가기 위해서도 어느 정도의 에너지가 반드시 필요하다. 그렇다고 귀신이 전기시설이나 컴퓨터, 스마트폰 등의 전기를 에너지원으로 흡수하지는 못하는 것으로 알려져 있다. 스마트폰 급속충전기나 리튬이온 배터리는 귀신에게는 무용지물인 것이다. 한편, 살아 있는 인간은 육체적·정신적으로 에너지의 흐름을 가지고 있는데, 그중에서 정신적 에너지는 귀신에게 영향을 줄 수 있다. 살아 있는 사람의 희로애락과 관련된 모든 정신적 에너지가 귀신의 먹이가 될 수 있으나 귀신은 그중에서 특히 부정적 에너지를 좋아한다. 만약 어떤 사람이 격하게 화를 내거나 몹시 슬퍼하게 되면 부정적 에너지가 증폭하며, 이때 귀신은 그 부근에서 이러한 부정적 에너지를 흡수하여 자신의 에너지원으로 사용하게 된다. 남녀가 성관계를 가질 때 발산하는 격한 감정도 좋은 먹잇감이 된다.

그래서 사람이 많이 모이는 극장이나 경기장, 열차나 여객기, 병원 등 다중이 모여 갖가지 부정적 에너지를 발산하는 곳에는 으레 많은 귀신이 모여 있으며, 여기서 귀신들이 에너지를 공급받게 된다. 아마도 정치적인 문제로 많은 군중이 모여 적대 세력을 성토하는 시위 집회 현장도 좋은 에너지 공급처가 될 것 같다. 나는 변호사의 업무상 범죄자들이 수감되어 있는 구치소나 교도소 같은 수형 시설을 방문하는 일이 많다. 그런데 구치소나 교도소를 다녀온 날에는 왠지 모르게 평소보다 심한 피로감을 느끼게 되고 몸의 컨디션이 나빠지는 경우가 많다. 그것은 아마도 구치소나 교도소에 수감되어 있는 범죄자들은 세상과 인간에 대한 분노와 억울함으로 심하게 부정적 에너지를 발산하고 있어서 그곳을 방문하는 사람들에게 나쁜 영향을 미치기 때문일 것이다. "나는 이런 벌을 받을 만합니다. 조금도 억울하지 않습니다."라고 말하는 수감자를 나는 거의 보지 못했다. 자신이 저지른 잘못은 생각하지 않고 다들 억울해하고 남을 원망하는 것이다. 이러한 부정적 에너지야말로 귀신들이 가장 좋아하는 먹이이므로 구치소나 교도소에는 분명 많은 귀신이 우글거리고 있을 것이다.

또한 귀신은 달빛에서 에너
지를 공급받기도 한다. 초승
달이나 보름달이 뜨는 밤에
귀신들의 활동이 증가하는
것은 그 때문이다. 예전에
〈월하의 공동묘지〉라는 공포
영화가 있었는데[18], 달과 귀
신을 매칭한 것은 공포감을
불러오기 위한 탁월한 아이
디어였던 것 같다. 그러나 공
동묘지에는 귀신들이 좋아하

영화 〈월하의 공동묘지〉 포스터

는 먹잇감이 없기 때문에 실
제로는 귀신을 거의 찾아볼 수 없다.

　귀신을 찾으려면 야구장으로 가야 한다. 프로야구 경기장에 가
보면 자신이 좋아하는 팀을 위해 격려하는 응원을 하는 관중도 있
지만, 상대 팀을 향해 온갖 욕설을 하면서 화를 내는 관중들을 흔
히 볼 수 있다. 자신이 응원하는 팀의 선수라고 하더라도 중요한
순간에 기대하는 안타를 치지 못하고 병살타라도 치게 되면 음료
수병을 집어 던지고 심한 욕설을 하며 화를 낸다. 2009년 여름에

---

18)　1967년에 개봉한 권철휘 감독의 작품.

개봉한 영화 〈해운대〉를 혹시 보셨는지? 롯데자이언츠 4번 타자 이대호가 카메오로 나온다. 영화에서도 4번 타자로 등장하는데 중요한 순간에 그만 병살타를 치고 더그아웃에 들어와 침울하게 앉아 있다. 이때 술 취한 관중 설경구가 그물을 넘어 들어와 "야! 4번 타자가 병살타 많이 치니 배부르냐?"라고 약을 올린다. 이대호는 참지 못하고 "마! 딱 봐났어. 니, 딱 거 있어라!"라고 소리치며 달려들려고 한다. 영화를 본 사람들은 이대호의 연기가 아주 실감 났다고 칭찬하였다. 이렇게 관중이 선수를 욕하는 장면은 사직구장뿐 아니라 전국 모든 야구장에서 심심찮게 볼 수 있는 풍경이다. 이처럼 격정적으로 분노하는 부정적 에너지야말로 귀신들의 좋은 먹잇감이다. 요즘 코로나19로 프로야구도 무관중 경기를 하고 있는데, 화내는 관중이 없으면 귀신들도 야구장에 붙어 있을 이유가 없어지게 된다.

영화 〈해운대〉의 한 장면

이른바 '영험한 기도처'라고 하여 사람들이 찾아와 자신과 가족의 건강과 사업 성공, 자녀의 상급 학교 합격 등을 비는 곳에도 귀신이 많이 모여든다. 기도란 원래 영혼의 빛을 밝게 해 세상의 진리를 깨닫기 위하여, 또는 절대자이신 하느님을 찬양하고 하느님의 축복을 갈구하는 행위이어야 한다. 그런데 돈을 많이 벌게 해달라거나, 내 자식이 좋은 학교에 합격하게 해달라거나, 국회의원 선거에 당선되게 해달라는 등의 기도는 개인적 욕심을 채우고자 하는 것일 뿐이어서 진정한 의미의 기도가 아니며 탐욕적인 마음의 발산 행위에 불과하다. 내 아이가 대학에 합격하려면 다른 집 아이 하나가 떨어져야 하는데, 하느님이 그런 기도를 어떻게 들어준단 말인가. 이런 세속적이고 저질스러운 에너지가 충만한 곳에는 그 에너지를 받아먹기 위해 많은 귀신이 자연스레 모여들게 마련이다. 특히 무슨 바위나 고목 밑, 동굴, 폭포 아래와 같은 기도터는 습기가 많고 칙칙하여 사람의 정신이 산란해지기 쉬우므로 쉽게 오라(Aura)[19]가 깨져 귀신이 빙의해 들어올 위험도 있으므로 주의해야 한다. 어쨌든 귀신은 먹이를 구하기 위해 어둡고, 습기 차고, 부정적인 감정이 노출되는 곳을 찾아다니므로 귀신이 옆에 나타나는 것을 싫어하는 사람이라면 이와 반대되는 곳, 즉 밝고, 신선한 공기가 있고, 즐거움이 있는 곳에 머무는 것이 좋을 것이다.

---

19) '아우라'라고도 한다. 인체로부터 발산되는 영적 에너지를 말하는데, 건강한 사람의 경우 오라가 육체를 둘러싸고 있다고 한다.

6. 공동묘지에는
귀신이 없다?

　사람이 죽으면 시신을 매장하거나 화장한 뒤 납골당에 모시는 것이 보통이다. 시신이나 화장한 유골이 모셔져 있는 곳이 묘지인데, 개인적으로 사유지에 따로 조성된 묘지도 있지만 오늘날에는 여러 사람의 분묘가 함께 모여 있는 공동묘지가 대세다. 요즈음 조성된 공원묘지는 산수가 아름다운 곳에 있고 조경이나 도로 등 주위 환경이 잘 가꾸어져 있어 그야말로 공원이라고 불러도 손색이 없다. 그러나 예전에는 공동묘지란 개인적으로 분묘를 쓸 만한 땅을 가지지 못한 가난한 사람들이 가족이 죽으면 야산이나 언덕 같은 국유지나 공유지에 매장하면서 자연적으로 조성된 것이 보통이었다. 먹고살기가 어려운 형편이다 보니 분묘를 초라하게 만들 수밖에 없었을 것이다. 그렇다 보니 공동묘지의 분묘들은 무질서하게 여기저기 널려 있었고, 어떤 것들은 오랫동안 후손이 돌보지 않아 거의 폐허처럼 되어 있었으며, 들짐승들이 파헤쳐 놓은 것들도 있었다. 그래서 예전에는 공동묘지라 하면 으레 음습하고 괴기스러운 장소로 인식되기 마련이었다. 아이들은 누구나 자라면서 어른들로부터 공동묘지에 나타난 귀신 얘기를 한두 번 이상 들었을 것이다.

필자는 초등학교 시절 집에서 학교까지 약 십리(4㎞) 길을 걸어 다녔는데 그 중간에 그리 크지 않은 공동묘지가 있어 그 옆을 지나다녔다. 그런데 공동묘지 옆을 지날 때면 꼭 어른들로부터 들었던 귀신 얘기가 생각나서 머리카락이 쭈뼛 서곤 하였다. 묘지 가장자리에 있는 소나무 아래를 지날 때면 머리를 풀어 헤치고 입가에는 피를 묻힌 소복 차림의 여자 귀신이 두 손을 들고 쫓아오는 모습이 상상되었다. 〈월하의 공동묘지〉 영화 포스터에 나오는 여자 귀신! 으스름 저녁 무렵이나 비가 오는 날이면 그 공포심은 더욱 심해져서 눈을 감은 채 그곳을 뛰어 지나치곤 하였다. 과연 공동묘지에는 귀신이 많을까?

영매들의 말에 의하면 죽은 사람의 영혼은 자신의 시신이나 유골이 어떻게 처리되는지 관심이 많기 때문에 당연히 장례식 때 자신의 분묘에까지 따라오는 것이 보통이라고 한다. 그러나 이미 염습하여 관속에 들어 있는 시신이나 화장한 뒤 분쇄된 유골 자체에는 더 이상 큰 관심이 없으며, 오히려 유족들이 자신의 매장의식을 얼마나 정성스럽게 치르는지에 대해 더 관심이 많다고 한다. 그래서 매장이 끝나고 나면 대부분의 영혼은 묘지를 떠나게 된다. 일부는 빛을 따라 저승으로 떠나가고, 저승으로 가지 않은 극소수의 영혼은 가족들을 따라 자신이 살던 집으로 돌아간다고 한다. 귀신들은 장례지도사나 묘지관리인들에 대해서도 별 관심을 가지지 않으며, 따라서 그들의 몸이나 집에 붙어 있는 귀신은 거의 없다고 한다.

　저승으로 가지 않은 귀신들이 묘지에 남지 않고 다른 곳으로 떠나는 것은 아마도 묘지에는 귀신이 흡수할 에너지의 원천이 별로 없기 때문일 것이다. 유족들과 문상객들도 모두 떠나 스산한 곳을 귀신인들 좋아할 리가 있겠는가. 그리고 귀신이 자신의 시신이 묻힌 묘지를 좋아하지 않는 또 다른 이유는 생전에 그렇게 정성을 다해 가꾸어 온 육체가 볼품없이 망가져 있는 것을 보고 싶지 않아서일 것이다. 사람은 살아가면서 대부분의 시간을 자신의 육체를 돌보고 가꾸는 데 소비한다고 해도 과언이 아니다. 몸의 건강을 위해 운동하고, 영양가 있는 음식을 찾아서 먹고, 몸이 즐거우라고 술과 커피 등 기호식품을 섭취하고, 예뻐 보이려고 머리를 치장하고, 얼굴과 입술, 손톱에 화장을 하며, 철 따라 춥거나 덥지 말라고 갖가지 옷을 골라 입는 등 육체를 위해 모든 정성을 다 기울인다. 그뿐인가? 쌍꺼풀 수술에다 보톡스 주사는 기본이고 얼굴 주름을 펴고 코를 높이고 머리카락을 심는 등 적잖은 돈을 들여 가꾸어 온 내 몸 아닌가! 그런데 그렇게 애지중지 가꾸어 온 자신의 육체가 이렇게 파리한 시신이나 백골로 변해 있으니 얼마나 속이 상하겠는가? 요놈의 파리 떼가 내 몸 구석구석에 알을 까서 구더기들이 득실거리다니! 그런 몸을 두 번 다시 보고 싶지 않을 것이다. 그래서 귀신들은 장례식이 끝나면 서둘러 묘지를 떠나고 싶어 하는 것이다.

그러나 귀신 중에서 원한을 가지고 지상을 떠도는 이른바 원혼 또는 악령들은 좀 다르다. 이것들은 습하고 어두운 곳을 좋아하므로 공동묘지 중에서 그런 장소가 있다면 붙어 있을 수도 있다. 그리고 지박령 같은 일반적 귀신 중에도 자신의 제삿날이나 명절에 성묘하러 오는 가족들을 만나기 위해 자신의 묘지를 찾아오는 경우가 더러 있을 것이다. 결국 공동묘지에는 귀신이 많다는 얘기는 사실이 아니라고 보아야 한다.

7. 귀신이 나타나면 왜 오싹해지는가?

귀신이 있는 곳에서는 기온이 주위보다 떨어진다고 믿고 있는 사람들이 많다. 그래서 흔히 귀신에 관한 영화나 TV 드라마를 보면 귀신이 있는 곳에서는 사람들이 추위를 느껴 몸을 웅크리는 장면이 나오곤 한다. 귀신 찾는 전문가라는 사람이 등장하여 온도계를 들고 폐가 등을 찾아다니다가 온도가 조금이라도 떨어지는 곳이 있으면 "여기 귀신이 있다!"라고 소개하는 TV 프로도 있다. 그런데 태어나면서부터 귀신을 보고 그들과 대화하는 특별한 능력을 가진 미국인 영매 매리 앤 윈코우스키[20]는 귀신이 기온을 떨어뜨린다고 하는 것은 미신일 뿐이라고 한다. 그는 사람들이 귀신에 대한 두려움 때문에 심리적으로 오싹한 기분을 느끼는 것이지 귀신의 존재 자체 때문에 온도가 떨어지는 것은 아니라고 주장한다. 그리고 귀신의 기운이 인간의 방어막[21]에 자꾸 부딪치면 방어막이 다소 손상될 수 있으며 이때 몸에 경고 신호가 오면서 소름 끼치는 느낌이 들게 된다는 주장도 있다.[22] 귀신은 대체적으로 부정적인 에너지체이므로 귀신이 주위에 나타나면 인간에게는 무언가 불편하거나 기분 나쁜 정신적·심리적 영향을 미치는 것이며, 이것은 마치 추위로 인해 목덜미와 얼굴에 오싹한 기운을 느끼는 것과 같은 것이다. 반드시 온도가 떨어지지 않더라도 우리가 무슨 잘못을 저질러 처벌을 받게 되거나 대중 앞에서 연설을 해야 하는 순간 등 어떤 두려움 때문에 긴장하게 되면 부정적 에너지가 증가하여 몸이 떨리는 것과 같은 이치가 아닐까?

한편, 영매가 여러 참석자가 모인 회합에서 귀신을 불러오는 행

---

20) 지박령에 관한 책인 『어스바운드, 당신 주변을 맴도는 영혼』의 저자로서 미국 CBS 인기 드라마 〈고스트 위스퍼러〉의 자문역을 맡고 있으며 귀신의 부정적인 에너지로 곤란을 겪는 사람들을 돕는 활동을 하고 있다.
21) 오라(Aura)를 말한다.
22) 세명의 전게서 『귀신학을 논하다』, 87쪽

사인 교령회에서는 종종 공기가 움직여 바람이 느껴지고 온도가 내려가거나 올라가는 현상이 발생한다는 보고가 있다. 이것은 영매 자신의 특별한 영적 능력 때문일 수도 있고 불러온 귀신 때문일 수도 있다. 파라디노라는 유명한 영매는 어려서 상처를 입어 이마가 우그러져 있었는데 귀신을 불러올 때는 그의 이마에서 바람이 흘러나왔다고 한다. 영국의 화학자이자 물리학자인 윌리엄 크룩스는 이런 현상에 대해 연구한 뒤 물체 이동과 같은 심령현상이 발생하는 곳에서는 때때로 냉기가 발생하며 바람이 불 때도 있다고 자신의 저서에서 기술하였다. 영국 심령연구협회의 기록에 의하면 영매가 참석한 교령회에서 온도가 화씨 26도나 내려간 사례가 있고, 거꾸로 귀신의 장난으로 인한 폴터가이스트 현상이 발생할 때는 주위가 뜨거워지는 사례도 있다고 한다.

요즘은 귀신에 대하여 과학적 장비를 동원하여 그 존재와 활동에 대해 실증적으로 연구하는 작업이 활발하게 진행되고 있으므로 머지않아 귀신이 실제로 온도를 떨어뜨리는지 여부도 명확히 밝혀질 것으로 생각된다.

8. 어떤 영혼이 원귀(冤鬼)가 되는가?

제명을 다하지 못하고 억울하게 죽거나 비명횡사해서 원한이 남아 저승으로 돌아가지 못하고 이승을 떠도는 영혼을 원귀라고 한다. 지박령의 일종이다. 대체로 인간에게 해를 끼치기 때문에 악령에 속한다. 원귀가 되는 원인에는 여러 가지가 있다. 누군가에 의해 살해당한 경우, 억울한 모함을 풀지 못해 자살한 경우, 간절히 원하던 바를 이루지 못하거나 외로움을 견디지 못해 스스로 목숨을 끊은 경우, 전쟁이나 질병으로 목숨을 잃은 경우, 예기치 못한 사고로 갑자기 목숨을 잃은 경우 등 실로 다양하다. 한마디로 말하면, 망자 본인이 그 죽음을 도저히 수긍할 수 없다고 느끼는 경우에 그 원인 제공자에 대한 원한을 품고서 원귀가 되는 것이다. 물론 이와 같은 이유로 사망하였다고 다 원귀가 되는 것은 아니다. 생전의 인품과 영적 수준이 높아서 남에게 원한을 가지지 않는 사람이었다면 설사 억울하게 죽었다고 하더라도 죽음을 담담하게 받아들이며 원귀가 되지 않는 경우도 많다.

낙태로 인해 태어나 보지도 못하고 생명을 빼앗긴 태아의 영혼도 원귀가 되는 경우가 흔하다. 흥미로운 것은 태아의 원귀는 부모에게 빙의하는 경우는 매우 드물고 뒤에 태어난 형제자매에게 주로 빙의한다는 점이다. 아마도 질투심 때문일 것이다. 형제자매 사이에 질투심을 느끼는 것은 자연적인 본능이라고 생각된다. 먼저 부화된 독수리 새끼가 뒤에 부화된 새끼를 쪼고 둥지 밖으로 밀어 떨어뜨리는 것과 같은 현상이다. 아직 태어나기 전의 태아에게 영혼이 있느냐고 의아해하는 사람이 있으나 태아에게도 분명히 영혼이 존재한다. 어머니의 자궁에 잉태된 태아에게 영혼이 찾아드는 시기는 일률적이지 않다. 잉태와 동시에 영혼이 찾아드는 것이 보통이나 잉태 후 출산이 다 되어서야 영혼이 찾아드는 경우도 있다. 우리나라에서는 서양과 달리 아이가 태어나면 벌써 나이를 한 살로 치는데, 이것은 태아를 영혼을 가진 완전한 인간으로 인정하기 때문이다. 우리 조상들의 현명함을 느낄 수 있는 부분이다.

참고로, 우리 법률에서 태아를 어떻게 취급하는지에 대해 간단히 소개하겠다. 우리 민법은 태아에 대하여 불법행위로 인한 손해배상 청구권과 상속·유증에 관하여 일정한 권리를 인정하고 있다. 다만 상속이나 유증에 관한 권리는 태아가 무사히 출생하는 것을 조건으로 하여 인정된다. 원칙적으로는 태아는 출생하는 때부터 인간으로서 법적 지위를 인정받게 되는데, 언제를 출생 시기로 보느냐에 관해서는 학설이 나뉘어 있다. ① 분만에 앞서 느끼는 주기적(週期的)인 진통이 있을 때를 출생 시기로 보는 진통설(분만개시설)과 ② 태아의 일부가 모체로부터 밖으로 드러난 때를 출생 시기로 보는 일부노출설, ③ 태아가 모체로부터 전부 드러난 때를 출생 시기로 보는 전부노출설, ④ 태아가 모체로부터 완전히 분리된 후 독립하여 호흡하게 된 때를 출생 시기로 보는 독립호흡설 등이 있다. 민사법에서는 전부노출설이 통설이다. 형사법에서는 진통설(분만개시설)이 통설이며, 따라서 분만 중인 태아를 살해하면 살인죄가 성립된다.

원귀 중에는 물에 빠져 죽은 물귀신, 객지에서 목숨을 끊은 객귀(客鬼), 혼기가 찬 처녀가 시집가지 못하고 죽은 처녀귀신, 장가가지 못하고 죽거나 상사병에 걸려 죽은 총각의 혼령이 악귀로 변한 몽달귀신(총각귀신) 등도 있다. 요즘은 혼인 적령기의 젊은 남녀들도 반드시 결혼해야 하는가에 대해 회의를 가지고 혼자 살겠다는 독신주의자들이 많으므로 처녀귀신이나 몽달귀신이 생길 확률은 과거보다 많이 줄어들었을 것으로 생각된다. 시집·장가 못 간 것이 그리 억울하지 않은 시대가 된 것이다.

원귀는 자신을 죽게 한 사람이나 그 가족, 자신이 죽은 장소 등에 들러붙어 있으면서 갖가지 해코지를 한다. 귀신은 근본적으로 육체를 가지고 있지 못하므로 강한 물리력을 쓸 수는 없으나 자신이 가진 에너지를 활용하여 밤중에 갑자기 무서운 형상으로 나타나 놀라게 하거나, 소름 끼치는 비명을 내거나, 중요한 서류나 보석, 도구 등을 감추기도 한다. 꿈에 무서운 형상으로 나타나 가위 눌리게 하기도 한다. 물귀신은 수영하는 사람의 몸을 굳게 하여 익사를 유도한다. 교통사고로 죽은 영들은 사고 장소 부근을 지나는 운전자들의 정신에 영향을 미쳐 또 다른 사고를 유발하기도 한다. 묘심화 스님은 『빙의』라는 저서에서 익사 사고가 많이 일어나는 동해안 근처 한 계곡에서 익사한 어떤 소녀를 위하여 진혼제를 올리던 중 무려 수십 명의 익사한 원혼들이 한꺼번에 나타난 사례를 소개하고 있다.[23] 아마도 먼저 익사한 사람이 원귀가 되어 다음 사람을 또 익사하도록 연쇄적으로 유도하여 오랜 세월 동안 이와 같이 많은 원혼이 생겨났을 것이다.

조선 시대 문헌에 보면 원귀에 관한 이야기가 여럿 등장하는데, 여자 원귀 득옥(得玉)의 이야기도 그중 하나다. 득옥의 이야기는 여러 문헌에 실려 있는데 조선 후기의 실학자 이익이 저술한 『성호사설』에 수록된 이야기를 중심으로 하여 소개하면 다음과 같다.

인조대왕의 셋째 아들이자 효종의 친동생인 인평대군은 병자호란 당시 '삼전도의 굴욕' 이후 청나라에 인질로 끌려가 2년 만에 귀국하였으며, 효종의 즉위 이후에는 네 차례나 청나라에 사신으로 다녀올 정도로 효종의 총애를 받은 사람이다. 그

---

23)   묘심화 저, 『빙의』(물처럼, 2009), 99쪽

는 시와 글, 그림에 두루 뛰어났으며, <일편어주도> 등의 훌륭한 작품을 남기기도 하였다. 그런데 이와 같이 훌륭한 가문인 인평대군의 집에 득옥의 원귀가 나타난 것이다. 원래 득옥은 인평대군의 아들 복창군의 시비(侍婢)[24]였다. 복창군은 득옥을 매우 귀여워하여 가까이 두고 아꼈는데, 이를 질투한 복창군의 부인이 득옥에게 억울한 모함을 하여 가혹하게 고문을 한 끝에 죽이고 말았다. 억울하게 죽은 득옥은 저승으로 가지 못하고 원귀가 되었다. 득옥의 원귀는 야차(夜叉)라는 사나운 귀신과 함께 쌍을 이루어 인평대군의 집에 출몰하기 시작하였다. 그들은 한낮에도 지붕의 용마루를 타고 다니며 사람들을 위협하였으며, 이것을 본 사람들은 달아나 숨지 않는 이가 없었다고 한다. 그 이후 득옥의 원귀는 인평대군의 가문에 온갖 요사와 변괴를 일으켜 풍비박산을 내고 만다. 결국 인평대군의 세 아들 복창군, 복선군, 복평군은 숙종 때인 1680년에 일어난 경신대출척에 역모로 몰려 처형되었으며[25], 다만 벙어리에다 귀먹은 손자 한 명이 살아남아 겨우 제사를 잇게 되었다. 원귀 득옥이 인평대군의 집안에 복수한 것이다.

　기독교에서는 원귀와 비슷하게 인간에게 해를 끼치는 영적 존재를 악령 또는 마귀라고 부른다. 성경에는 예수께서 사람의 몸에 침

---

24)　여자 종을 말함.
25)　삼복의 변이라고 한다.

입한 악령들을 내쫓은 사실을 여러 차례 기록하고 있다.[26] 레마바이블 신학교와 케네스 해긴 미니스트리의 설립자이자 저명한 목사인 케네스 E. 해긴은 그의 저서『사단, 귀신 및 귀신들림』에서 악령은 하나님이 인간을 창조하기 전 사탄이 다스리던 땅에 존재하던 타락한 영들이라고 설명한다. 그들은 이 세상에서 최대의 해와 악을 행하기 위해 인간의 몸에 들어가고 싶어 한다는 것이다.[27] 그런데 여기서 말하는 악령은 원한을 품고 죽은 사람의 영혼인 '원귀'보다는 넓은 개념이다. 악령이니 악마니 사탄이니 하는 것들은 반드시 인간이 죽어서 생긴 영혼으로만 보기 어려우며, 자연의 사악한 기운, 동물령 등도 포함된다. 일반적인 귀신이나 원귀들은 살았을 때의 인간처럼 행동하는 데 반하여 악령들은 반드시 인간처럼 행동하지는 않는다. 악령 중에는 인간의 육체와 비슷한 형태를 보이고 붉은빛의 눈을 가지고 있는 것들이 있는가 하면, 그와 달리 발굽이나 꼬리, 뿔이 달린 것들도 있다. 악령은 주로 흑마술이나 어두운 마법, 강신술, 사탄숭배 의식, 위자보드, 분신사바 주문 등을 통해 불러들이는 경우에 나타나며, 일반 가정집에는 거의 존재하지 않는다. 악령이 인간계로 드나드는 통로를 포털(portal)[28]이라고 한다. 종교적 의식이나 마법에서 사용하는 상징 등이 포털이 될

---

26) 마태오복음 제8장 28~34절, 마르코복음 제1장 21~28절, 제9장 14~29절 등
27) 케네스 E. 해긴 저, 오태용 역,『사단, 귀신 및 귀신들림』(베다니출판사, 2017), 113쪽
28) 인터넷에서 수많은 사이트를 특정한 분류에 따라 정리해 놓고 주소를 링크시켜서 사용자들이 원하는 곳을 쉽게 찾아갈 수 있도록 만든 네이버, 구글 등 사이트를 이르는 말과 같은 취지다.

수 있다. 악령은 책상 같은 무거운 가구를 뒤집거나 사람을 집어 던지고 애완동물을 죽이고 넘어뜨리는 등의 매우 강한 물리력을 행사할 수 있으며, 악령이 내뿜는 부정적 에너지는 다른 귀신과는 비교가 되지 않을 정도로 강하다. 악령은 사람의 몸에 빙의하여 침범하기도 한다. 악령이 빙의되면 정신질환과 유사한 증세를 보이는데, 종교계의 전문 능력을 갖춘 사람이나 영능이 높은 사람들이 구마 의식을 통해 빙의된 악령을 내쫓을 수 있다. 악령이 내뿜는 영파는 어두운 파장을 가졌는데, 그 힘이 강력하여 그 영파에 접촉하게 되는 경우 자칫하면 악령에 빙의될 수가 있다. 그러나 평소에 진실한 신앙생활을 하거나 사랑을 실천하는 등 높은 영적 삶을 사는 사람들은 영혼의 파장이 악령의 파장과 다르다. 따라서 악령의 영파에 동조현상이 일어나기 어려울 뿐 아니라 수호령에 의하여 강력한 보호를 받기 때문에 악령에 침범당할 우려가 없다. 그러니 정신적·육체적으로 건강한 사람은 일부러 악령이 출몰하는 곳을 찾아가거나 흑마술 등으로 악령을 불러들이지 않는 이상 악령에 쐴 걱정은 안 해도 된다.

우리나라 민속신앙인 무속에서는 원귀를 생전의 원한 때문에 저승으로 돌아가지 못하고 이승에 남아 떠돌아다니는 부혼(浮魂)으로 보고 있다. 왕신, 몽달귀신, 객귀, 영산, 수비, 수부 등이 이에 속한다. 무속에서는 죽은 사람의 영혼은 초상, 소상, 대상을 치르는 3년 동안 이승에 머물다가 3년 탈상 뒤 저승으로 들어가는데, 원귀는 3년이 지나도 저승에 들어가지 못하고 이승에 남아 원한이 풀릴 때까지 인간을 괴롭힌다고 한다. 그래서 지노귀, 오구굿, 씻김 굿 등의 굿에 의하여 원귀로 하여금 원한을 가진 대상자를 용서하거나 자신의 사망에 대한 오해를 풀도록 해주어야 한다. 굿을 통해 해원(解冤)을 함으로써 홀가분하게 저승으로 돌아가도록 도와준다는 것이다.[29] 불교에서 행하는 천도재나 위령제에 의하여서도 원귀를 저승으로 돌려보낼 수 있다. 세명 원장은 원귀는 자신의 원한을 갚겠다는 하나만의 생각을 가지고 있으므로 원귀를 해결하는 방법은 그들을 소멸시키거나 다음 생으로 윤회할 수 있도록 윤회의 공간으로 돌려보내는 방법밖에 없다고 한다.[30]

각 지역에 따라 그곳에 존재하는 원귀를 지역 사람들이 위로하여 저승으로 보내는 제사를 지내기도 한다. 충청남도 부여군 은산면 은산리에 전해 내려오는 은산별신제(恩山別神祭)가 그 대표적인 것이다. 은산지역에는 옛날에 지독한 괴질이 퍼져 많은 사람이 죽어 나갔는데, 어느 날 한 노인의 꿈에 백마를 탄 장군이 나타나 자신은 백제를 지키던 장군이라고 하면서 은산리 일대에 나라를 지키다가 억울하게 죽은 많은 장병들의 유골이 묻혀 있으니 이를 수

29) 김태곤 저, 『한국의 무속』(대원사, 2013), 75쪽
30) 세명의 전게서, 52쪽

습하고 그 원혼들을 위로해 저승으로 가게 해주면 괴질을 없애주겠다고 하였다. 꿈에서 깬 노인이 마을 사람들과 함께 꿈에서 들은 대로 유골을 찾아 잘 매장해 주고 위령제를 올리자 괴질이 깨끗이 사라졌다고 한다. 그 이후부터 은산지역 사람들은 향토신에 대한 산신제와 함께 원혼들에 대한 위령제를 함께 올리고 있다.

　호남지역에서 많이 행해지는 당제(堂祭) 중에서 전남 무안군 운남면 동암리의 사도세자 당제도 원귀를 위로하는 제사에 해당한다. 즉, 영조가 서거하여 정조가 보위에 오른 1776년에 동암리 마을 사람들의 꿈에 정조의 아버지 사도세자가 나타나 자신은 억울한 죽음으로 원한이 뼈에 사무쳐 온 나라를 돌아다니다가 동암리의 풍광이 뛰어나 이곳에 머물기로 했다고 말하였다. 이튿날 마을 사람들은 저마다 같은 꿈을 꾼 사실을 알게 되어 회의를 열어 사도세자의 원혼을 위로하는 제를 지내기 시작하였으며 요즘에도 정월 상순 정일에 위령제를 지내고 있다.

9. 귀신의 능력
-귀신은 로또 번호를 맞힐 수 있을까?

귀신이 되었다고 해서 생전에 없던 초능력이 생기는 것은 아니다. 그러나 귀신은 육체에서 분리된 에너지체로서, 물질인 육신에 갇혀 있을 때는 육신이 물질이기 때문에 어느 정도의 부담을 느끼지만 육신을 벗고 나면 두뇌가 훨씬 더 명석해지고 오관도 더 정확하고 예민해진다. 귀신은 시간과 공간의 한계를 느끼지 않는다. 빛의 속도보다 빠른 생각의 속도로 이동할 수 있고, 상대방의 생각을 텔레파시로 읽을 수 있다.[31] 귀신은 사망 직후에는 생전에 가졌던 에너지에 의하여 한동안 존속하며 활동하나, 시간이 흐름에 따라 그 에너지가 약화하면서 활동도 약해지게 된다. 따라서 귀신이 저승으로 가기 전까지 계속해 활동하려면 새로운 에너지를 보충해야 하는데 주로 살아 있는 사람들의 부정적 에너지를 흡수한다. 저승으로 떠나가기 위해서도 어느 정도의 에너지가 있어야 한다.

귀신이 가진 에너지는 일반적으로 강한 물리력을 행사할 정도가 되지 못하므로 사람을 칼로 찌르거나 목을 조르거나 물에 익사시키는 등으로 직접적으로 물리적인 폭력을 행사하는 경우는 드물

---

31) 스베덴보리 저, 『스베덴보리의 위대한 선물』(다산초당, 2009), 177쪽

다. 이 점을 생각하면 우리가 귀신이라고 해서 덜덜 떨 정도로 너무 무서워할 필요는 없다. 그러나 사람의 뒤에 다가서서 입김을 불거나 머리카락을 잡아당기거나 침대 매트리스를 잡아당기고, 선반의 물건을 떨어뜨리고, 책상 위의 물건을 달그락거리거나 수표나 열쇠를 감추는 등의 작은 물리력을 행사하는 것은 가능하다. 컴퓨터나 스마트폰 등 전기기구의 스위치를 켜고 끄는 등으로 오작동을 일으키는 경우도 흔히 있다. 감기나 기관지염 등 가벼운 질환을 일으키게 하는 경우도 있다. 물건이나 사람을 집어 던지고 벽에 불을 내는 등 심하게 장난을 치거나 사람을 괴롭히는 귀신을 폴터가이스트라고 부른다.

귀신이 근처에 존재하는 것 자체만으로도 사람들은 불쾌감을 느끼거나 긴장하게 되고 그로 인해 스트레스가 쌓여 건강이 악화되고 병에 걸리는 일이 잦게 된다. 스트레스로 짜증을 많이 내게 되어 가족 간의 불화가 발생하기도 한다. 미국 의사 칼 위클랜드(Carl Wickland)는 그의 저서 『죽은 이들 사이에서의 30년』이란 책에서 "사람들은 무수히 많은 죽은 자들의 영혼에 둘러싸여 있고, 그들의 부정적 영향을 여러 방식으로 받게 된다. 많은 정신적·정서적 문제와 증상들, 우울·파괴적 충동들이 여기에서 나온다."라고 주장하였다. 저명한 임상심리학자인 에디스 피오레(Edith Fiore)는 1987년에 펴낸 『불안정한 죽은 자들』이란 책에서 "환자에게 붙은 영적 존재들은 환자의 행동과 생각, 감정 등에 크고 작은 영향을 미치고, 환자들이 떠올리는 과거의 기억도 왜곡시킬 수 있다. 전체 인구의 70% 이상이 하나 이상의 영적 존재들의 간섭을 어떤 식으로건 받고 있다."라고 하였다. 영국의 정신과 의사 아더 거드햄(Arther Girdham)도 40여 년간의 임상 치료를 경험한 후에 "심한 정신질환은 영혼들의 간섭으로 생긴다."라고 결론 지었다. 즉 귀신들은 사람의 육체와 정신에 간섭을 일으켜 크고 작은 정신질환을 일으킬 수 있다는 것이다. 70% 이상의 사람들이 그런 간섭을 받고 있다니 놀라운 일이 아닐 수 없다. 그렇다면 우리는 이 세상을 귀신들과 공유하면서 살고 있다고 표현하는 것이 맞을지도 모르겠다. 현대 의학으로 병명이나 원인을 찾지 못하는 질환 중에는 분명 귀신의 간섭 때문에 생긴 질환도 있을 것이다. 의학과 심령과학이 더욱 발전하면 그런 질병의 치유 방법을 찾아내게 될 것이다. 심령과학의 중요성이 새삼 느껴진다.

인간은 육체의 주위에 고유한 오라(aura)를 가지고 있으며 이것이 다른 영혼이 육체로 들어오는 것을 막아주는 보호막이 된다. 그런데 사람이 잠이 들어 트랜스(trance) 상태가 되거나 명상이나 요가를 하는 동안에는 일시적으로 보호막이 약해지는 경우가 있으며, 이때 귀신이 보호막을 뚫고 들어오면 우리 몸과 정신에 이상현상이 발생하게 된다. 술이나 마약에 취해 있을 때도 보호막이 약해진다. 귀신이 다른 사람의 몸에 들어와 아예 들러붙어 있는 것을 빙의라 한다. 우리가 잠자는 동안 무서운 꿈을 반복해서 꾸고 신체 일부에 마비가 일어나는 등의 가위눌림 현상도 보호막이 약해진 틈을 타 귀신이 우리 육체를 침범해서 발생할 수 있다. 귀신은 그 자신은 직접적으로 물리력을 행사하기 어려우므로 살아 있는 사람의 육체를 필요로 한다. 그래서 자꾸만 사람의 육체에 침범하고 싶어 한다. 빙의와 가위눌림에 대해서는 뒤에 좀 더 자세히 살펴보기로 한다.

귀신이 되었다고 해서 로또 번호를 미리 알아내거나 경마장에서 우승 예상마를 맞힐 수 있는 능력이 생기는 것은 아니다. 전 세계에 영매나 무당을 비롯한 적지 않은 사람들이 귀신들과 소통하고 있지만 그들이 귀신들로부터 로또 번호나 경마 우승마, 프로야구 우승팀에 대한 사전 정보를 들었다는 사람은 아무도 없다. 이것은 귀신이 생전에 가졌던 능력 이상의 예지력을 가질 수는 없다는 것을 증명하는 것이다. 만약 귀신이 미래를 예견하는 능력을 가졌다면 자신의 가족들에게 로또 번호를 알려주어 부자로 만들어주는 것은 '누워서 떡 먹기'만큼이나 쉬운 일일 것이다.

사람이 죽어 영혼이 육체로부터 분리된 이후 저승으로 가게 되면 완벽한 평화와 자유를 만끽하게 되나 저승으로 가지 못하고 이승을 떠도는 귀신으로 남게 되면 생전의 욕망이나 괴로움에서 완전히 벗어날 수 없다. 겁쟁이는 죽어서도 영웅이 될 수 없으며, 부하 여직원에게 성추행을 저질러 '미투'에 등장하는 타락한 정치인처럼 저질적인 사람은 죽어서도 인격자가 될 수 없다. 죽음 자체에 정화 작용이 있는 것은 아니기 때문이다. 심령학자 한스 홀저가 말하였듯이 죽은 영혼이 생전 그대로의 상태로 있느냐 진보하느냐 하는 문제는 이승이나 저승이나 자기 노력 여하에 달렸다는 점에서 마찬가지라고 보아야 한다.

귀신은 마음먹는 대로 한곳으로부터 다른 곳으로 순간적으로 이동할 수 있다. 귀신의 실체는 비물질적 에너지체이므로 물질이나 공간에 구애받지 않기 때문이다. 중국 무협지에 나오는 고수의 강호들이나 할 수 있는 축지법을 귀신들은 누구나 할 수 있다. 베르베르의 소설 『죽음』에 보면 주인공을 비롯한 귀신들이 파리의 하늘을 신나게 날아다니는 장면이 나오는데, 순전히 허구만은 아닌 것이다. 그러나 귀신은 생전에 가졌던 자신의 습관대로 이동하는 것을 좋아하므로 닫힌 문이나 벽을 의도적으로 통과해서 건물에 출입하는 경우는 드물며, 보통 열린 문이나 창문을 통해서 출입한다. 다른 사람의 몸을 통과하거나 다른 사람이 자신의 몸을 통과하게 하는 것도 좋아하지 않는다.

귀신은 가족이나 친구 등 가까운 사람에게 자신의 사정, 즉 억울하게 죽었다거나 시신이 제대로 매장되지 못하였다는 등의 얘기를 전달하고 싶어 하며, 이를 살아 있는 사람의 꿈이나 트랜스 상태를 이용해 전달할 수 있는 능력이 있다. 지박령이 된 영혼들은 실제로 가족들에게 뭔가 얘기를 전하고 싶어 된 경우가 많다. 가족을 비롯하여 가까운 사람들의 영적 주파수는 서로 비슷하기 때문에 비록 평소에는 영적 교신이 불가능하다 하더라도 꿈을 꾸거나 명상을 하거나 약물이나 음주에 의해 일시적으로 트랜스 상태에 있을 때는 비교적 수월하게 교신이 이루어질 수 있다. 이것은 가까운 사람끼리는 먼 곳에 떨어져 있어도 텔레파시로 메시지를 전달할 수 있는 것과 같은 원리다. 텔레파시로 정보를 전달하는 것이 실제로 가능하다는 것은 이제 의심할 필요가 없다. 어떠한 원리로 텔레파시가 가능한지를 명확히 규명하였다고 말할 수는 없으나 너무나 많은 실제 사례와 과학적 실험 결과에 의해 가능성이 입증된 것이다. 미국과 러시아 같은 나라에서는 텔레파시를 군사적으로 활용하기 위해 활발한 연구가 진행 중이다.

이상과 같은 능력은 대체로 저승으로 돌아가지 못한 귀신들이 보이는 능력이다. 이미 저승으로 돌아갔다가 다시 지구를 방문한 영들의 능력은 이와 다르다고 보아야 한다. 저승으로 돌아간 영들은 그 영적 능력이 거의 신에 가까울 정도로 높은 이른바 마스터

급의 영들도 있고, 아직 여러 차례 환생을 거치며 진화해야 하는 낮은 수준의 영들도 있다. 영들의 능력은 그 수준에 따라 천차만별로 많은 차이가 있다는 말이다. 그러나 저승으로 돌아간 영들은 기본적으로 자신의 상념에 따라 자신의 육체와 환경을 창조할 수 있는 능력을 가지고 있다. 그래서 그들은 자신이 가장 젊고 아름다웠던 시절의 모습으로 존재하기를 좋아하며, 이승을 방문할 때에는 자신이 가장 멋지다고 생각하는 옷을 입고 나타난다. 반면 지상을 떠도는 일반 귀신들은 상념에 의해 환경을 창조하는 이러한 능력이 없거나 제한적이므로, 살해되어 육체가 훼손된 지박령은 대부분 훼손된 모습 그대로 떠돌아다니는 것이다.

사망하여 저승으로 떠났던 조상들의 영, 즉 조상신은 이승에 남은 가족과 후손들을 위해 이승을 방문하는 경우가 종종 있다. 그들은 특히 가족과 후손들에게 위험이 닥칠 것을 알려주러 방문하게 된다. 우리나라에서도 아들의 꿈에 돌아가신 어머니가 나타나 빨리 일어나라고 재촉하는 바람에 잠에서 깨어보니 이웃에 큰 불이 나서 신속히 대피하여 목숨을 건졌다는 등의 사례가 많이 알려져 있다. 귀신이나 조상신은 가족 등 가까운 사람과 영적 주파수가 유사한 경우가 많다. 하지만 비록 주파수가 유사하다고 하더라도 평상시에는 교신이 어려우나 꿈을 꾸거나 명상, 일시적 혼절 등으로 트랜스 상태에 있는 경우에 교신이 가능하다는 것은 앞에서 설명한 바와 같다. 이런 상태를 이용하여 조상신들이 가족과 후손을 위험으로부터 보호하기 위해 메시지를 전달하는 것이다. 반드시 조상신이 아니더라도 죽은 스승이 제자를 보호하기 위해, 또는 죽은 자의 영혼이 가까운 친구나 이웃을 보호하기 위해 이승을 찾아와 메시지를 전달하는 사례도 많다.

높은 수준의 영들은 살아 있는 사람 중 영적 주파수가 유사한 사람과 소통하며 영계의 진리를 알려주기도 하고 자신이 생전에 하고 싶었던 일을 대신 하게 하기도 한다. 채널링(channeling)이나 자동서기(自動書記)[32] 등을 통해 자신의 지식을 우리 인간에게 전달하는 것이다.

뒤에 설명하겠지만 마스터 급의 뛰어난 영들이 스베덴보리, 다스칼로스, 제이지 나이트와 같은 채널러들을 통하여 영계의 진리를 알려준 사례가 많이 있다. 또한 리스트, 베토벤, 슈베르트 같은 위대한 음악가들의 영혼이 로즈메리 브라운이라는 영매를 통해 자신들이 살아 있을 때 작곡한 곡과 유사한 수준의 훌륭한 작곡을 하도록 한 사례도 있다. 모네, 르누아르, 레오나르도 다빈치, 미켈란젤로 등 유명 화가의 영혼들이 루이스 안토니오 게스파레토라는

---

32) 펜을 잡고 있으면 자신의 의지하고는 관계없이 저절로 손이 움직여 의미가 있는 문장을 쓰거나 그림을 그리는 현상을 말한다.

영매를 통해 뛰어난 그림을 그리도록 한 사례도 있다. 그 외에도 17세기에 살다 죽은 페이션스 워스(Patience Worth)라는 사람의 영혼이 20세기 초에 펄 커렌이라는 영매를 통해 『유감스러운 이야기』, 「텔카」, 『엘리자베스 시대의 가』 등 여러 권의 훌륭한 문학작품을 쓰도록 하기도 하였다. 우리가 잘 아는 문학가인 찰스 디킨스의 『에드윈 드루드의 비밀(The Mystery of Edwin Drood)』은, 그가 작품을 미완성한 채로 죽은 뒤 그의 영혼이 토머스 제임스라는 미국인 영매를 통해 나머지 부분을 완성한 것으로 알려져 있다. 체스터 칼슨은 어떤 영의 도움으로 제록스 복사기를 발명하였으며, 트로이의 유적을 발굴한 슐리만도 영의 도움으로 유적 발굴에 성공할 수 있었다고 한다.[33]

영계에서 지구를 찾아오는 영 중에는 반드시 지구에서 살다 죽은 사람들의 영만 있는 것은 아닌 것 같다. 그중에는 지구가 아닌 외계 행성의 높은 과학적 지식을 가진 외계인들의 영도 있는 것으로 보인다. 체스터 칼슨에게 제록스 복사기의 원리를 가르쳐 준 영도 그런 부류의 매우 높은 과학적 지식을 갖춘 영이었음이 분명하다. 70년 전에 칼슨이 발명한 제록스 복사기의 원리가 전자공학 분야의 눈부신 발전이 이룩된 현재까지도 그 원리를 뛰어넘는 새로운 발명품이 나오지 않고 그대로 이용되고 있는 것을 보면 짐작

---

33) 김기태 저, 『영혼의 신비』(하늘아래, 2016), 59쪽

할 수 있는 일이다.

수호천사라고 불리는 영들은 그가 보호하는 인간을 위해 때로는 위험에 부닥쳤을 때 미리 이를 회피할 수 있도록 예감을 불러일으켜 주고, 때로는 난관에 부닥쳤을 때 이를 극복할 수 있는 용기를 북돋아 주기도 한다. 1927년에 최초로 뉴욕에서 파리까지 대서양 횡단 비행에 성공한 린드버그는 그의 비행 수기인 「세인트루이스호의 영혼」에서 수호천사에 관하여 썼다. 그가 오랜 비행에서 온 극심한 피곤으로 정신적·육체적 위기에 처했을 때 유령들이 나타나 그를 격려하며 항행에 관해 충고해 주어 무사히 비행에 성공할 수 있었다는

1927년 최초로 대서양 횡단 비행에 성공한 린드버그

것이다. 그 유령들은 수증기처럼 나타났다가 곧 사라지기도 하고, 비행기 동체를 마음대로 통과하여 드나들었다고 한다. 그 유령들이 곧 린드버그의 수호천사다. 아테네의 철학자 소크라테스는 자신의 내면에 다이모니온(daimonion)이라는 수호령이 있다고 하였다. 그는 항상 다이

모니온의 지시에 따라 행동하였고 다이모니온이 알려 준 대로 예언하여 곧잘 적중했다고 말했다. 『영혼들의 여행』의 저자인 마이클 뉴턴은 이러한 수호천사를 '영혼의 안내자' 또는 '지혜로운 스승'이라고 부른다. 그들은 우리들 인간이 지구상에서 생존하고 있는 동안은 물론이고 죽은 후 영계에 돌아갔을 때도 많은 도움을 준다고 한다. 한번 스승은 영원한 스승이기 때문인가.

10. 귀신이 화재를 일으킨다?

　귀신은 건물의 전기 배선에 영향을 미쳐 합선으로 화재를 일으키기도 한다. 건물에 화재가 발생하면 화재 감식 전문가들이 화재의 원인을 찾아내는데, 전기 합선이 원인으로 밝혀지는 경우가 많다. 특별한 원인을 찾지 못하는 경우에 전기 합선으로 추정하고 조사를 마치는 경우도 더러 있다. 변호사들이 화재 사고에 관한 소송 사건을 다루다 보면, 우리나라 최고의 전문기관인 국립과학수사연구원의 화재 감식 전문가들조차도 뚜렷한 화재 원인을 찾지 못하면 전기 합선 때문이라고 결론 내리는 것이 아닌지 의심이 들 때가 종종 있다. 화재의 원인으로는 전기에 의한 경우 외에도 기계적 마찰, 자연발화, 화학물질에 의한 발화 등 여러 원인이 있다. 그 외에, 화재 감식 전문가들이 들으면 펄쩍 뛰겠지만 화재 원인에는 귀신의 장난에 의한 것도 있다는 것이 엄연한 사실이다.

　귀신들은 큰 물리력을 행사할 만한 에너지를 갖고 있지는 못하나 작은 물건을 옮기고 전기 소켓을 빼고 꽂는 정도의 힘은 있다. 그들은 사람들이 사는 집 주위에 붙어 있으면서 그곳에 사는 사람들을 괴롭히는 일을 즐긴다. 특히 오래된 건물의 음습한 곳이 그들이 주로 붙어 있는 장소이므로 그곳을 지나는 전선에 흠집을 내는 등으로 누전을 일으키는 장난을 좋아하며, 그로 인해 화재가 발생하거나 정전이 되어 사람들이 고통받는 것을 보고 즐거워한다. 누전으로 인한 화재 외에도 촛불을 쓰러뜨리거나 바람을 일으켜 촛불이 옮겨붙도록 하여 화재를 일으키는 경우도 있다. 귀신 중에는 갓 죽어 연차가 얼마 안 되는 귀신도 있겠지만, 적게는 수십 년, 많게는 수천 년 된 귀신도 있다. 오랫동안 한곳에서 지박령으로 지내는 귀신은 지루한 것을 가장 견디기 힘들어한다. 그래서 그들은 무료함을 없애기 위해 장난삼아 화재를 내는 것이다. 귀신들은 불에 타서 잿더미로 변하는 집과 가재도구들, 그것을 안타까워하며 발을 동동 구르는 사람들을 보면서 즐거워한다. 앞으로 원인을 알 수 없는 화재가 발생한 경우에는 심령과학자들을 불러 귀신의 장난 때문인지를 감식시켜 보는 것이 어떨까?

11. 급발진사고는 귀신의 짓일까?

요즘 빈번하게 발생하는 교통사고 중에 급발진사고가 있다. 급발진은 자동차가 정지 상태이거나 저속·정속 주행 상태에서 운전자의 의지와 관계없이 통제 불능 상태가 돼 가속되는 현상을 말한다. 이때 운전자가 아무리 브레이크 페달을 밟아도 차가 정지하지 않는다. 이러한 급발진으로 인해 크고 작은 사고가 발생하는데, 아직 그 원인은 정확하게 밝혀지지 않고 있다. 자동차 회사에서는 급발진은 차량의 결함 때문이 아니라 운전자가 운전 미숙으로 브레이크를 밟는 대신 액셀러레이터를 밟아서 발생한 것이라고 주장한다.

대체로 지금까지의 연구 결과에 의하면 자동차의 전자제어장치인 ECU(Electronic Control Unit)에 이상이 생겨 급발진이 일어난다는 것이 정설이다. ECU는 엔진으로 유입되는 연료 분사를 컴퓨터로 제어하는 장치인데, 이 장치가 무슨 이유에선가 오작동을 일으켜 급발진 현상이 생긴다는 것이다. 물론 운전자가 당황하여 브레이크를 밟는다며 액셀러레이터를 잘못 밟아 생기는 사고도 적지 않다. 자동차에는 EDR이라는 사고기록장치가 내장되어 있는데, EDR의 기록을 확인하면 사고 당시 운전자가 브레이크를 밟았는지 여부를 확인할 수 있다. 과거에는 급발진사고가 발생하면 자동차 회사에서 이 EDR의 기록을 한사코 공개하지 않으려 해서 문제가 되었는데, 2013년에 자동차관리법이 개정되면서 이제는 자동차 소유자가 그 기록의 공개를 요구할 수 있게 되었다.

법원의 민·형사 재판에서 급발진사고를 차량 결함 때문으로 인정한 사례는 거의 없다. 다만 형사재판에서는 급발진사고로 차량을 파손하고 사람을 다치게 한 운전자를 교통사고처리특례법 위반으로 기소한 사건에서 무죄가 선고된 사례가 한 건 있는데, 이는 매우 드문 케이스다. 즉, 대법원은 '2008. 6. 12. 선고 2007도5389호' 사건에서 운전자의 과실을 입증하여야 할 검찰이 이를 충분히 입증하지 못하였다고 해 운전자에게 무죄를 선고하였는데, 그 사건은 다음과 같은 것이었다.

운전경력 20년의 대리운전 기사인 50대 피고인은 사무실에서 손님의 호출 전화를 받고 현장인 서울 마포구에 있는 숯불갈비 골목으로 갔다. 그 골목은 폭이 5m 정도의 일방통행 길이었으며, 도로변 곳곳에 차량이 세워져 있었고 그 사이로 사람과 차량이 지나다닐 수 있었다. 피고인은 열쇠를 건네받아 갈빗집 앞에 세워진 사고차량의 시동을 켠 채 손님을 기다렸다. 그러던 중 차가 주차된 곳이 사람들 통행에 방해가 되는 것 같아서 차를 약간 옮길 생각으로 변속기를 주차(P)에서 주행(D)으로 바꾼 후 브레이크에서 발을 뗐다. 그 순간 차는 굉음을 일으키며 일방통행 골목길을 역주행하면서 쏜살같이 내달리기 시작했다. 그 와중에 승용차 한 대를 들이받았고 행인과 숯불을 지피던 식당 종업원 등 여러 사람을 충격하였다. 차는 대로변까지 가서 그곳에 세워진 다른 차를 들이받아 10m나 밀고 가서야 겨우 멈춰 섰다. 골목길에서 대로변까지 160m가 넘는 길을 수 초 만에 달려간 것이었다.

피고인은 사고 후 급발진사고라고 주장했지만, 경찰과 검찰은 이를 믿으려 하지 않고 차량 조작 실수로 일어난 사고라고 수사 결론을 내리고 피고인을 기소하였다. 그러나 법원은 피고인이 일방통행 도로를 고속으로 역주행할 이유가 없는 점, 당시 골목 상황이 여기저기 주차된 차량과 행인들 때문에 차량 한 대가 겨우 지나갈까 말까 할 정도였던 점, 목격자들이 일치하여 사고 차량이 매우 빠른 속도로 질주했다고 진술하고 있고 차량 밑부분에서 불꽃을 봤다는 사람도 있는 점, 현장의 CCTV에 사고 차량의 브레이크등과 후진등이 켜져 있는 것이 보이는 점 등을 종합하여 피고인이 통제할 수 없는 불가항력적인 상황에 의해 사고가 발생한 것이라고 인정하고 피고인에게 무죄를 선고하였다.

그러나 법원은 위 재판에서도 사고 원인이 차량 결함 때문이라는 것을 직접적으로 인정하지는 않았다. 위 판결 이후에도 여전히 대부분의 민·형사재판에서 사고 원인이 차량 결함이 아니라 운전자의 운전 미숙, 그중에서도 브레이크를 밟는다면서 액셀러레이터를 잘못 밟아서 생긴 사고라고 인정하고 있는 실정이다.

탤런트 김수미 씨의 BMW 7 시리즈 차량 급발진사고를 비롯하여 유명인들도 심심찮게 급발진사고를 경험하는데, 2016년에는 미국에 거주하던 탤런트 손지창 씨가 테슬라 전기차를 운전하여 귀가하던 중 급발진사고를 당해 테슬라 회사를 상대로 소송을 제기한 것이 큰 화젯거리가 되었다. 급발진사고를 일으키는 차량은 현대와 기아 등 국산 차뿐만 아니라 벤츠, BMW, 아우디, 르노삼성, 도요타 등 값비싼 외제 차도 예외가 아니다. 2009년 8월 미국에서 렉서스 ES350을 타고 가던 일가족 4명이 급발진으로 추정되는 사고로 사망한 이후 대대적인 리콜사태가 벌어지는 등 큰 소란이 있었다.

이처럼 전 세계적으로 수많은 급발진사고가 발생하는데 그 원인을 정확하게 찾아내지 못한다는 것이 이상하지 않은가? 우주선으로 달나라에도 가고 태양계 너머의 우주까지 가는 세상인데 자동차에서 발생하는 엔진의 급가속 결함 하나를 고치지 못한다는 것이 말이 되는가? 우주선의 기계장치에 무슨 문제가 생기면 수만 킬로미터 떨어진 NASA에서 원격제어에 의해 이를 수리하지 않는가? 자동차 제조회사들이 그 원인을 알고 있으면서 숨기고 있을 뿐이며 그들이 정부 기관(우리나라의 국립과학수사연구원과 한국교통안전공단 등)을 매수한 것이라는 음모론도 있으나 필자는 믿지 않는다. 세계의 수많은 회사가 더 좋은 차를 생산하려고 서로 경쟁하고 있는데 숨겨서 될 일이 아니지 않은가. 세계의 유수한 전문 연구기관에서 급발진은 전기제어장치인 ECU의 이상 작동 때문이라는 것까지는 밝혀냈으나 왜 이상 작동하는지 그 원인에 대해서는 아직 일치된 연구 결과가 나오지 않고 있다. 원인을 모르니 이를 완벽하게 방지하는 장치도 개발하지 못하고 있다.

ECU에 이상 작동을 일으키게 하는 원인은 여러 가지가 있겠지만, 필자는 그중에 귀신이 장난치는 것도 분명히 있을 것으로 생각한다. 실제로 윈코우스키 등 유명한 영매들은 귀신이 자동차의 전기회로 등을 조작하여 등화를 켜거나 끄는 일이 있고, 도로의 신호등을 조작하는 경우도 있으며, 건물의 오래된 전선에 영향을 미쳐 누전 사고를 일으키는 것을 본 일이 있다고 증언하고 있다. 귀신은 에너지체로 된 영적 존재로서 그의 상념에 따라 일정한 주파수의 파동을 일으킬 수 있으므로 전자제어장치로 되어 있는 자동차의 ECU에 충분히 영향을 미칠 수 있다. 이에 관해서는 앞으로 전문기술자들과 심령과학자들이 함께 연구하여 조속히 그 원인을 밝혀내기를 기대한다.

사람의 마음이 기계장치에 영향을 미칠 수 있는지는 오래전부터 과학자들의 연구 대상이었다. 유리 겔러와 같은 초능력자들이 염력으로 금속 시편을 구부리거나 부술 수 있다는 사실은 양자역학의 세계적 석학 데이비드 봄(David Bohm) 교수 등이 유리 겔러의 염력에 관해 런던대학 버크벡 칼리지에서 행한 실험 결과 입증된 바 있다. 초능력자가 아닌 일반인도 마음을 집중함으로써 물질에 영향을 미칠 수 있는지에 관하여는 듀크대학 심리학과의 조지프 라인(Joseph Rhine) 교수의 주사위 던지기 실험, 물리학자 헬무트 슈미트(Helmut Shmidt) 교수의 방사성 원소 붕괴를 이용한 통계적 실험, 프린스턴 대학 로버트 잔(Robert Jahn) 교수의 다이오드를 이용한 무작위사건발생장치(REG)에 의한 통계적 실험 등이 행해져 왔다. 그 실험의 결과에 의하면, 확률이 높지는 않으나 사람의 마음이 기계장치와 같은 물질에 영향을 미칠 수 있다는 것이다. 예를 들어 일정한 숫자가 나오기를 바라면서 주사위를 던지는 과정을 반복하면 무작위적으로 확률에 의해 기대되는 횟수보다 그 숫자가 나오는 횟수가 다소 웃돈다는 것이다. 세계적 베스트셀러 『필드(The Field)』의 저자 린 맥태거트(Lynne Mctaggart)는 이에 대해 인간의 의식이 방출하는 에너지가 우주의 영점장에 영향을 미쳐서 일어나는 현상이라고 설명한다.[34] 초심리학자들은 원자력발전소, 항공교통관제 장비, 의료기기 등과 같이 컴퓨터에 의하여 제어되

---

34) 린 맥태거트 저, 이충호 역, 『필드』(김영사, 2016)

는 기계장치에 발생하는 원인 불명의 고장 중에는 사람의 마음이 무의식적으로 컴퓨터에 작용해서 발생하는 경우가 있다고 주장한다. 그렇다면 사람의 마음과 동일한 상념체인 귀신도 충분히 자동차 ECU와 같은 장치를 고장 나게 할 수 있다는 것이 나의 생각이다. 만약 귀신의 장난으로 급발진사고가 발생한 것이라면 사고를 당한 피해자는 누구에게 손해배상을 청구해야 하는 것일까?

12. 귀신과 외계생명체

우주에는 영적 생명체로서 우리 인간만 존재하는가, 아니면 외계인이 존재하는가? 많은 우주물리학자들이 외계인이 존재할 가능성이 크다고 말하지만 아직 외계인이 존재한다는 확실한 증거는 발견되지 않았다. 만약 외계인이 존재한다면 그들도 우리와 같이 물질적인 육체와 비물질적인 영혼으로 구성되어 있으며, 육체적인 죽음 이후에 영혼으로서 생명을 이어가는 것일까? 인간이 죽어 귀신이 되면 외계인과 소통이 가능할까? 의문은 끝이 없다. 그러나 저승을 경험한 많은 임사체험자, 전생퇴행최면 피시술자, 영계 통신을 전달한 채널러들도 이 점에 관하여는 명확하게 설명한 사람이 많지 않다. 저승을 여행하거나 저승에 머물며 환생을 준비하였던 사람들이 그곳에서 고위급 영적 존재(마스터)를 만났다고 주장하는 경우는 많으나 그들이 외계에서 온 영혼을 만났다고 주장한 사례는 찾아보기 어렵다. 그러나 외계인들이 우리 지구인보다는 영적으로 더욱 진화하였으므로 저승에 있는 소위 '고위급 영적 존재들'이 곧 외계인의 영혼들은 아닐까 하고 막연히 짐작해 볼 뿐이다.

그러면 과학자들은 왜 지적 외계생명체의 존재 가능성을 인정하는가? 아래에서 이에 관하여 간략히 살펴보자.

우리 태양계가 속한 은하계에는 수천억 개 이상의 별(항성)들이 존재하며, 우주에는 태양계가 속한 은하계 외에도 수많은 다른 은하계가 존재한다. 2016년 10월 〈천체물리학 저널(The Astrophysical Journal)〉에 실린 연구 논문에 의하면 허블망원경으로 관측한 결과 우주에는 약 2조 개의 은하가 있다고 한다. 별이 2조 개가 아니라 은하가 2조 개라고 한다! 그것도 우주의 약 10%만을 관측한 결과다. 하나의 항성이 여러 개의 행성을 거느리고 있다고 생각할 때 우주 전체의 행성은 과연 몇 개나 될까? 도무지 상상을 초월한다. 헤아릴 수 없을 정도로 많다고 답하는 것이 옳다. 이렇게 많은 별 중에서 유독 우리 지구에만 생명체가 존재한다고 생각하는 것은 합리적이지 못하다. 생명체를 신이 창조한 것으로 보든, 특정한 화학성분을 가진 물질이 일정한 조건하에서 최초의 생명체로 변이되어 진화한 것으로 보든, 이러한 생명의 탄생이 유독 우리 지구에서만 일어났을 것으로 보는 것은 비이성적인 판단이다. 외계에도 우리 지구와 유사한 환경을 가진 행성이 수없이 많을 것이고, 그곳에 생명체가 존재한다면 그들도 고도의 지적 생명체 또는 영적 존재로 진화하였을 가능성이 충분히 있다.

외계 지적생명체 탐사 프로젝트(SETI)[35]의 창시자 프랭크 드레이크 박사는 우리 은하계에 존재 가능한 외계 지적 문명체의 수를 산출하는 방정식을 창안하였는데, 유명한 드레이크 방정식이 그것이다. 그 방정식에 의하면 우리 은하계에 최소한 1만 개 이상의 외계 지적 문명체가 존재한다는 계산이 나온다. 그 외에도 에든버러 천문학연구팀이 〈국제천문학저널(International Journal of Astrobiology)〉에 발표한 자료에 의하면 3만7,964종의 외계 지적 문명체가 존재할 것이라고 한다. 그러나 이러한 외계 지적 생명체의 존재를 우리가 확인하기 어려운 것은 그들이 존재하는 천체까지의 거리가 너무 멀어서 우주선에 의한 탐사 등의 방법으로는 확인이 불가능하기 때문이다. 빛의 속도로 이동해도 몇백에서 몇만 광년이나 걸리는 곳을 현재 인류의 과학기술로는 탐사하기가 현실적으로 불가능한 것이다. 태양계 밖의 가장 가까운 별까지 가기 위해서도 태양 크기의 로켓이 있어야 필요한 연료를 다 실을 수 있다고 하니 더

---

35)   세티(SETI, Search for ExtraTerrestrial Intelligence)

이상 무슨 말이 필요하겠는가!

혹은, 외계 지적 생명체들은 물질적인 존재가 아니라 귀신과 같은 비물질적 에너지체여서 우리의 물리적인 탐사 방법으로는 애당초 발견할 수 없는 것인지도 모른다. 1977년에 발사된 우주 탐사선 보이저(Voyager) 1, 2호가 현재도 초속 20㎞의 속도로 해왕성, 명왕성을 거쳐 태양계 밖의 우주로 이동하면서 외계 생명체의 흔적을 탐사 중이다. 그러나 이들 우주선의 속도로 가장 가까이 있는 태양계 밖의 별까지 도착하는 데도 6만 년이 걸린다고 하니 얼마나 기다려야 외계 생명체를 발견할 수 있을까? 그래서 세티(SETI) 연구의 선구자인 칼 세이건[36] 박사를 비롯한 과학자들은 외계 지적 생명체의 존재를 확인하는 연구로서 우주로부터 오는 수많은 전파신호 가운데에서 고도로 문명이 발달한 외계 지적 생명체가 발신한 전파신호를 찾기 시작하였다. 우주에는 백색소음, 중성자별 펄서(pulsar), 감마선, 뜨거운 별, 번개가 요란하게 치는 행성 등에서 발생한 무수한 자연전파들이 쉴 새 없이 온 우주를 누비고 있으며, 우리 인류가 사용하는 라디오, TV, 통신 등 많은 인공전파도 우주로 퍼져 나가고 있다. 이러한 인공전파를 전파망원경으로 수집하여 슈퍼컴퓨터로 분석해내는 연구다. 그러나 현재까지는 1970년대에 감지된 특이 신호(이들은 이를 'wow' 신호라고 부른다)

---

36)   과학 다큐멘터리 〈코스모스〉로도 유명한 천체물리학자다.

를 제외하고는 외계의 어떤 지적 생명체의 신호도 감지할 수 없었다. 그래서 외계 지적 생명체의 존재 여부는 여전히 뜨거운 논쟁의 대상이 되고 있다. 그러나 영화 〈콘택트(Contact)[37]〉에서 언급하였듯이 "이 드넓은 우주에 지적 생명체가 우리뿐이라면, 그것은 엄청난 공간의 낭비일 것이다!"

푸에르토리코에 있는 아레시보 전파망원경. 아레시보 전파망원경은 지름이 약 300m로서 지구 밖에서 발생하는 모든 대역의 주파수를 수신한다.

한편, 심령과학계에서는 천체물리학자들과는 전혀 다른 방법으로 외계인의 존재를 규명하려 노력하고 있다. 그들은 뛰어난 영능

---

37) 칼 세이건의 동명 소설을 영화화한 로버트 저메키스 감독의 SF영화(1997년). 조디 포스터가 여주인공 엘리 애로웨이 역을 맡아 열연하였다.

(ESP)을 가진 채널러와 영매들을 통하여 외계인과 직접 교신을 해 외계인의 존재를 확인하고 그들에 관한 정보를 수집한다. 그리고 임사체험이나 최면에 의하여 영계를 다녀온 사람들의 기억에 의하여, 또는 귀신을 비롯한 영적 존재들과의 소통을 통하여 외계인에 관한 정보를 수집한다.

역사적으로는 뛰어난 채널러인 다스칼로스가 전한 화성인에 관한 이야기가 유명하다. 미국 메인대학교 사회학 교수인 키리아코스 C. 마르키데스가 저술한 『지중해의 성자 다스칼로스』[38]에 의하면, 다스칼로스는 생전에 여러 차례 유체이탈한 상태에서 빛나는 우주선을 타고 온 화성인들을 만났다고 한다. 다스칼로스는 화성인들은 이미 3차원 물질계의 경험을 졸업하고 테오시스(신아일체의 경지)를 성취한 존재들이며, 그들의 머리와 가슴은 삼각형이고 팔다리는 우리와 비슷하다고 설명하였다. 다스칼로스는 그들이 상념의 힘으로 은빛 정장을 만들어 입고 서양인의 모습으로 나타났다고 한다. 그들의 몸은 에테르체이며, 물질화와 비물질화를 마음대로 행하는 수준에 있었다고 한다. 필자의 생각으로는 다스칼로스 자신이 유체이탈한 트랜스 상태에서 영계의 상념체인 아스트랄체였을 것이며, 이때 외계인이 스스로 아스트랄체 이상의 상위체로 변화하여 다스

---

38) 마르키데스 저, 김효선 역, 『지중해의 성자 다스칼로스(원제 Fire in the heart)』(정신세계사, 2008)

칼로스와 소통한 것이 아닌가 생각된다. 다스칼로스가 외계인과 조우한 이야기를 좀 더 구체적으로 설명하면 다음과 같다.

미국 NASA는 1973년 5월 14일 우주정거장인 스카이랩을 지구 궤도상에 쏘아 올렸는데, 스카이랩이 그 임무를 마치고 1979년 7월 11일 지상으로 귀환하게 되었다. 그런데 무인 우주정거장인 스카이랩에 대한 NASA의 제어장치가 고장 나서 통제력을 잃게 됐으며 어디로 추락할지 모르는 상황이 되어버렸다. 자칫 인구가 밀집한 지역에 떨어질 경우 큰 사고가 우려되었다. 다스칼로스는 그리스에 있는 자신의 집에서 키리아코스 교수와 환담 중 라디오에서 나오는 스카이랩의 추락 위험에 관한 소식을 듣고서는 즉시 초월 상태에 들어가 유체이탈하여 스카이랩의 상태를 알아보러 떠났다. 10분쯤 뒤 육체로 되돌아온 다스칼로스는 다음과 같이 설명하였다. 즉, 그가 이제 막 대기권에 진입한 스카이랩에 접근하자 이미 인도인들, 티베트인들[39]이 와 있었으며, 그들과 함께 심하게 요동치는 스카이랩의 추락 방향을 남쪽으로 돌려보기 위해 애썼으나 역부족이었다고 하였다. 그는 조금 뒤 다시 스카이랩에 다녀와서 놀랍게도 외계인들을 만났다고 말하였다. 스카이랩 부근에 3대의 비행접시와 외계인이 와 있었으며 그는 외계인들과 함께 스카이랩의 궤도를 수정하여 캐나다가 아닌 남쪽 인도양 쪽으로 추락하도록

---

39) 정확하게는 그들의 영혼

유도하였다고 말했다. 그는 외계인들은 형체가 없이 고차원의 이지계에 살고 있는데, 자기들을 '우주인(space people)'이며 '지구 정원의 수호자'라고 소개하였다고 한다. 그리고 지구는 '시끄러운 아이들로 가득한 정원'이라고 표현하였다고 말했다.

 '시끄러운 아이들로 가득한 정원'이라는 그들의 표현은 많은 것을 생각하게 한다. 녹색으로 빛나는 우리 지구는 외계인의 눈에도 분명 아름다운 정원으로 보였을 것이며, 그곳에 살고 있는 우리 인류는 허구한 날 자연환경을 파괴하고 서로 으르렁대며 전쟁이나 일삼고 있으니 시끄러운 아이들로 비쳤을 것이다. 어쨌든 실제로 스카이랩은 그날 밤 호주 부근의 인도양에 떨어져서 아무런 인명 피해도 발생하지 않았다. 스카이랩의 일부 파편은 호주 서부 에스페란스 지역에서 발견되었다.

스카이랩

그러나 지구에 나타난 외계인을 만났다거나 UFO를 목격했다는 사람들의 증언에 대하여는 지금까지도 그 진위를 놓고 논쟁이 치열한 실정이다. 외계인을 만났다는 사람 중에는 외계인이 금성이나 화성에 살고 있으며 그들의 영혼이 지구인의 육체에 깃들어 지구인으로 태어나기도 한다고 주장하는 사람들도 많다. 『나는 금성에서 왔다』[40]의 저자 옴넥 오넥은 자신이 금성의 5차원 세계에서 살다가 3차원의 물질적 육체를 형성하여 지구에서 지구인으로 태어나 살고 있다고 주장하고 있다. 초능력자로 널리 알려진 유리 겔러(Uri Geller)도 자신이 지구에서 수천 광년 떨어진 후바(Hoova)라는 별에서 지구에 파견된 외계인이라고 주장하였다. 그는 1970년쯤 우리나라 TV 방송에 출연하여 숟가락을 눈으로 응시하다가 손

가락으로 살살 문질러서 구부리는 능력을 보여주었던 사람이다. 그가 방송에 나왔을 때 집에 있던 고장 난 시계가 저절로 고쳐졌다고 말한 사람도 있었고, 방송 이후 식당에서 염력으로 숟가락을 구부려 보겠다고 숟가락을 노려보며 앉아 있는 사람들을 심심찮게 볼 수 있었다. 이른바 유리 겔러 신드롬이 일었던 것이다.

초능력자로 널리 알려진 유리 겔러

40)   목현 외 1명 역, 은하문명, 2011

스위스의 농부 빌리 마이어(Edward Billy Meier)도 외계인들과 텔레파시로 접촉하면서 그들로부터 전해 들은 인류의 기원에 관해 설명한 사람으로 유명하다. 그는 플레이아데스성단의 행성 에라(Era)로부터 온 외계인과 소통하였으며, 외계인과 UFO의 사진 및 동영상을 제시하였고, 염력으로 금속을 녹이는 초능력을 보여주기도 하였다.[41]

한편, 미국 정부가 외계인과 UFO의 존재에 관한 많은 증거를 확보하고도 정치적인 이유로 이를 은폐하고 있다고 주장하는 사람들도 많다. 이른바 음모론이다. 심령연구가들은 대체로 외계인의 존재를 긍정하는 입장이나 음모론에 찬성하는지 여부는 명확하지 않다. 필자도 앞서 본 천체물리학자들의 견해 및 심령연구가들의 견해와 같이 외계에 고도의 지적 생명체가 존재할 것이라고 믿는다. 그러나 그들은 영적으로 매우 진화한 존재라서 우리들과는 다른 차원에 살고 있을 것으로 생각한다. 저명한 UFO 연구가인 자크 발레도 UFO와 그 탑승자들은 다른 차원에서 오는 초월적인 존재일 것이라고 주장하였다. 어쨌든 외계인들은 요즘 SF영화에서 흔히 나오듯이 지구를 침공하여 인간들을 납치하는 따위의 짓들을 하는 속물적 집단으로는 생각되지 않는다. 다스칼로스가 말하

---

41) 맹성렬 교수는 전게서 21~22쪽에서 빌리 마이어가 외계인과 접촉하여 받은 메시지와 금속조각, 그가 보여준 신비한 능력 등에 관하여 상세히 설명하고 있다.

였듯이 자기들보다 덜 진화된 인류가 혹시 핵전쟁이라도 터뜨려 지구를 파멸시키지나 않을지 '지구 정원의 수호자' 입장에서 걱정스럽게 주시하고 있을 것으로 생각된다. 우주에는 '자기가 태어나지 않은 별의 운명에 대해서는 관여할 수 없다'는 이른바 절대적 내정 불간섭의 원칙이 있다. 그래서 그들은 아무리 인류와 지구가 위험에 처한다고 하더라도 직접적으로 개입하지는 않고 단지 간접적으로 암시와 경고를 주어 도움을 줄 수 있을 뿐이다. 과거에 미국과 소련 등지에서 핵실험을 하였을 때 평소보다 많은 UFO가 그 주위에 출현하였다고 하는데, 이것이 외계인이 우리에게 주는 경고이자 암시인 것이다.

외계인과 UFO에 관한 책은 수없이 많이 출간되어 있다. 그 중에서 음모론에 관한 책도 많다. 음모론에 관심이 있는 독자라면 의사이자 심령연구가인 스티븐 M. 그리어 MD가 쓴『은폐된 진실, 금지된 지식』[42], 채널링 및 UFO 연구가인 박찬호가 쓴『UFO와 신과학』[43], 전미(全美) UFO 조사위원회 위원장이자 캘리포니아 국제신학대학 총장인 프랭크 E. 스트랜지스가 쓴『미 국방성의 우주인』[44] 등의 일독을 권한다.

42)   박병오 역, 맛있는책, 2012
43)   은하문명, 2014
44)   박찬호 역, 은하문명, 2018

필자는 외계인도 육체와 영혼을 가진 존재이나 그 육체는 우리 인간과 같이 반드시 탄소형 생명체인 유기체로 되어 있지는 않을 것으로 생각한다. 물론 외계인 중에도 아직 진화의 단계가 낮은 생명체도 있겠지만, 고도로 진화한 외계인의 육체는 다스칼로스가 말하였듯이 에테르체이며, 자신의 의지에 의하여 그보다 상위의 상념체인 아스트랄체, 멘탈체, 코잘체로 자유자재로 변화할 수 있을 것으로 판단된다. 따라서 그들이 의도적으로 자신을 물질화하여 모습을 드러내지 않는 한 평소에는 우리의 육안에는 보이지 않을 것이다. 그러나 우리가 꿈을 꾸거나 깊은 명상상태에 몰입해 있는 등 트랜스 상태인 경우에는 그들의 모습을 보거나 그들의 존재를 느낄 수 있을 것이다. 그리고 영능력자들이 유체이탈을 한 상태이거나 사람이 죽어 귀신이 되면 그들과 마찬가지로 아스트랄체 이상의 상위체로 존재하게 되므로 그들과 소통이 가능할 것이다. 위에서 소개한 유리 겔라나 빌리 마이어는 초능력자로서 자신의 상념체 진동수를 외계인과 공조시킴으로써 소통이 가능하였을 것으로 생각된다.

NASA 에임스 연구센터의 실바노 P. 콜롬바노 교수는 〈SETI 연구를 위한 새로운 가정〉이라는 제목의 연구보고서에서 "외계의 지적 생명체들은 인간과 같이 탄소를 기반으로 하는 유기체에 의해 생성되지 않았을 수 있다."라며, "지구를 찾아온 외계 탐험가들은 매우 작은 크기지만 초지능적인 개체일 수 있다."라고 말했다. 그는 또한 우리는 다양한 형태의 생명이 존재할 수 있다는 가정을 하여야 하며, 외계 생명체들이 인간과 비슷한 조건일 것이라는 보수적인 시각 때문에 우리가 그들과 마주할 가능성이 매우 희박해 진다고 말했다. 외계인은 우리와는 차원을 달리 하는 존재라는 것이다. 필자도 콜롬바노 교수의 주장에 동의한다. 외계인이 상념체로 존재하는 동안은 우리 인간의 사망 후 영혼으로 존재하는 상태와 유사할 것이다. 그런 점에서 외계인과 귀신은 유사점이 있다고 생각된다.

13. 동물령

동물에게도 영혼이 있을까? 윈코우스키 등 영매들은 동물에게도 영혼이 있으며, 동물이 죽은 뒤 육체로부터 분리된 영혼이 밝고 흰 빛 속으로 들어가 저승으로 떠나가는 것을 많이 보았다고 한다. 우리나라 무속에서도 동물령이 있다고 인정한다. 원래 사람의 영혼은 육체 속에 깃든 에너지 생명체로서 영원불멸의 존재인데, 심령과학자들의 연구 결과와 영매들의 증언을 종합해 보면 동물에게도 본질적으로 사람의 영혼과 같은 에너지 생명체가 존재한다고 판단된다. 다만 동물의 영혼은 영적 진화 단계에서 낮은 수준에 있기 때문에 그 영혼이 발산하는 에너지 파동, 즉 영파도 인간보다 미약하다는 차이가 있을 뿐이다. 이러한 이치는 우주에 존재하는 모든 생명체에게 두루 통하는 이치다. 아무리 하등 생명체라 하더라도 그들에게도 다소간의 지적 능력이 있는 한 지적 활동으로 발생한 에너지가 상념체에 기억되며, 이것이 육체의 죽음 이후에 에너지체로서 존속하는 것이다. 이것을 영혼이라 부를 수 있을 것이다. 아무리 미물이라도 우리가 함부로 괴롭히거나 죽여서는 안 되는 이유도 그 때문이다.

요즘은 집에서 개나 고양이 등 반려동물을 기르는 사람들이 많다. 그들은 반려동물들도 어느 정도의 생각을 하고 감정을 표현하거나 의사 표시를 한다는 것을 깨닫는다. 주인이 위험에 처했을 때 이를 알려주고 주인을 보호하려는 행동도 한다. 그들은 주인이나 자신의 새끼와 헤어지면 이를 슬퍼하고 그리워하기도 한다. 필자는 어렸을 때 송아지가 다른 집으로 팔려나가는 날 어미 소가 큰 눈에 눈물이 가득한 채 슬피 우는 것을 본 적이 있다. 10년 넘게 아프리카 곰베 침팬지 보호지역에서 침팬지와 함께 생활하며 그들을 연구한 영국 출신의 영장류 동물학자인 제인 구달(Jane Goodall) 박사는 침팬지도 인간과 같이 영혼이 있고 영적 활동을 한다고 주장한다. 그는 침팬지가 사는 곳에서는 영국의 오래된 수도원에서와 같은 영적 기운이 느껴진다고도 한다. 침팬지뿐만 아니라 오랑우탄, 보노보 같은 영장류 동물들은 우리 인간에 근사할 정도의 사고능력을 가지고 있음이 분명하다. 인간만이 영혼을 가지고 있다는 우리의 독선적 주장을 이제 버릴 때가 되었다.

영장류 동물학자 제인 구달

동물에게도 일종의 초능력인 예지력이나 투시력이 있다고 주장하는 학자도 있다. 영국의 조지 캐너번 경은 1922년 고고학자 하워드 카터를 후원하여 이집트 제18대 왕조의 12대 왕인 투탕카멘의 무덤을 발굴하였다. 그 무덤에서는 찬란한 황금 마스크를 쓴 투탕카멘의 미라 등 진귀한 유물이 쏟아져 나와 세계를 놀라게 하였다. 그러나 호사다마라 하던가! 발굴에 참여하였던 사람 중 13명이 1년 내에 이런저런 이유로 사망하였고, 캐너번 경도 이듬해 4월 객지에서 고열에 시달리다 죽었다. 사람들은 이를 두고 '투탕카멘의 저주'라고 불렀다. 그런데 관심을 끄는 일은 캐너번 경이 사경을 헤매고 있던 바로 그 시간에 수천 킬로미터 떨어진 그의 본가에 있던 애견이 까닭 없이 울부짖다가 갑자기 죽어버렸다는 것이다. 이것은 아마도 애견이 주인의 사망을 투시력으로 알아차리고 괴로워하다가 견디지 못한 나머지 주인을 따라 죽은 것이 아닌가 생각된다. 인간보다 동물의 지적 능력이 떨어지는 것은 사실이나 영적 현상에 감응하는 능력은 오히려 인간보다 우월한 것으로 볼 수 있다. 앞에서도 설명하였지만 집에 지박령 등 귀신이 나타났을 때 인간들은 특별한 능력을 가진 사람이 아니면 이를 알아차리지 못하지만, 개와 고양이 같은 반려동물들은 대부분 귀신의 존재를 알아차리고 낑낑대거나 귀신을 피해 다닌다.

투탕카멘의 마스크

한편, 심령연구가들은 인간의 지박령과 마찬가지로 동물의 죽은 영혼 중에도 저승으로 가지 않고 지박령이 되어 지상에 남아 배회하거나 인간의 몸에 빙의하는 경우가 있다고 한다. 특히 반려동물들은 자신의 주인을 보호하거나 주인에 대한 충성심 때문에 남게 되는 경우가 종종 있다고 한다. 장거리 트럭 기사들은 이런 얘기를 곧잘 한다. 한적한 고속도로를 달려가고 있는데 언덕길을 넘거나 심한 커브를 돌려고 할 때 길 한가운데에 크고 흰 개가 길을 가로막고 있어 속도를 줄이고 서행해서 지나게 되는데, 그러면 곧 전방에 사고나 고장으로 서 있는 차량과 사람을 발견하고 가까스로 피해갈 수 있게 되는 경우가 있다는 것이다. 개의 영혼이 다가올 위험을 미리 알려주어 사고를 피할 수 있게 해주는 것으로 볼 수 있다. 한밤중에 잠을 자고 있다가 개가 미친 듯이 짖거나 고양이가 얼굴을 할퀴는 느낌이 들어 깨어나 보니, 집에 불이 났거나 가족이 갑자기 심하게 아프거나 하는 등 긴급한 상황을 알아차리게 되어 화를 모면하게 되었다는 얘기는 매우 흔하다. 살이 있는 개나 고양이가 그렇게 한 것이 아니라 그들의 영혼이 그렇게 한 것이다. 영매들은 경마장에는 조련사, 기수, 경마광, 도박사의 영혼뿐만 아니라 경주마들의 영혼도 예외 없이 어슬렁거리고 있다고 한다. 이들 영혼은 실제 경마를 하고 있는 경주마와 기수들에게 영향을 미쳐 순위를 바뀌게 하거나 사고를 일으키기도 한다. 이들 동물령도 먹잇감으로 부정적인 에너지를 필요로 하므로 경마장 같은 곳을 매우 좋아하는 것이다.

  심령연구가 안동민은 집에서 기르던 개가 대문 밖으로 나가다가 차에 치여 죽은 후 그 영혼이 주인의 몸에 빙의하는 바람에 그 이후 주인이 대문 밖을 나가지 못하는 외출 공포증에 걸린 사례, 집에서 기르던 개를 잡아먹은 사람에게 그 개의 영혼이 빙의한 사례, 새끼돼지를 삶아 먹은 사람이 그 돼지의 영혼에 빙의되어 간질 증세를 일으킨 사례 등을 직접 목격한 바 있다고 그의 저서에서 소개하고 있다.[45] 사람들은 개와 고양이 같은 애완동물들을 아끼며, 애완동물들도 본능적으로 사람을 무척 따른다. 가까이 있으면 서로 마음이 편안해지기 때문이다. 그것은 아마도 오랜 세월 함께 지내면서 신뢰감이 커졌고 그것이 영적 파동에도 영향을 미쳐 영적으로 교감할 수 있는 요소가 생겼기 때문으로 생각된다. 그래서 애완동물들은 죽은 뒤에도 주인에게 집착하는 경향이 있고, 주인에게 빙의하는 경우까지 생기는 것이다.

---

45) 안동민의 전게서,『빙의령 이야기』, 223~231쪽

14. 자살한 사람들의 영혼

자살(自殺)은 스스로 자신의 삶을 중단시키는 행위를 말한다. 자살하게 되는 이유와 원인은 여러 가지가 있으나 크게 분류하면 '극심한 고통을 견디지 못하여 자살하는 사람'과 '남에게 고통을 주기 위해 자살하는 사람'으로 나눌 수 있다. 질병이나 부상으로 인한 육체적 고통, 스트레스나 정신적 피해 또는 정신적 질환, 실연, 가족의 사망, 파산과 같은 심각한 경제적 손실, 죄책감이나 부끄러움, 극심한 외로움 등으로 자살하는 사람은 전자에 해당한다. 한편 명예 회복, 복수심, 원한, 불의에 대한 항거 등으로 자살하는 사람은 후자에 해당한다. 후자와 같이 자살에 목적성이 있는 경우를 자결(自決)이라고 구별해서 부르기도 한다. 1905년 을사늑약을 개탄하며 스스로 목숨을 버린 민영환 선생은 정확히 표현하자면 자살한 것이 아니라 자결한 것이다.

사이비종교로 인한 집단자살도 사회적으로 큰 문제다. 1978년 가이아나 인민사원 사건, 1987년 오대양 집단자살 사건, 1994년과 1995년에 두 차례 발생한 태양사원 사건, 1998년 발생한 영생교 집단자살 사건, 1995년 일본의 옴 진리교 사건 등 신도들이 집단자살을 하는 사례가 빈번하다. 사이비종교의 교리에 따라 종말론을 맹신하여 자살을 택하는 예도 있고, 교주나 교단이 자신들의 비리와 치부가 드러나는 등 더 이상 교단을 유지할 수 없게 됨에 따라 신도들을 부추겨 자살로 몰고 가는 경우도 있다. 어떤 목사는 신도들에게 모월 모일에 세계가 멸망한다는 종말론을 주입해 자살하도록 유도하고서는 정작 자신은 종말 예정일에도 죽지 않았으며, 뒤에 알아보니 노후에 찾을 수 있는 연금저축에 가입해 있더라는 웃지 못할 일도 있었다.

우리나라는 2019년 현재 세계 OECD 34개국 중 자살률이 1위다. 매년 인구 10만 명당 24.7명이 자살하며, 하루 평균 37명이 자살한다. 특히 노인층의 자살률이 매우 높아서 우리나라 노인들이 얼마나 빈곤과 외로움 등으로 큰 고통을 받고 있는지 알 수 있다. 생활고 때문에 일가족이 동반 자살하였다는 소식을 듣게 되면 얼마나 괴로웠으면 그런 선택을 하였을까 하는 생각과 함께 그들의 고통이 전해 오는 듯해 가슴이 먹먹해진다. 그러나 다른 한편으로는 부모가 어린 자녀들을 먼저 죽이고 자살하였다는 소식을 들으면 과연 그 어린 것들이 무슨 잘못이 있는가, 부모라고 자식의 생명을 해칠 권리가 있는가 하는 의문도 든다.

그러면 자살로 삶을 마감한 사람들의 영혼은 어디로 가게 될까? 그토록 못 견뎌 했던 이승에서의 고통에서 깨끗이 해방되는 것일까?

아무래도 자살자의 영혼은 현생에 대해 많은 회한을 가지고 있을 것이므로 자연사한 사람들에 비해 지박령이나 원귀가 되어 자기가 살던 곳이나 가족들의 주위를 떠돌 확률이 높다. 자살 후 저승으로 떠나간 영혼들도 평안을 누리지 못하는 것은 마찬가지인 것 같다. 심령연구가들은 자살한 영혼은 현생에서 느꼈던 고통과 번민에서 벗어나지 못하거나 혼수상태와 같은 혼미함 속에서 많은 시간을 보낸다고 한다. 다시 말하여 자살은 결코 고통에서 벗어나는 수단이 되지 못한다는 것이다. 사후세계 연구가인 마이클 팀은 많은 영매들의 메시지를 검토 분석한 결과 천상의 일을 전달하는 영매들의 메시지 중에는 서로 일치하지 않고 모순되는 내용이 더러 있으나 자살한 영혼이 어떤 상태로 지내는지에 대해서는 메시지가 모두 일치한다고 한다. 그 메시지는 압도적으로 자살을 죄악시하고, 자살로 물질세계의 문제에서 벗어나려 하지만 결코 벗어날 수 없다는 것이다.

자살하는 사람 중에 무신론자는 죽음은 모든 것을 소멸시키는 것이므로 자살과 동시에 현생에서 겪고 있는 고통 등 모든 문제도 소멸할 것으로 생각하였을 것이고, 유신론자는 자살과 동시에 영혼이 현생에서의 모든 문제를 훌훌 털어버리고 홀가분하게 저승으로 가서 완전한 자유와 평화를 누리게 될 것으로 생각하였을 것이다. 그러나 이러한 바람이 전혀 잘못된 것이라는 것을 마이클 팀의 연구 결과가 보여주고 있다. 그가 제시한 사례를 몇 개 소개하자면, 제1차 세계대전 때 죽은 크로드 켈웨이 뱀버의 영혼은 영매 글래디스 오스본 레너드를 통해 자신의 어머니에게 "자살은 문제를 벗어나는 것이 아니라 한 형태의 비참함에서 다른 형태의 비참함으로 바뀌는 것입니다."라고 전해 왔다. 〈아라비아의 로렌스〉로 유명한 로렌스 대령의 영혼은 영매 제인 서우드를 통해 "자살한 옛 친구의 영혼이 영계의 안개 낀 곳에서 혼수상태로 버려져 있는데 도와줄 방법이 없다. 그의 아스트랄체의 비참한 상태를 보면 오히려 깨어날까 봐 겁이 날 정도다."라고 전해 왔다. 그리고 영매 릴리언 베일리에게 메시지를 전한 어떤 영혼은 자살하는 사람은 '영계의 문을 부수고 들어오는 사람'으로 간주되어 영계에서 그리 멀리 가지 못하고 중간단계에 머물며 그곳은 베를린 장벽처럼 가로막혀 사랑하는 사람들조차 만날 수 없다고 말했다.[46]

원래 사후의 영혼은 영계에 머물면서 고위급 영의 지도를 받으며 자신의 전생을 되돌아보고 영적 진화를 위한 교육과 훈련을 받기도 하며 환생할 다음 생에 대해 계획을 세우기도 한다. 가족이나 친구 등 가까운 사람들의 영혼과 어울려 즐거운 생활을 한다. 그러나 자살한 영혼은 이러한 기회를 제공받지 못한 채 오랜 기간 고통과 혼미함 속에서 그 대가를 치러야 하는 것으로 보인다. 자살은 현생에서 국가 사회적으로 큰 손실을 끼치며 가정이나 직장에도 엄청난 후

---

46) 마이클 팀 저, 김자성 역, 『사후세계의 비밀』(북성재, 2013), 238~241쪽

유증을 남기는 것이므로 극구 피해야 하지만, 영적으로도 결코 문제를 해결하는 수단이 될 수 없다는 사실을 명심하여야 한다. 고통을 회피하기 위해 자살을 선택하더라도 그것은 '한 형태의 비참함에서 다른 형태의 비참함으로 바뀌는 것'에 불과하다고 하지 않는가!

　법적으로 자살을 처벌하는 규정은 없다. 설사 있다 하더라도 자살하여 죽은 사람은 사실상 처벌할 길이 없으므로 '공소권 없음'이라는 불기소 처분을 하게 된다. 자살을 시도하였다가 미수에 그쳐도 자살미수죄라는 것은 없다. 그러나 다른 사람의 자살을 유도하거나 돕는 것은 범죄가 된다. 형법 제252조 2항은 '사람을 교사(教唆) 또는 방조(幇助)하여 자살하게 한 자는 1년 이상 10년 이하의 징역에 처한다'라고 규정하고 있다. 자살교사·방조죄이다. 교사란 다른 사람에게 범죄를 저지르도록 하는 마음을 일으켜 범죄를 실행하도록 하는 것을 말하며, 방조란 다른 사람이 저지르는 범죄를 도와주는 것을 말한다. 그러므로 자살할 생각이 없는 사람을 꼬드겨서 자살하도록 하거나 자살하려는 사람이 자살에 성공하도록 도와주게 되면 처벌받는다. 한편 '자살예방 및 생명존중문화 조성을 위한 법률'이라는 긴 이름의 법률이 있는데, 이 법에 의하면 인터넷 등 정보통신망을 통하여 자살 유발 정보를 유통하는 행위를 금지하고 이를 위반하는 경우 처벌하도록 되어 있다. 인터넷에 자살사이트를 만들어 그 가입자들을 자살하도록 유도하는 것은 이

법에 의하여 처벌받는다.

　특히 연예인들과 같은 유명인들이 자살하게 되면 이를 모방하여 자살하는 사람이 많이 생겨나는데 이를 베르테르 효과라고 한다. 괴테의 소설 『젊은 베르테르의 슬픔』에서 주인공 베르테르는 약혼자가 있는 로테(Lotte)라는 여성을 사랑하지만 결국 사랑을 이루지 못하여 로테와의 추억이 깃든 옷을 입고 권총 자살을 하고 만다. 이 소설을 읽은 유럽의 청년들 사이에 '베르테르 열풍'이 불게 되었다. 청년들은 베르테르와 같은 옷을 즐겨 입고, 베르테르의 고뇌에 공감하였으며, 심지어는 베르테르를 모방하여 자살하는 사례까지 나타났다. 이에 미국의 자살 연구학자 데이비드 필립스(David Philips)는 유명인의 자살 사건이 언론에 보도된 이후 일반인의 자살이 급증하는 현상이 생긴다는 것을 확인하고 그런 현상에 대해 '베르테르 효과'라는 이름을 붙였다. 참기 어려운 고통을 면하고자 자살한 영혼도 저승에서 받아들여지지 않고 오랫동안 비참하게 지낸다고 하는데 모방 자살을 한 영혼이야 얼마나 더 큰 대가를 치르게 될 것인지 충분히 짐작된다.

15. 조상신

인간은 누구나 부모로부터 생명을 얻어 이 세상에 태어난다. 부모 없이 태어날 수는 없다. 그 부모 또한 그들의 부모로부터 태어났다. 이런 식으로 이 지구상에 태어났던 모든 사람에게는 부모가 있었고 그 윗대로의 모든 부모를 통틀어 조상이라 한다. 과거의 조상들은 모두 죽었다. 조상들은 죽어 지박령이 되어 떠도는 귀신으로 존재할 수도 있고, 저승으로 떠나가 영계에 머물 수도 있으며, 이미 새로운 육체를 받아 환생하였을 수도 있다. 조상들의 영혼을 보통 조상신이라고 말하는데 전지전능한 신이라는 뜻이 아니라 육체를 여의고 에너지체인 영혼으로 존재한다는 뜻이다. 그래서 조상신이라 하지 않고 조상령이라 부르기도 한다. 물론 조상들의 영혼도 영적 수준에 따라 더 이상 환생이 필요 없는 고위급의 마스터 영혼(고급령)일 수도 있고 이제 막 동물의 수준을 벗어난 저위급의 영혼(저급령)일 수도 있다.

조상신 중에서 생전에 큰 원한이나 죄를 지었다거나 이런저런 집착이 너무 심해 저승으로 떠나지 못하는 영혼들은 귀신이 되어 고통 속에 신음하게 된다. 그들은 주로 후손들이 사는 곳 주위를 배회한다. 그들은 저승과 이승의 차원이 다르기 때문에 자신의 하소

연을 후손들에게 전달할 방법이 없다. 그래서 그들이 의사소통의 수단으로 선택하는 것이 갖가지 재난을 후손들에게 일어나게 하는 것이다. 이른바 관심 끌기 작전이다. 예를 들어 한 가족에게 비슷한 교통사고를 반복하여 당하도록 하는 것 등이다. 한 가족에게 암과 같은 비슷한 질병을 일으키는 경우도 있으며, 후손들의 꿈에 반복하여 나타나는 예도 있다. 앞서 설명한 바와 같이 귀신은 직접적으로 큰 물리력을 행사할 만큼 에너지를 가지고 있지 않으므로 직접 자동차를 움직여 사고를 내지는 못하지만 운전자의 신경을 건드려 집중력을 잃게 하는 등의 방법으로 사고를 유발할 수가 있다. 또한 후손에게 스트레스를 주어 면역력을 떨어뜨리는 등의 방법으로 질병에 걸리도록 할 수 있다. 간암에 걸려 위독한 아버지가 정신이 오락가락하는 상태에서 아들에게 살려달라고 마음속으로 절규하면 효심이 지극한 아들은 아버지를 살려보려고 갖은 노력을 다한다. 이때 아버지와 아들의 영파는 서로 공조하게 되는데, 그 순간 사망한 아버지의 영혼은 자신도 모르는 사이에 아들의 몸에 빙의할 수 있다. 아버지의 영혼은 자신이 사망한 사실도 모른 채 아들의 몸속에 기거하면서 아들에게도 똑같은 간암 증세를 일으키게 되는 것이다. 의학에서는 부모 형제 등 가까운 가족 사이에 공통된 유전, 식사 습관, 직업, 생활환경 등의 요인이 작용해 특정한 질병이 그 가족에게 발병할 확률이 높아지는 것을 가족력이라 하여 질병의 중요한 원인으로 보고 있다. 지박령이 된 조상신이

후손에게 질병을 일으키는 것도 가족력의 한 요인으로 봐야 하는 것은 아닌지 모르겠다.

심령연구가들은 지상을 떠도는 조상신에 대하여는 후손들이 그를 저승으로 떠나갈 수 있도록 도와주어야 한다고 말한다. 뛰어난 영매들은 이러한 귀신에게 흰빛으로 저승으로 가는 통로를 만들어 주거나 좋은 말로 설득하여 저승으로 떠나가게 해줄 수 있다. 불교에서는 조상 천도재를 올려 그들의 극락왕생을 돕는다. 원래 천도재란 죽은 자의 영혼이 평온한 내세로 안전하게 정착하길 바라는 마음에서 기원하는 의식을 말하는데, 빙의한 귀신을 저승으로 안내하는 구병시식도 그 일종이다. 사십구재, 수륙재, 영산재 등도 모두 천도재의 일종이다. 천도재는 진언으로 영가를 불러 이승의 미련이나 집착을 끊어 버리라는 내용의 법문을 들려주고, 살아남은 자들의 정성과 선신(善神)의 위신력 및 부처님의 가피력으로 극락왕생하도록 안내하고 기원하는 방식으로 진행된다. 무속에서는 굿, 푸닥거리, 치성 등의 의식을 통해 후손의 주위에 들러붙어 재난을 일으키는 조상신을 내쫓는다. 제령(除靈)이라고도 한다.

지박령이 되거나 남의 육체에 빙의하지 않고 영계로 떠나간 조상신은 자신의 후손들에 대해 애정과 책임감을 가지는 것이 일반적이다. 사람은 누구나 살아 있을 때 자기 자식이나 손자들을 얼마나 귀여워하는가! 어린 손자를 품에 안고 있는 조부모에게는 한없는 사랑이 솟아나는 것이 인지상정이다. 혹시 소설가 최인호의 유고집인『나의 딸의 딸』[47]을 읽어 보았는가? 최인호가 딸 '다혜'와 손녀 '정원'에 대하여 가지는 한없는 사랑이 그 책에 잘 묘사되어 있다. 이러한 깊은 사랑이 죽어서 영혼이 되었다고 하여 쉽사리 없어지지 않을 것이다. 그래서 조상들은 저승에서나마 후손들을 각별히 보살핀다. 혹여 후손에게 큰 재난이 생길 우려가 있으면 미리 꿈에 나타나 예고를 하여 재난을 피하도록 도와주기도 한다. 어린 자식을 두고 일찍 죽는 부모는 비통해하는 자식에게 "너무 슬퍼하지 마라, 내가 죽더라도 천상에서 항상 너를 지켜보마."라고 말하며 숨을 거둔다. 이런 말을 하지 않았다 하더라도 먼저 죽은 부모의 영혼은 항상 자식들의 안위를 보살핀다. 조상과 후손은 아무래도 오랜 기간의 윤회를 거치면서 인연이 깊어진 사이이므로 그 영혼의 파장 또한 유사할 확률이 높다. 따라서 꿈이나 텔레파시를 통해 서로 소통할 가능성이 큰 것이다.

우리나라에서는 조상이 돌아가신 날에 제사나 묘사를 지내는 사람이 많으며, 전통적 형식의 제사가 아니더라도 추모식이나 추모예배를 올리는 경우도 많다. 그런데 이러한 제사나 추모 행사에 조상의 영혼이 과연 나타날까 하는 의문을 가지는 사람이 많을 것이

---

47)   최인호 저,『나의 딸의 딸』(여백, 2014)

다. 정성스럽게 마련한 제사음식을 과연 조상신이 드시는 것일까 하는 의문도 있다. 심령연구가들은 조상의 영혼이 나타나는 경우가 많으며 제사음식을 드시고 가는 경우도 많다고 설명한다. 영계에 머무는 조상의 영혼은 자신이 사망한 날을 잘 기억하고 있으며 기일(忌日)에 후손들이 자신에 대해 추모를 하게 되면 그 파장을 즉각 감지하게 된다. 앞서 설명한 바와 같이 영혼은 상념체이므로 후손들이 상념의 일종인 추모의 마음을 일으키면 영혼이 이에 공조하게 되기 때문이다. 조상신이 제사음식을 실제로 드시는 것은 물론 아니다. 조상신은 제사음식이 가지는 기(氣)를 섭취하는 것이다. 조상신은 대체로 생전에 좋아하던 음식과 술, 기호식품을 즐기므로 제사상에는 조상이 좋아하던 음식과 술 따위를 올리는 것이 좋다. 그러므로 돌아가신 아버지가 라면과 커피를 즐기셨다면 너무 격식을 따지지 말고 제사상에 라면과 커피를 올리도록 하라. 이렇게 말하면 격식을 중히 여기는 유학자나 종갓집 어른들이 야단치실지 모르지만, 살아계실 때 나물이나 육적에 젓가락도 대지 않던 분이 돌아가셨다고 그런 음식을 좋아하실 리 만무하지 않겠는가! 천사들이 입는 옷은 천의무봉(天衣無縫), 즉 꿰맨 흔적이 없다고 하지 않는가. 조상을 위하는 진실한 마음만 있다면 형식과 격식 따위는 영계에서는 하찮은 일일 뿐이다.

16. 잠시 귀신 되어보기(1)
-유체이탈

우리 인간은 물질적인 육체와 심령·이지체인 영혼으로 구성되어 있다고 앞에서 설명하였다. 육체를 외면체라 하고 영혼을 내면체라 부르기도 한다. 그러면 내면체인 영혼은 공간적으로 육체의 어느 곳에 존재하는 것일까? 심장이 있는 가슴? 아니면 뇌가 있는 머리에 존재하는 것일까? 어쨌든 육체 내에 있던 영혼은 인간이 죽으면 육체 밖으로 떠나가게 된다. 그런데 인간이 죽지 않은 상태에서 영혼이 몸 밖으로 빠져나오는 경우가 있다. 이를 유체이탈(遺體離脫)이라고 한다. 유체란 물질적인 육체와 대비하여 아스트랄체와 같은 상념체를 지칭하는 말인데, 육체 내면에 있어야 할 상념체가 육체로부터 이탈한다는 의미다. 유체이탈이 일어나면 의식이 육체를 벗어나 바깥세상을 인지하게 된다. 그래서 영어로는 유체이탈을 Out-of-Body Experience라고 하며 약자로 OBE라고 한다. 체외이탈 체험, 아스트랄투사라는 말도 비슷한 뜻이다. 육체는 침대에 누워 있거나 소파에 앉아 있는 상태에서 의식이 육체를 떠나여기저기를 돌아다니며 세상 구경을 하고 다른 영혼과 소통도 하는 것이다. 원래 의식은 오관(五官), 즉 눈과 귀, 코, 혀, 피부로 외부세계를 인지하게 된다. 그런데 육체를 벗어난 의식이 어떻게 오관의 도움 없이 세상을 인지할 수 있는 것일까?

유체이탈을 경험하는 동안 상념체가 육체를 벗어나게 되는데 이때 상념체와 육체는 은빛의 반투명한 끈으로 연결되어 있다. 이러한 끈을 은줄 또는 혼줄이라고 한다. 이 끈이 끊어지면 사망하게 되며 더 이상 상념체가 육체로 되돌아올 수 없다. 물론 일반인의 눈에는 혼줄이 보이지 않고, 유체이탈한 상태이거나 초능력을 갖춘 영능자의 눈에만 보인다. 혼줄과 상념체를 사진기로 촬영하는 데 성공하였다고 주장하는 사람들도 있는데, 그 진위에 관하여 논쟁이 뜨겁다.

유체이탈 현상에 대해 주류 과학자들은 대체로 이를 인정하지 않고 있다. 그들은 유체이탈은 단지 뇌의 비정상적 작용에 의한 환각에 불과하다고 주장한다. 그러나 이러한 주장은 세계의 많은 사람들이 실제로 유체이탈을 체험한 뒤 증언하는 내용이 의식과 육체의 분리를 전제로 하지 않고서는 시공간적으로 도저히 불가능하다는 사실이 입증됨으로써 더 이상 유지되기 어려워졌다. 즉, 자신의 집 침대에 누워 있는 상태에서 수백km 밖의 지점으로 가서 실제로 일어난 일을 보고 듣는다는 것은 의식이 육체로부터 분리되어 그곳으로 여행하지 않고서는 불가능하다. 어떻게 그렇게 먼 곳에서 일어난 일에 대한 정보를 환각 상태에서 입수할 수 있겠는가.

초심리학자 중에는 유체이탈을 초능력자(ESP)의 원격투시의 일종으로 보는 사람들도 있고, 자각몽의 일종으로 보는 사람들도 있다. 그러나 유체이탈은 육체와 구별되는 유체라는 몸을 지닌 채 다른 곳을 여행하고 그동안 육체는 대체로 의식이 없는 상태로 남아 있다는 점에서 원격투시와 구별된다. 원격투시를 하는 사람들은 투시하는 동안 본래의 육체가 여전히 의식이 있는 상태를 유지하는 것이 보통이다. 한편, 자각몽은 꿈을 꾼다는 사실을 스스로 인식하는 것을 말하는데, 꿈을 꾸면서도 의식이 있기 때문에 꿈의 내용을 어느 정도 통제할 수 있고 잠에서 깬 뒤에는 꿈의 내용을 비교적 정확히 기억할 수 있다. 그러나 자각몽은 어디까지나 꿈의 일종이므로 꿈의 내용이 실제로 일어난 일이 아니지만, 유체이탈은 실제로 일어나는 상황을 인지한다는 점에서 차이가 있다. 그리고 유체이탈 상태에서는 육체와 유체 사이에 흰 끈(혼줄)으로 연결되어 있다는 점이 원격투시나 자각몽과 뚜렷이 구별되는 특징이다.

유체이탈을 경험한 사람은 다스칼로스, 스베덴보그 등 유명한 채널러와 영매들은 물론이고 일반인 중에도 매우 많다. 사례를 들자면, 서울 성북동에 사는 A씨는 자신의 아파트 베란다에서 안락의자에 앉아 쉬던 중 갑자기 유체이탈을 하여 약 400㎞ 떨어진 목포 유달산 근처에 사는 친구의 집을 방문하고 그 친구가 마당에 고추 모종을 심는 것을 보고 되돌아왔다. 자신이 실제로 유체이탈을 한 것인지 확인하기 위해 친구에게 전화로 물어보니 친구는 정말로 그 시간에 마당에서 고추 모종을 심고 있었다고 대답하였다. 이러한 실증 사례는 수없이 많이 보고되어 있다. 심령연구가들의 연구 결과에 의하면 전 세계인의 10% 이상이 평생 한 번 이상의 유체이탈을 경험한다고 한다. 심령연구가들은 이탈리아의 시인 단테도 유체이탈하여 영계에 가서 보고 들은 내용으로 『신곡(神曲)』을 저술한 것으로 보고 있다.

다른 사례를 보자. 영국의 심령연구가 윌리엄 스탠턴 모지스(William Stanton Moses)는 옛 친구의 장례식에 사정이 있어 참석하지 못하였다. 그런데 서재에서 글을 쓰던 중 갑자기 의식을 잃고 유체이탈 상태가 되었다. 그의 유체는 어느새 친구의 장례식장에 가 있는 것이었다. 그는 장례식이 진행되는 과정과 그곳에 참석한 사람들을 찬찬히 살펴보고 육체로 되돌아왔다. 그는 의식을 차린 직후 자신이 장례식에서 본 것 중 특기할 만한 것을 모두 기록하였다. 예를 들어, 꼭 참석할 것으로 생각했던 사람 중 오지 않은 사람, 참석하지 않을 줄 알았는데 뜻밖에 자리한 조문객의 이름 등을 기록하였다. 그 뒤 모지스는 실제로 장례식에 참석하였던 사람들로부터 자신이 기록한 사항들이 모두 사실이라는 확인을 받았다. 그는 분명 유체이탈을 경험한 것이었다.[48]

---

48) 궁택호웅(宮澤虎雄) 저, 안동민 역, 『심령과학』(서음출판사, 2013), 209쪽

또 다른 사례로 영국 심령연구협회의 1892년 보고서에 수록된 이야기를 소개하겠다. 프랑스 파리 근교에 사는 베르트랑 목사는 젊은이들을 인솔하여 스위스 티토리스산을 등정하고 있었다. 그런데 정상이 가까워진 지점에서 베르트랑 목사는 심한 피로를 느껴더 이상 걷기 힘들어지자 동행한 가이드에게 젊은이들의 인솔을부탁한 뒤 절벽 근처에 다리를 뻗고 앉았다. 그는 담배를 피우기위해 성냥을 그었는데 그 순간 온몸이 뻣뻣해지며 몸을 움직일 수없는 상태가 되었다. 성냥불이 손가락을 태우는데도 던져버릴 수가 없었다. 그는 자신이 '이제 곧 죽는구나' 하고 느꼈다. 손발부터시작하여 온몸이 얼어붙으면서 심한 고통이 밀려왔다. 그런데 어느 순간 고통이 사라지면서 자신이 공중에 떠 있는 것이었다. 가벼운 풍선처럼 떠 있으면서 부드러운 끈으로 자신의 육체와 연결되어 있는 것을 깨달았다. 아래를 내려다보자 자신의 창백한 육체가보였다. 성냥을 잡고 있는 두 개의 손가락이 화상을 입은 것도 보였다. 시선을 다른 곳으로 돌리자 가이드가 왼쪽으로 가야 될 길을 오른쪽 길로 잘못 인도하고 있는 모습이 보였다. 한 젊은이가로프를 잡지 않고 위험하게 등정하는 모습도 보였다. 그뿐만 아니라 가이드가 몰래 베르트랑 목사의 배낭에서 마데이라 와인을 꺼내 마시고 치킨 다리를 꺼내 뜯어먹는 모습도 보였다. 다시 시선을다른 곳으로 돌리자 2~3일 뒤에 스위스 루체른으로 가기로 되어있던 아내가 일찍 출발하여 이미 루체른의 호텔 앞에 도착해 있는 광경이 보였다. 점점 더 하늘 높이 상승하며 주위를 둘러보니 경치가 너무나 아름답고 마음이 편안하여 지상으로 돌아가고 싶지 않았다. 누군가가 육체와 연결된 끈을 끊어주었으면 하고 바랐다. 그런데 그 순간 갑자기 충격과 함께 상승이 멈추고 누군가가 잡아끌 듯이 지상으로 잡아당겨졌다. 가이드가 하산 길에 베르트랑 목사의 육신을 발견하고 눈(雪)으로 목사의 심장을 마사지하여 되살린 것이었다. 베르트랑 목사는 자신을 되살린 가이드에게 몹시 화가 났다. 그래서 버럭 고함을 질렀다. "왜 왼쪽 길로 가지 않고 오른쪽 길로 갔소? 당신은 한 젊은이가 로프를 잡지 않고 있는 것도 그냥 내버려 두었어!" 어안이 벙벙해 있는 가이드에게 계속 퍼부어댔다. "내 마데이라를 마시고 치킨 다리를 먹은 걸 모를 것 같소?" 가이드는 영문을 알 수 없었으나 잘못을 빌며 도망칠 수밖에 없었다. 베르트랑의 아내가 예정보다 빨리 루체른에 간 사실도 확인되었다.[49] 이 사례는 일시적으로 사망하였다가 되살아난 사람의 체험, 즉 임사체험에도 해당하는 사례다.

영국의 작가 올리버 폭스는 십수년간 유체이탈을 경험한 후 1938년 자신의 경험을 소개하는 『체외이탈 경험 기록』이라는 책을 저술하였다. 그는 대학생 때 자신의 애인 엘시와 번갈아 가며 유체

---

49) 콜린 윌슨은 그의 저서 『삶에서 삶으로』(유진화 역, 도서출판 하늘, 1992) 64~69쪽에서 이 사례를 소개하면서 근사체험(체외유리체험)에서 공통적으로 발견되는 사항, 즉 육체와 영혼을 이어주는 끈의 존재, 육체로부터 해방되었을 때 안도감을 느끼고 육체로 되돌아가게 되었을 때 불만감을 느낀 점 등이 나타난다고 설명하였다.

이탈하여 상대방의 집을 방문하는 경험도 하였다고 한다. 미국의 심령연구가 로버트 먼로는 600회 이상의 유체이탈을 경험하고 『체외로의 여행(Journeys out of the Body)』이라는 책을 저술하였는데, 캘리포니아대학의 유명한 초심리학자 찰스 타트 교수가 이 경험이 진짜인지 입증하기 위해 유체이탈한 상태에서 친구 집을 방문하여 친구의 몸을 꼬집어 멍들게 하고 뒤에 친구의 몸에 실제로 멍이 든 것을 확인한 일화도 있다. 그 친구로서는 멀쩡한 몸으로 잠자리에 들었는데 아침에 일어나 보니 멍이 들어 있는 것을 발견하고 얼마나 황당하였을까! 로버트 먼로는 먼로연구소를 설립하여 헤미싱크 (Hemi Sync) 기법을 개발, 보급한 사람으로도 유명하다. 헤미싱크 기법이란 사람의 양쪽 귀에 서로 다른 주파수의 소리를 들려주어 좌·우 뇌가 그 소리 정보를 통합적으로 처리하는 과정에 뇌파가 동조되어 두뇌를 최상의 상태로 이끄는 기법을 말한다. 이것은 명상의 달인이나 요기들이 깊은 명상 상태에 들어갔을 때의 뇌파와 같은 주파수의 뇌파를 인위적으로 유도함으로써 비슷한 체험을 할 수 있도록 해주는 것이다.

유체이탈이 일어나고 있는 동안 상념체는 육체를 떠나 존재하며 육체의 도움 없이 활동하는데, 이는 사람의 사망 후 영혼이 육체를 떠나 귀신으로 존재하는 것과 본질적으로 차이가 없다. 따라서 유체이탈을 경험하는 것은 잠깐 귀신이 되어보는 것에 다름 아니다.

죽어 귀신이 된 영혼을 사령(死靈)이라고 하고, 살아 있는 상태에서 유체이탈한 상념체를 생령(生靈)이라고 구별하기도 한다.

　과거에는 유체이탈을 인간의 비이성적 상상력 혹은 사이비 의술이나 주술의 일종이라고 생각하였다. 그러나 유체이탈 상태에서 경험한 일들이 실제로 있었던 일로 확인되는 사례가 늘어나면서 이러한 생각은 수정되었다. 유체이탈이라는 용어를 처음 사용한 사람은 정신심리학자 티렐(G. Tyrrell)이다. 그 뒤 많은 정신의학자, 심리학자, 심령연구가들에 의하여 연구가 진행되었는데, 심령연구가들은 유체이탈을 영혼의 존재를 증명하는 중요한 증거로 보고 있다.

　예전부터 사람들은 살아 있는 상태에서 자신의 몸을 벗어나 보고 싶은 욕구를 가지고 있었다. 필자는 젊었을 때 캐나다 로키산맥 부근을 여행하면서 흰머리독수리들이 에메랄드빛 호수 위를 유유히 날아다니는 것을 보고 '나도 저렇게 날아봤으면' 하는 생각을 한 적이 있다. 사람이 새처럼 하늘을 날기 위해서는 비행기에 몸을 싣고 나는 방법이 있고, 몸은 남겨 두고 가벼운 영혼만 빠져나가 나는 방법이 있다. 후자가 바로 유체이탈이다. 유체이탈이야말로 살아 있는 상태에서 귀신처럼 영혼이 되어 세상을 여행할 수 있는 좋은 방법인 것이다. 그래서 인위적으로 유체이탈을 유도하는 방법을 연구해온 학자들이 있다.

인위적으로 유체이탈을 유도하기 위해 LSD와 같은 환각제를 투여하는 연구자도 있고, 스위스 EPFL 연구소의 연구자들과 같이 특수 카메라와 HMD(Head Mounted Device) 같은 가상현실 기술을 이용해 유체이탈 경험을 유도하는 실험을 하는 사람들도 있다. 한편, 러시아 학자 미하일 라두가(Mikahile Raduga)는 누구나 몸으로부터 의식을 분리하는 연습을 하면 쉽게 자각몽과 유체이탈을 경험할 수 있다고 주장한다. 그는 REM 수면 상태와 자각 의식이 결합된 상태에서 자각몽과 유체이탈 현상이 일어난다면서, 이러한 현상이 일어날 수 있는 상태인 페이즈(Phase)를 연습에 의해 인위적으로 실현할 수 있다고 한다. 그가 제시하는 연습 방법은 잠에서 깨어난 직후 눈을 감은 채 움직이지 말고 의식을 몸으로부터 분리하여 상상 속의 어떤 심상, 이미지, 기호, 소리 등을 보고 듣고 느끼도록 노력하는 것이다. 이렇게 하면 초보자라도 며칠 내로 페이즈에 진입할 수 있다고 한다.[50] 그는 이러한 방법으로 누구나 현실 세계와 꿈의 세계라는 두 개의 세계에서 동시에 살 수 있다고 장담한다. 이런 방법으로 페이즈에 들어가는 것이 가능하다면, 우리도 흰머리독수리처럼 아침마다 캐나다 로키의 푸른 호수 위를 날아다니는 경험을 해볼 수 있지 않을까?

---

50)　미하일 라두가 저, 이지윤·이균형 역, 『자각몽과 유체이탈의 모든 것』(정신세계사, 2016)

17. 잠시 귀신 되어보기(2)
-임사체험

    임사체험이란 죽었다가 되살아난 사람들이 겪은 경험을 말한다. 근사체험이라고도 하고 영어로는 Near-Death Experience(NDE)라고 한다. 임사체험에 대해 얘기하자면 우선 사람이 살아 있는 것과 죽은 것의 경계가 무엇인지를 알아볼 필요가 있다. 의학에서는 심장이 멎고 호흡이 중단되고 뇌 기능이 정지되며 동공반사가 없는 상태를 죽은 것으로 인정한다. 법률적으로는 심장이 정지하면 죽은 것으로 인정하는 이른바 심장정지설이 통설이다. 예외적으로 장기이식의 필요성에 의해 뇌파가 중단되는 뇌사시기를 사망으로 인정하는 경우가 있다. 사람이 죽은 것으로 인정되면 법률상 상속이 개시되고 유언의 효력이 발생하며 보험금과 연금의 청구권이 발생하고 살인죄가 기수(旣遂)로 된다.

    얘기가 조금 옆으로 새지만, 부잣집 아들의 입장에서 보면 아버지의 재산이 아무리 많다 하더라도 그것은 아버지가 죽기 전까지는 자신의 재산이 아니다. 아버지의 심장이 멈추어야 상속이 개시되고 자신의 재산이 되는 것이다. 그래서 세상에는 아버지의 심장이 빨리 멎기를 기다리는 자식들이 적지 않을 것이다. 내가 법률가로서 경험한 바에 의하면 자식들에게 유산을 남겨주는 것은 결코 권장할 일이 못 된다. 재산과 관련하여 법원에 소송이 제기되는 사건 중에는 부모의 유산을 두고 자식들이 서로 싸우는 사건이 매우 많다. 그런 싸움은 유산이 수십억 이상 되는 부자들에게나 있는 일이라고 생각하기 쉽지만, 실상은 그렇지 않다. 3억~4억 원짜리 아파트 한 채나 수천만 원의 예금을 놓고서 싸우는 자식들도 많다. 가까운 혈족이나 친족끼리의 싸움은 일반인들 사이의 싸움보다 더욱 감정적이고 치열하다. 그들은 엄마와 고모는 장남 편, 누나와 삼촌은 차남 편 하는 식으로 편을 갈라서 싸운다. 그래서 싸움이 끝나고 나면 어느 쪽이 이기든 집안은 풍비박산된다. 서로 원수가 되어 다시는 보지 않으려 한다. 유산을 남겨 주고 죽었던 부모의 제삿날에는 자식들이 함께 모이지도 않는다. 그 부모는 이런 결과를 보려고 애써 모은 재산을 자식들에게 남겨 주었던 것일까? 저승에서 후회한 들 아무런 소용이 없다. 그래서 가급적 유산을 남기지 말든지, 꼭 남기려면 꼼꼼하게 유언장을 써서 싸움이 생기지 않도록 해두어야 한다.

본론으로 돌아와서, 의학적으로나 법률적으로 분명히 죽었던 사람들이 다시 살아나는 경우가 있다. 귀신이 되었다가 되살아나는 것이다. 1960년대 이후 의학이 발달하면서 심폐소생술 등의 덕분으로 심근경색으로 인한 급성 심장마비, 외상에 의한 뇌 손상, 갑작스러운 과다출혈, 질식으로 인한 의식 소실 등으로 사망하였던 사람들 중 일부가 되살아나는 경우가 늘어나고 있다. 그래서 임사체험을 하는 사람들도 늘어나고 있다. 여기서 유의해야 할 것은 위독하기는 하였으나 아직 죽지는 않았던 환자가 위독한 상태에서 유체이탈을 하여 체험한 것은 엄밀한 의미에서 임사체험이라 할 수 없다는 점이다. 그리고 죽었다가 되살아난 사람이라고 하여 모두 임사체험을 하는 것은 아니다. 통계에 의하면 그들 중 대략 10~25%가 임사체험을 기억한다고 한다.

임사체험에 대해서도 주류 과학계와 의학계에서는 이를 인정하지 않고 있다. 그들은 산소 부족, 과다한 이산화탄소, 측두엽의 이상으로 인한 간질 발작, 마취제나 환각제 등의 약물 효과, 신경호르몬의 부조화 등의 원인으로 환자가 일시적으로 환상을 경험한 것이라고 주장한다. 그들의 주장은 매우 완고하다. 인간은 물질로 이루어진 육체와 뇌의 작동에 의한 정신이 있을 뿐 그 이외에 영혼이라는 것을 인정하지 않는다. 특히 모든 의식은 뇌가 만들어낸다고 주장한다. 그러니 뇌의 기능이 중지되고 뇌파가 정지된 상태에서 무엇을 보고 듣고 하는 체험을 하였다는 것을 논리적으로 인정할 수 없는 것이다. 그런데 분명 의사가 심장이 멎고 호흡이 정지된 것은 물론이고 뇌파도 정지된 것을 확인하고 "사망하셨습니다." 라고 선언한 환자가 얼마 뒤 되살아나 사망 선고 후 일어난 이런저런 일에 대해 체험담을 늘어놓는 사실을 어떻게 설명할 것인가! 그 많은 사람을 모두 거짓말쟁이라고 치부하고 말 것인가!

임사체험을 말하는 사람 중에는 병원 중환자실에 누워 있는 자신의 육체에서 빠져나와 병실 천장 부근에 떠 있으면서 의사와 간호사, 가족들이 자신을 소생시키기 위해 애쓰는 모습과 그들이 주고받는 이야기들을 모두 보고 들었다며 생생하게 얘기하는 사람들이 많다. 눈이 감겨 있고 뇌 기능이 정지했는데 어떻게 보고 들었을까? 이런 사례가 워낙 많이 보고되자 아예 응급실과 중환자실 천장 가까운 곳 선반 위에 밑에서는 절대 볼 수 없도록 사진과 신문 기사 등을 올려놓고 환자가 되살아난 후 그 사진이나 신문 기사에 대해 기억해내는지에 대해 연구한 학자들이 있다. 미국과 유럽의 25개 의료기관에서 3년간 15,000명의 환자를 대상으로 실시한 연구인데, 이것을 어웨어 프로젝트(Aware Project)라고 한다. 그 연구 결과 약 2%의 환자가 천장에 숨겨놓은 사진과 신문 기사에 대해 알아맞혔다고 한다. 사후에도 의식이 있고 그 의식이 육체를 떠나 있었던 것이 객관적으로 증명된 것이다. 뉴욕대학교 메디컬센터의 의사인 샘 파니아(Sam Parnia) 박사 연구팀도 세계 15곳의 병원에 입원해 있는 심장마비 환자 수천 명을 대상으로 어웨어 프로젝트 등 여러 방법을 사용하여 임사체험에 대해 연구하였다. 그 결과 뇌의 활동이 완전히 멈추는 소위 임상적 사망(clinical death)

상태에 이른 후에도 의식이 계속 살아 있다는 것을 증명했다는 놀라운 연구 결과를 발표하였다. 샘 파니아 박사는 마음이나 의식은 뇌와는 전혀 무관한 것인지도 모른다고 하며, 뇌 기능의 정지 이후 의식이 지속되는 증거가 발견된 것은 사후의 세계가 있음을 시사하는 것이라고 주장하였다.

　임사체험자들의 증언에는 공통적인 패턴이 있다. 제1단계는 육신에서 의식이 빠져나가 자신의 육신과 그곳에 와 있는 의료진 및 가족들을 내려다보면서 '내가 죽었구나'라고 인식하는 단계다. 제2단계는 위로 잡아당기는 듯한 어떤 힘에 의하여 공중으로 올라가다가 동굴이나 깔때기 같은 모양의 터널을 통과하는 단계다. 제3단계는 터널 밖의 매우 밝은 곳에 도착해 그곳의 아름다운 경관을 바라보면서 무한한 평화와 자유를 느끼는 단계다. 이때 다시는 지구에서의 삶으로 돌아가고 싶지 않다는 감정을 느끼게 된다. 제4단계는 그곳에서 밝은 빛의 존재들 및 이미 세상을 떠난 가족이나 친지들을 만나 교신하면서 그들의 한없는 사랑을 느끼는 단계다. 제5단계는 자신의 생을 파노라마처럼 회고하면서 기쁨과 회한을 느끼는 단계다. 제6단계는 빛의 존재들이나 가족들이 이승으로 되돌아가라고 권유하거나 스스로 이승에서 마무리해야 할 일이 남았다고 생각해 육신으로 되돌아오는 단계다. 마지막인 제7단계는 이전의 삶과는 달리 한층 더 영적으로 고양되고 사랑을 실천하는 새로운 삶을 살아가는 단계다.

이와 같은 패턴은 인종과 국가, 문화, 종교와 관계없이 대체로 공통된다. 다만, 임사체험자들이 터널 너머에서 보았다는 천상의 세계는 각자 소속된 문화권이나 종교에 따라 디테일에서 다소 차이가 있는데, 예를 들어 그들이 만난 빛의 존재를 불교 신자들이나 동아시아권의 사람들은 관세음보살이라고 표현하는 반면 기독교 신자들이나 서양 사람들은 천사라고 표현하는 식이다. 이 점을 두고 주류 과학계에서는 임사체험은 환자들이 주관적으로 지어낸 상상에 불과하다는 증거라고 주장하나, 필자는 그렇게 생각하지 않는다. 원래 영혼은 우리의 생각과 의식, 감정이 에너지화한 상념체다. 상념체는 주위 환경을 자신의 상념에 의해 창조한다. 천상의 세계는 고정불변한 세계가 아니라 관찰자의 상념에 따라 달리 창조되는 세계다. 지상의 세계 또한 고정불변한 세계가 아니라는 것이 양자역학에 의하여 설명되고 있지 않은가. 귀신들이 각자 자신이 가장 젊고 아름답던 때의 용모와 자신이 좋아하던 옷을 입고 나타나는 것도 상념에 의하여 용모와 의복을 창조하기 때문이다.

원래 임사체험(Near-Death Experience)이란 용어는 미국의 정신과 의사 레이먼드 무디(Raymond Moody)가 처음 사용한 말이다. 그는 우연한 기회에 교통사고로 죽었다가 다시 살아난 사람으로부터 경험담을 듣게 되었는데, 이를 계기로 비슷한 체험을 한 150명을 만나 조사를 시작하였다. 그 결과 그들의 체험담에 신빙성이 있으며 상당한 공통점이 있다는 사실을 확인하였다. 그는 죽음이 끝이 아니며 그 이후에 또 다른 삶이 있다는 것을 확신하게 되었다. 그가 1975년, 이런 임사체험을 한 약 50명의 체험담을 엮어『삶 이후의 삶(Life after life)』이라는 책을 출판하자 전 세계적으로 1,300만 부가 팔린 베스트셀러가 되었으며, 그 책의 출판은 이후 임사체험 및 사후세계 연구를 촉발하는 계기가 되었다.

'임사체험'이란 용어를 처음 사용한 레이먼드 무디

그 책에 실린 임사체험자들의 증언을 살펴보면 앞서 본 7단계의 공통적 패턴이 잘 나타나 있다. 즉 임사체험자의 영혼은 육체를 빠져나온 뒤 의사와 간호사들이 자신을 살리려고 애쓰다가 결국 사망하였다고 선고하는 소리를 직접 들었다고 한다. 그리고 공중으로 떠올라 가면서 자신의 죽음을 애도하는 가족들의 모습도 내려다보았다고 한다. 터널 같은 것을 지나 아름답고 평화로운 세계에 도달하며, 그곳에서 먼저 세상을 떠난 가족이나 영적 스승을 만나 한없는 사랑을 느낀 것을 공통적으로 증언한다. 자신의 생애에 대한 회상을 파노라마 영화처럼 재생해 보았으며, 그러다가 무언가 지상에서 해야 할 일이 남았다고 생각하여 육체로 되돌아오게 되었다고 증언하는 경우도 많다.

레이먼드 무디의 위 책에 서문을 쓴 사람은 '죽음학'의 대가인 엘리자베스 퀴블러 로스(Elisabeth Kübler-Ross) 박사인데, 그는 "인간의 육체는 영원불멸의 자아를 둘러싼 껍질에 지나지 않는다. 따라서 죽음은 존재하지 않으며, 다른 차원으로의 이동이 있을 뿐이다."라고 주장하였다. 로스 박사는 레이먼드 무디와 함께 임사체험을 '정신 나간 자들의 헛소리' 정도로 비난하던 당시의 주류 과학계 및 의학계와 꿋꿋이 싸워왔다. 로스 박사는 수많은 암 환자를 치료하면서 임사체험을 얘기하는 많은 사례를 접하게 되었으며, 이를 자신의 저서 『죽음 후의 삶에 대하여(On Life after Death)』에서 소개하였다. 그중 한 사례를 여기에 옮겨 적는다.

심폐소생술에 의하여 죽음으로부터 되살아난 한 소녀가 죽어 있는 동안 자신이 경험한 것을 어머니에게 말한다. "눈부시게 환한 빛이 있었는데, 너무 아름답고 포근한 곳이라 돌아오고 싶지 않았어요. 그리고 오빠가 옆에서 자상하게 잘 대해주었어요. 그런데 나는 오빠가 없잖아요?" 이 아이의 말에 어머니는 울음을 터뜨리며 진실을 말해준다. "한 번도 네게 말해주지 못해 미안하구나. 사실은 네가 태어나기 3개월 전에 죽은 네 오빠가 있었단다." 이 소녀는 자신에게 오빠가 있었다는 사실을 모르고 있다가 잠시 죽게 된 짧은 순간에 그 오빠의 영혼을 만난 것이다.

레이먼드 무디와 퀴블러 로스의 연구를 바탕으로 그 이후 많은 학자가 임사체험에 대해 연구를 하여 죽음 이후에 또 다른 삶이 있음을 과학적으로 증명하고 있다. 임사체험 사례는 세계적으로 수천 건 이상 보고되고 있으며, 그에 관한 연구 결과가 책으로 출판되거나 권위 있는 학술지에 게재되고 있다. 그중 주목할 만한 책으로 이븐 알렉산더 박사가 쓴 『나는 천국을 보았다(Proof of Heaven)』가 있다. 알렉산더 박사는 하버드 의대에서 근무한 저명한 뇌과학자이자 신경외과 전문의였는데, 그는 원래 뇌가 의식을 만들어 낼 뿐이며 사후세계는 존재하지 않는다고 굳게 믿었던 사람이다. 이른바 주류 과학계의 잘나가는 의학자였다. 그는 뇌와 의식에 관해 과학학술지에 150편이 넘는 논문을 발표하였고, 국제의학콘퍼런스에서 200회 이상 연구발표를 한 사람이었다. 그런데 그가 스스로 임사체험을 하면서 그의 모든 생각이 바뀌게 되었다. 그는 2008년 11월 희귀한 세균성 수막염으로 혼수상태에 빠져 담당 의사로부터 뇌사 판정까지 받게 되지만 7일 만에 기적적으로 되살아난다. 그는 뇌사상태에 있는 동안 영혼이 육체를 벗어나 처음 보는 한 소녀의 안내를 받아 천국을 여행하고 돌아온다. 그 소녀는 수년 전에 죽은 자신의 여동생이었는데, 알렉산더 박사는 어린 시절에 양부모에게 입양된 후 친부모를 만날 기회가 없었던 관계로 그때까지는 여동생의 존재조차 알지 못하고 있었던 것이다.

세계적인 뇌과학자인 알렉산더 박사가 직접 경험하여 쓴 임사체험기는 생명에 대한 주류 과학계의 정설을 뒤엎고, 죽음 이후의 삶에 관한 의학적 금기를 깬 세기적인 사건이 되었다. 그의 책은 출간되자마자 베스트셀러가 되어 아마존 종합 1위, 뉴욕타임스 1위, 퍼블리셔스 위클리 20주 연속 1위에 오르는 기염을 토했다. 미국 전역은 물론이고 유럽과 아시아 지역에서도 기록적인 열풍을 일으켰다. 그의 체험담은 물질주의와 개인주의에 찌들어 고뇌하던 많은 사람에게 뜨거운 감동을 주고 영감을 불러일으켰다.

저명한 죽음학 전문가인 서울대학교 의과대학의 정현채 교수는 "이것은 우물 안이 전부인 줄 알았던 개구리가 우물 밖에 장엄한 바다가 있다는 것을 경험하여 알게 되는 사건이다. 이제 인간은 육체가 전부가 아닌 영적인 존재임을 알게 될 것이다."라고 평가하였다. 포천중문의대 대체의학대학원장이었던 전세일 박사는 "뇌의학자인 알렉산더 박사에게 이런 일이 일어났다는 사실은 그 어떤 과학자나 종교인도 무시할 수 없는 혁명인 것이다. 현대과학과 영성은 화해하게 될 것이다."라고 높이 평가하였다. 알렉산더 박사의 두 번째 저서인 『나는 천국을 보았다 두 번째 이야기(The Map of Heaven)』의 한국어판에 서문을 쓴 이해인 수녀는 "죽음에 대한 두려움을 천국에 대한 그리움으로 바꾸는 한 권의 책이 여기 있다. 이 책은 단순한 호기심보다 자신의 삶을 돌아보는 거울에 비추어 읽기를 바란다."라고 하였다. 아직도 영혼의 존재를 부정하고 유물론을 믿는 사람이 있다면 이 책을 꼭 한 번 읽어보기를 권한다.

이러한 임사체험기를 통해 우리가 알게 된 사실은 여러 가지가 있다. 첫째, 뇌가 활동하지 않아도 의식이 따로 존재한다는 사실이다. 알렉산더 박사의 경우 심장만 정지된 것이 아니라 뇌의 기능마저 정지된 이후에 의식이 활동한 것이다. 둘째, 육신을 떠난 영혼이 도달한 저승은 완벽한 평화와 자유, 그리고 사랑이 충만한 세상이라는 사실이다. 마지막으로, 이러한 체험을 한 사람들은 삶과 죽음에 대해 새로운 시각을 가지게 되고, 다른 사람들에 대해 사랑을 실천하는 영적인 인간으로 변모한다는 사실이다. 그들은 짧은 기간이나마 영적 체험을 함으로써 우주의 진리를 깨달은 것으로 볼 수 있다. 필자는 이것이 종교에서 말하는 깨달음과 다를 바 없다고 생각한다. 불교에서는 부처님과 같이 완전하게 깨닫지는 못하였다고 하더라도 본래의 성품을 일별한 사람을 초견성이라 하는데, 임사체험자들은 최소한 초견성의 경지에는 올랐다고 볼 수 있지 않을까?

18. 심술궂은 귀신
-폴터가이스트

집 안의 물건이 저절로 움직이거나 이유 없이 시끄러운 소리와 악취가 나는 등의 괴현상 또는 그런 현상을 일으키는 영적 존재를 폴터가이스트(Poltergeist)라고 한다. 폴터가이스트는 원래 독일어로 '시끄러운 유령'이라는 뜻이다. 지금까지 알려진 폴터가이스트 현상으로는 옷장이나 식탁 같은 가재도구가 저절로 움직이고 스푼과 접시, 식칼 등이 날아다니며, 출입문이 저절로 열렸다가 닫히고, 계단이나 나무 바닥에서 삐거덕거리는 소리가 나고, 벽이나 창문이 흔들리고, 무엇이 타는 듯한 냄새나 악취가 나고, 책상이나 벽을 가볍게 두드리는 소리가 나고, 전등이 저절로 켜졌다 꺼졌다 하는 현상 등이다. 드물게는 돌이 날아오거나 옷과 가구에 화재가 발생하거나 사람을 집어 던지거나 밀어 쓰러뜨리는 현상도 있다.

만약 독자들이 집에 있다가 이런 일을 당했다고 상상해보라. 얼마나 혼비백산하겠는가!

  아마도 역사적으로 가장 유명한 폴터가이스트 현상은 폭스 자매를 유명인사로 만들고 세계적으로 영성주의(Spiritualism) 붐을 불러일으킨 1848년 미국 뉴욕주 로체스터의 하이즈빌에서 일어난 사건일 것이다. 하이즈빌의 목조 가옥으로 이사한 리어, 마가렛, 케이트 등 3명의 폭스 자매와 가족들은 누군가가 "쾅, 쾅" 하며 두드리는 큰 노크 소리를 이상히 여겨 조사하던 끝에 두드리는 소리로 그 존재와 소통할 수 있게 되었다. "당신이 유령이면 두 번 두드려봐."라고 말하면 그 존재가 정말로 두 번을 두드리는 식으로 소통이 된 것이다. 그리하여 마침내 그 존재가 그 집에서 수년 전에 살해당한 찰스 B. 로즈마라는 사람의 영혼이라는 사실을 알아내게 된다. 로즈마는 행상을 하던 중 그 집에 묵었다가 그의 돈 500달러를 욕심낸 집 주인에 의해 살해당했다는 사실을 폭스 자매들에게 노크 소리를 통해 알려주었다. 동네 사람들이 그 소문을 듣고 폭스 자매들이 혹시 거짓으로 꾸며낸 일이 아닌지 여러 방법으로 실험하였으나 거짓이 아님을 확인하였다. 그 집에 가정부로 일했던 여자로부터 행상인 한 명이 그 집에 묵은 적이 있다는 증언도 받았다. 이 사건을 계기로 사람들은 귀신이 실제로 존재한다는 것이 증명되었다고 하면서 영성주의자 집회를 개최하였고 이를 계기로 미국에서 영성주의를 연구하는 붐이 크게 일게 되었다.

비교적 최근에 일어난 사건으로는 독일에서 일어난 로젠하임 사건이 있다. 1967년 독일 바이에른주의 로젠하임에 있는 변호사 지그문트 아담의 사무실에서는 4대의 전화기가 누가 전화를 걸지도 않았는데도 계속해서 저절로 울리는 현상이 발생하였다. 또한 전화로 정확한 시간을 알려주는 유료서비스를 사용하지 않았는데도 수천 통의 서비스를 신청한 것처럼 막대한 요금이 청구되었다. 그뿐 아니라 조명기구가 저절로 흔들리거나 불빛이 점멸하고, 전구가 폭발하거나 복사기 등에 누전이 발생하고, 액자가 비틀어지고, 캐비닛이 저절로 움직이는 등의 괴상한 현상이 연이어 일어났다. 기술자를 불러 전기시설 등을 면밀히 조사했지만 원인을 찾지 못했다. 경찰도 아무런 원인을 찾지 못했다. 이러한 소문을 들은 막스 플랑크 연구소의 물리학자인 프리드베르트 카르거와 거하드 지카가 외부로부터 유입되는 전원을 완전히 차단하고 자가 발전기로 동력을 공급하면서 과학적으로 원인을 탐구하였다. 그 결과 그들은 외부적인 전원이 차단된 상태에서도 급격한 이상 전류가 발생하고 물건이 저절로 움직이는 등의 현상이 그대로 나타나는 것을 확인하였다. 그들은 이 현상들은 물리학적 이론으로는 설명할 수 없으며, 정체를 알 수 없는 지능적으로 조종되는 어떤 힘에 의해 수행되는 것 같다는 결론을 내렸다.

물리학자들이 정확한 원인을 찾아내지 못하자 이번에는 독일 프라이베르크 대학의 심리학과 교수인 한스 벤더가 조사를 시작하였다. 그는 아담 변호사 사무실에 자동카메라와 녹음기를 설치해 두고 24시간 내내 어떤 일이 일어나는지를 체크하였다. 그 결과 마침내 그 사무실의 여직원 안네마리 슈나이더가 그 현상과 관계가 있음을 알아냈다. 그녀가 사무실에 들어서면 전등이 깜빡거리며 그녀가 전등 아래로 지나가면 전등갓이 좌우로 흔들리는 사실을 발견하였다. 한스 벤더는 그녀와 심리 상담을 한 결과 그녀가 자신의 직업과 상사를 싫어하며 분노의 감정을 갖고 있음을 확인하였다. 한스 벤더는 이러한 조사 자료를 근거로 로젠하임 사건의 폴터가이스트 현상은 여직원 슈나이더의 염력에 의하여 발생한 것이라고 결론 내렸다. 실제로 그녀가 아담 변호사 사무실을 그만두고 다른 사무실로 직장을 옮겨가자 아담 변호사 사무실에서는 이러한 소동이 없어졌으며, 그 대신 그녀가 옮겨간 다른 사무실에 전기 장애 등의 현상이 나타났다.

폴터가이스트 현상으로 유명한 또 다른 사건은 1977년 영국의 작은 동네 엔필드에서 일어났던 사건이다. 혼자서 네 남매를 키우는 싱글맘 페기 호지슨은 영국 런던 근교의 엔필드에 있는 주택을 사서 이사하였다. 그런데 이사한 날 정체를 알 수 없는 무언가가 물건을 던지고, 가재도구가 저절로 움직이고, 사람의 몸이 공중에 떠오르는 등 기이한 현상이 발생하였다. 침대가 혼자 움직이고 물건들이 방에 떠다니는 것을 보고 아이들이 비명을 질러댔으며, 이에 혼비백산한 페기는 이웃 사람들과 경찰관을 불러 도움을 요청했다. 이웃 사람들과 경찰관이 보는 앞에서도 서랍장이 저절로 열리고 물건이 날아다니고 사람의 몸이 공중에 떠오르는 현상이 계속됐다. 경찰관 캐롤린은 자신이 해결할 일이 아니라며 언론에 알리게 되었다. 그리하여 영국의 유명 언론사인 데일리 미러의 사진기자 그레이엄 모리스와 BBC 취재팀, 심령연구가 모리스 그로시가 집으로 와서 원인을 조사하였다. 그들은 폴터가이스트 현상을 생생하게 비디오로 촬영하고 사진을 찍어 방송에 내보냈다. 그들이 보는 앞에서 커튼이 저절로 움직이고, 벽에 불이 붙고, 부엌의 도마 위에 있던 채소가 날아오고, 식칼이 움직이고, 아이들이 벽에 내동댕이쳐지는 등 해괴한 일이 벌어지는 게 아닌가! 그런데 이에 그치지 않고 자신을 '빌'이라고 주장하는 귀신이 둘째 딸 자넷에게 빙의하여 남자의 목소리로 사람들을 모두 밖으로 나가라고 소리 질렀다. 그로시는 그 집의 부동산 관련 서류와 사망신고서를 조사한 끝에 그 집에 실제로 빌 홉스라는 사람이 살다가 병으로 죽었으며, 그 뒤 그 집은 경매에 의해 싼값으로 다른 사람에게 소유권이 넘어간 사실을 알게 되었다. 아마도 빌 홉스는 죽은 뒤 그 집에 애착을 가지고 지박령이 되었으며, 그 집에 새로 이사해 들어온 사람들에게 원한을 가지고 그들을 괴롭히는 것으로 추정되었다.

이 사건은 폴터가이스트 현상의 많은 부분이 실제로 촬영되어
방송됨으로써 매우 유명해졌는데, 그로시가 약 2개월간 카메라를
설치하여 관찰하던 중 어느 날부터 갑자기 그런 현상이 없어졌다.
빌 홉스의 영혼이 그 집에 대한 집착을 거두고 저승으로 떠난 것일
까? 이 사건을 모티브로 하여 〈컨저링 2〉라는 영화가 만들어졌다.
우리나라에서는 MBC의 〈신비한 TV 서프라이즈〉에서 이 사건을
소개하는 방송을 하였다.

'엔필드 폴터가이스트' 사건을 모티브   MBC 〈신비한 TV 서프라이즈〉에서 방송한 엔필드
로 해 만들어진 영화 〈컨저링 2〉   폴터가이스트 현상

지금까지의 연구 결과 폴터가이스트 현상은 대체로 두 가지 원
인에 의하여 발생하는 것으로 학자들은 추정한다. 하나는 로젠하
임 사건과 같이 살아 있는 사람의 자발적인 염력에 의하여 일어난

다는 것이다. 이른바 '심리기능 장애이론'이다. 어느 정도의 염력을 가진 사람이 심하게 분노심을 억제하거나 적개심 또는 성적 긴장 상태로 고통받는 경우에 염력이 발휘되어 이런 현상이 일어난다는 이론으로, 대부분의 초심리학자들이 이 이론에 동의한다. 특이한 것은 살아 있는 사람의 염력에 의한 폴터가이스트 현상은 주로 청소년 등 젊은 사람에 의하여 일어난다는 사실이다. 젊은 사람들이 노인들보다 자신의 마음이나 기분을 조절하는 능력이 부족하고 쉽게 흥분하기 때문이 아닌가 생각된다.

다른 한 가지는 죽은 사람의 영혼에 의하여 일어난다는 것으로 이른바 '무형존재 이론'이다. 이 이론은 귀신이 장난치거나 사람들을 괴롭히기 위해 폴터가이스트 현상을 일으킨다는 것이다. 나는 이 두 가지 이론이 모두 옳다고 생각한다. 살아 있는 사람의 염력이나 죽은 자의 영혼은 모두 그 본질이 상념 에너지로서 동일하며, 그 에너지는 일정한 조건이 맞으면 물리적으로 다른 사람이나 물건에 영향을 미쳐서 폴터가이스트와 같은 현상을 발생시킬 수 있다. 위에서 소개한 3건의 사례 중에서 로젠하임 사건은 안네마리 슈나이더라는 여직원의 염력에 의하여 발생한 것이고, 하이즈빌 사건과 엔필드 사건은 찰스 B. 로즈마와 빌 홉스의 죽은 영혼들에 의하여 발생한 것이다.

제2장

귀신의 침범

1. 빙의(憑依)
-귀신들림

빙의란 사람이 원인을 알 수 없는 귀신 등의 어떤 초자연적인 힘에 사로잡혀 있는 상태를 뜻하는 말이다. 귀신이 특별한 목적이 있어서 살아 있는 사람의 몸속으로 들어와 그 몸을 사용하는 것을 말한다. 일종의 기생생명체가 되는 것이다. 다른 말로는 귀신들림이다. 흔히 "귀신에 씌었다.", "귀신이 붙었다."라고 말하는 것이 곧 빙의다. 영어로는 포제션(Possession)이라고 한다. 무당이나 셔먼, 영매가 하늘의 신탁을 받기 위해 자신의 몸을 일시적으로 귀신과 일치시키는 접신(接神) 또는 귀접(鬼接)도 크게 보면 빙의로 볼 수 있다. 그러나 여기서는 자신의 의사와 관계없이 귀신이 들어오는 경우만을 빙의로 정의하고자 한다. 빙의는 자신의 의지와 상관없이 귀신이 들어오는 경우고, 접신은 자신이 원해서 귀신을 들어오게 하는 것이다.[51] 빙의는 무당이나 영매가 다른 차원의 영적 존재로부터 정보나 메시지를 전달받는 채널링(channeling)과도 구별되는 개념이다.

빙의는 정신의학, 무속학, 심리학, 종교 등에서 각기 다양하게 사

---

51) 세명, 전게서 93쪽

용하는 개념이다. 정신의학에서는 환자의 몸에 둘 이상의 정체성
또는 인격 상태가 존재하며 그 정체성들 또는 인격들이 환자의 행
동을 지배함으로써 환자가 자신의 주체성을 잃고 주변을 통제할
수 없는 이른바 다중인격장애의 증세를 보이는 환자에 대해 해리
또는 '해리성 정체성 장애'로 진단하는 것이 보통이다. 최근에 이르
러 환자가 개인적 정체성과 주위에 대한 인지능력을 거의 상실한
채 다른 인격, 영혼, 신, 미지의 힘 등에 사로잡힌 듯 행동하는 증
상에 대해 '해리성 정체성 장애'와 구별하여 '빙의'라는 별도의 진단
을 하기도 한다. 그러나 정신의학에서는 대체로 '빙의' 현상의 원인
을 다른 영혼의 침입(귀신들림)으로 보지 않고, 과거의 어떤 충격이
나 심한 갈등으로 인해 환자의 전체 인격으로부터 분리되어 나온
조각이 환자의 내면에 숨어 있다가 표면으로 올라온 때문으로 보
는 듯하다. 더구나 '빙의'나 '해리성 정체성 장애'라는 진단명에 익
숙하지 않은 많은 정신과 의사들은 아직도 환자의 망상과 환각 등
외부적으로 나타나는 일부 증상만을 진단 기준으로 삼아 조현병
이나 조울증 등으로 판단하는 경우도 많다고 한다.[52]

무속학에서는 빙의란 외부의 신령이 무당의 몸 안으로 들어오는
것, 즉 신내림을 말한다. 이때 무당은 자의식을 잃거나 의식이 변
하게 되며, 초월적인 영적 체험을 통해 현실 세계와 영계를 연결하

---

52) 김영우, 전게서 96쪽

는 역할을 하게 된다. 그러나 완전히 자의식을 상실하는 정신 이상 상태가 아니라 상황에 맞추어 자신을 통제하는 반의식 상태가 되며, 몸의 감각은 극도로 흥분한 상태가 되어 전율하거나 발작을 일으키기도 한다. 신내림은 강신무의 무당이 되기 위하여 거쳐야 하는 필수 과정이며 이를 신병(神病) 또는 무병(巫病)이라고도 한다.

미국의 치과의사 출신 심리학자인 윌리엄 볼드윈(William Baldwin)은 자신의 환자들을 치료하기 위하여 최면을 통한 전생퇴행 작업을 하던 중 환자들에게 들러붙은 다른 영적 존재들의 영향으로 질병과 고통이 초래된다는 사실을 발견하였다. 그는 환자에게 붙은 영혼에는 죽은 사람들의 영혼만이 아니라 육체를 가진 적이 전혀 없는 영적 존재들도 많다고 주장하였다. '죽은 사람의 영혼이 아닌 영적 존재'란 귀신이 아니라 악마 또는 악령을 말한다. 볼드윈은 이러한 악한 영적 존재가 사람에게 빙의하는 목적은 최대한 많은 사람에게 고통과 혼란, 파괴와 죽음을 가져오게 하기 위해서라고 하였다. 그는 종교적인 퇴마의식과는 달리 환자에게 붙어 있는 영혼들을 찾아내서 대화를 통하여 적절한 곳으로 돌려보내는 방법으로 빙의를 치료하는 이른바 '영혼 해방 치료법'을 개발하였다. 그동안 보고된 빙의 사례와 볼드윈의 연구를 종합해보면, 사람에게 빙의하는 영적 존재는 크게 나누어 죽은 사람의 영혼과 악마로 나눌 수 있다. 죽은 사람의 영혼 중에는 지박령과 어스바운드 같은 귀신도 있고 이미 저승으로 올라갔던 조상신 등의 영혼도 있다. 심령학자들은 사람에게 빙의하는 영적 존재에는 동물이나 자연의 힘도 포함된다고 주장한다. 이러한 존재를 동물령, 자연령이라고 부른다. 우리나라 전설에 많이 나오는 '여우에게 홀린 것'이 바로 동물령에 빙의된 것이다.

독실한 기독교 신자인 탤런트 김수미 씨가 한동안 빙의로 고생하였다는 얘기는 유명하다. 김수미 씨의 시어머니는 김수미 씨와 매우 각별하게 지내온 사이였는데, 1998년 어느 날 김수미 씨의 연예 활동을 돕는 홍보 활동을 하던 중 김수미 씨의 기사가 운전하던 BMW 차량에 치여 그만 사망하고 말았다. 급발진사고로 추정되는 사고였다. 그 이후 김수미 씨는 우울증 등 각종 정신이상 증세를 보이며 자살 충동까지 느꼈다고 하는데, 정신과 치료를 받는 등 백방으로 노력하였으나 효과를 보지 못하였다. 그러던 중 미국 휴스턴에 사는 사촌오빠가 진료기록을 분석한 뒤 그녀의 병명을 포제션(Possession)이라고 진단했다. 사촌오빠는 유명한 의사였다. 아직 과학적인 치료 방법이 발견되지 않았으니 기도나 열심히 하라고 하였다. 실의에 차 있던 김수미 씨는 우연히 묘심화 스님의 저서를 읽고서는 스님을 찾아갔다. 묘심화 스님은 불교식의 구병시식을 통해 김수미 씨의 몸에 들어와 있던 시어머니의 죽은 영혼을 설득하여 저승으로 보내는 데 성공하였다. 그 이후 김수미 씨는 정상으로 회복되었으며 현재 종전과 같이 왕성하게 연예 활동을 하고 있다. 시어머니의 영혼은 며느리를 너무나 사랑한 관계로, 며느리에 대한 지나친 애착 때문에 저승으로 돌아가지 못한 채 며느리의 몸에 깃들어 있었던 것이다.[53]

그러면 귀신이나 악마는 왜 사람의 몸에 들어와 빙의하는 것일까? 귀신은 앞에서 설명한 바와 같이 사람이 죽은 뒤에 육체로부터 분리된 영혼이 여러 가지 이유로 저승으로 가지 못한 채 자신이 살던 집이나 가족들 주위에 남아 있는 것을 말한다. 그중에는 억울하게 죽었기 때문에 원한을 풀기를 원하는 귀신도 있고, 가족들을 도와주기를 원하는 귀신도 있으며, 자신의 존재감을 드러내 보고 싶은 귀신도 있다. 그러나 귀신은 수순한 에너지체인 아스트랄체로서 스스로 물리력을 행사하는 데는 큰 제약이 따르므로 물리력을 행사할 수 있도록 육체를 가지기를 간절히 원한다. 그래서 살아 있는 다른 사람의 몸속으로 들어가 그 육체를 이용해 물리력을 행사하고 싶어 한다.

그러나 살아 있는 사람의 몸은 오라(Aura)라는 방어막에 의해 보호되고 있으므로 귀신이 그 방어막을 뚫고 침범해 들어가는 것은 평상시에는 원칙적으로 불가능하다. 하지만 사람이 깊은 수면

---

53) 김수미 저, 『그해 봄 나는 중이 되고 싶었다』(중앙M&B, 2003)

상태이거나 마약, 알코올 등에 중독되어 환각 상태이거나, 질병·스트레스·정신적 쇼크 등의 이유로 정신력이 매우 약해진 경우 또는 명상이나 요가를 수행 중인 경우에는 일시적으로 오라가 옅어져서 방어막이 약화한다. 이때를 틈타 귀신이 사람의 몸에 침투해 들어올 수 있다. 심신이 허약한 상태야말로 귀신이 침입할 수 있는 가장 좋은 조건이 된다. 그리고 사람에 따라서는 특별히 유체(幽體)가 발달한 사람이 있는데, 이런 사람은 일반인들에 비해 빙의될 가능성이 상대적으로 높다. 이와 반대로 육체가 발달해 있고 철저히 무신론자인 사람들은 대부분 유체가 덜 발달해 있으므로 빙의될 가능성도 상대적으로 낮다. 현대의학은 육체의 건강과 정신의 건강은 독립적인 것이 아니라 서로 영향을 미친다는 것을 인정한다. 어떤 원인에 의해서든 우리의 마음이 쇠약해져 면역 기능이 떨어지면 육체도 쇠약해지는 것이다. 악마나 악령은 일반적인 귀신에 비해 그 힘이 훨씬 강하기에 오라가 특별히 옅어지지 않은 평시에도 사람의 몸에 침입할 가능성이 있으므로 주의하여야 한다.

술에 만취된 상태에서 빙의가 일어난 사례에 관한 기록은 흔하다. 일본의 한 젊은이가 생일날 부모님과 함께 화기애애하게 위스키를 마시다가 너무 과음하여 만취하게 되자 이 틈에 귀신이 그 젊은이의 몸에 빙의하였고, 그 귀신은 젊은이의 몸을 이용해 아무런 이유 없이 아버지를 식칼로 살해한 사건이 있었다. 이 사건은 젊은이를 변호하던 변호사가 잘못을 뉘우치지 않는 의뢰인을 위해 변호하는 것이 변호사로서 양심상 견딜 수 없다며 사임하는 바람에 유명해졌으며, 아사히신문 1950년 9월 12일 자에 그 변호사의 인터뷰 기사가 실리게 되어 세상에 알려졌다.

우리나라에서는 술에 만취되어 자신이 한 행동을 기억하지 못하는 경우를 "필름이 끊겼다."라고 얘기한다. 필자도 학창 시절에 필름이 끊긴 경험이 있다. 어느 날 서울 관악구 봉천동에서 친구들과 함께 술을 마시다가 만취된 상태로 신림동의 하숙집으로 귀가하여 잠을 잤는데, 다음 날 아침 깨어나서 생각해보니 어떻게 귀가하였는지 도무지 기억할 수가 없었다. 봉천동의 술집에서 술을 마신 것까지는 기억나는데 그 이후의 행적에 대해 전혀 기억할 수가 없었던 것이다. 그런데 함께 술을 마셨던 친구들에게 물어보니 필자는 친구들과 함께 봉천동 술집에서 나와 노량진 등지의 술집 두 군데를 더 거쳐 귀가하였으며, 필자가 평소와 달리 호쾌하게 노래를 부르고 춤을 추는 등 잘 놀았으며, 좀 비틀거리기는 했으나 스스로 택시를 잡아타고 귀가했다는 것이다. 다행히 필자는 당시 빙의를 당하거나 무슨 사고를 친 것은 아니었지만, 만약 귀신이 빙의를 엿보고 있었다면 필름이 끊겨 방어막이 약해진 필자의 몸에 빙의할 좋은 기회가 되었을 것으로 생각한다. 술을 좋아하는 사람들은 누구나 한두 번은 이런 경험이 있을 것이다. 좀 얘기가 빗나

가지만, 필자가 판사·변호사로 일하면서 술에 만취되어 범행을 저지른 피고인이 자신이 왜 그런 짓을 했는지 모르겠다고 호소하는 것을 많이 보았는데, 필자의 과거 필름 끊긴 경험에 비추어 볼 때 순전히 거짓말은 아니라는 생각이 들었다.

형법에는 심신장애로 인하여 사물을 변별할 능력이 없거나 의사를 결정할 능력이 없는 자의 행위는 처벌하지 아니하고, 심신장애로 인하여 그런 능력이 미약한 자의 행위는 형을 감경한다는 조항이 있다.[54] 술에 만취된 경우도 심신장애의 한 경우로 볼 수 있고, 그래서 이른바 음주감경이라 하여 술에 만취되어 범죄를 저지른 범죄자들이 이 조항에 의하여 관대한 처벌을 받기도 하였다. 만취된 상태에서는 뇌의 판단 능력이 저하되어 심신장애가 온다고 보는 것이겠지만, 어쩌면 귀신이 빙의하여 사람의 의사와는 무관하게 범행을 저지른 것일 수도 있다고 생각된다. 근래에 음주 상태에서 운전하다가 교통사고를 내고서는 법정에서 판사에게 음주감경을 해달라고 요구하는 사람들이 있는데, 술을 마시고 운전하면 사고를 낼 위험이 높아진다는 것을 뻔히 알면서 그런 짓을 했으니 처벌을 감경해 줄 것이 아니라 오히려 가중처벌을 해야 옳을 것이다. 그런 취지에서 음주운전 사고자를 가중처벌하는 이른바 윤창호법을 제정한 것은 잘한 일이라 생각된다. 어쨌든, 술을 좋아하더라도

---

54)　형법 제10조

필름이 끊길 정도로 마시는 것은 건강상 해로울 뿐 아니라 빙의의
위험도 있으므로 피하는 것이 좋다.

성경에는 사람이 마귀에게 틈을 주어 귀신이 침범한다는 취지로
기록되어 있다. 즉, 신약성서 에베소서 4장 27절에 의하면, 바울은
에베소 교회에 보낸 편지에서 "마귀에게 틈을 주지 말라."라고 말
하였다. 앞서 소개한 케네스 E. 해긴 목사는 그의 저서 『사단, 귀
신 및 귀신들림』에서 바울의 이러한 말은 마귀가 당신 안에 들어
올 틈을 주지 말라는 뜻이며, 만일 마귀가 당신 안에 틈을 얻게 된
다면 그건 당신이 그를 받아들였기 때문이라고 설명하고 있다. 하
나님에 대한 믿음의 부족 때문이든지 아니면 심신이 허약해진 때
문이든지 어쨌든 사람의 방어막이 약해진 틈에 귀신이 빙의하는
사실은 분명해 보인다.

2. 빙의 환자의 증세

귀신이 빙의된 환자 또는 귀신 들린 사람들은 어떤 증세를 보일
까? 빙의 환자 또는 귀신 들린 사람들을 치료하거나 이들을 연구

한 정신과 의사들, 심령과학자들, 영국 심령연구협회(SPR : Society for Psychical Research)[55] 회원들이 보고한 사례들을 중심으로 소개하고자 한다.

그 사례를 소개하기에 앞서 신약성서에 기록된 빙의된 자들의 증세를 살펴보자. 신약성서에 의하면 마귀 들린 사람은 매우 사나워서 사람들이 그가 다니는 길로 다닐 수가 없었다고 한다.[56] 그리고 너무나 난폭해져서 쇠사슬과 쇠고랑으로 묶어두어도 이것을 끊고 난동을 부리고, 밤낮을 가리지 않고 묘지와 산을 돌아다니며 소리를 지르고, 심지어는 돌로 자신의 몸을 짓찧는 자해행위를 하였다고 한다.[57] 또한 마귀 들린 사람은 눈이 멀고 말을 못 하게 되었다고 하며,[58] 땅에 뒹굴며 거품을 내뿜고 이를 갈다가 몸이 빳빳해지기도 하며, 불 속에 뛰어들기도 하고, 물속에 빠지기도 하는 등 간질병 증세를 나타냈다고도 한다.[59] 이처럼 귀신 들린 사람들은 정신적, 육체적으로 이상 증세를 보이고 큰 고통을 호소한 것으로 기록되어 있다. 이러한 성서의 기록은 아마도 빙의 증세의 기록으로서는 가장 오래된 것이 아닌가 생각된다.

---

55) 1882년 영국 케임브리지대학 학자들이 중심이 되어 설립한 심령주의 연구학회. 이 학회에서는 죽은 사람의 영혼과 내세, 텔레파시, 투시, 최면술, 유령의 집, 영매, 초심리학, 폴터가이스트, 초감각지각, 염력 등의 주제에 관하여 체계적, 학문적으로 연구 활동을 하고 있다. 현재까지 세계 각국의 많은 석학이 회원으로 활동하였으며, 다수의 노벨상 수상자가 배출되었다.
56) 마태오복음 제8장 28절
57) 마르코복음 제5장 2~5절
58) 마태오복음 제9장 32절, 제12장 22절
59) 마르코복음 제9장 18절 및 마태오복음 17장 15절

정신의학계에서는 빙의를 '해리성 정체성 장애'라는 정신질환의 일종으로 분류해 오다가 비교적 최근에 이르러 빙의를 이와 구별하여 외부의 영혼이나 신, 힘과 같은 영적인 영향으로 개인의 주체성이 새로운 주체성으로 대체되는 질병으로 진단하게 되었음은 앞서 언급한 바와 같다. 그 주된 증상으로는 몸을 자기 뜻대로 움직이지 못하고 기억상실이 나타나는 것으로 보고 있다. 빙의된 환자는 개인적인 정체성과 주위에 대한 인지능력을 상실한 채 다른 인격이나 영혼, 신, 미지의 힘 등에 사로잡힌 듯 행동하는 특징을 보인다. 빙의된 인격체는 자신을 악마라고 주장하며 1인칭(나)으로 부르고 환자를 제3자(그, 그녀)로 부른다. 악마는 환자가 가지지 못한 지식이나 지적 능력을 보이며 윤리적으로도 원래 환자의 윤리의식과는 전혀 다른 모습을 보인다. 특히 신과 예수에 대해 심한 혐오감과 증오심을 나타낸다. 빙의에 관한 영화에서 보면 빙의한 귀신은 구마사제가 십자가를 내보이거나 성수를 뿌리면 극도의 혐오감과 두려움을 나타내며 발작한다. 그 외에 빙의 환자는 대체로 두통과 소화불량, 신체 특정 부위의 만성 통증이나 기능 저하, 불안, 우울, 공포 등 거의 모든 신체적·정신적 증상을 보인다.

김영우 박사를 찾아와 최면 치료를 받은 빙의 환자 중에는 자기 몸에서 심한 악취가 난다고 생각하는 강박증세로 정상적인 사회생활을 하지 못하는 사람, 자기 안에 누군가가 들어 있다고 하며 내면으로부터 끊임없이 격렬한 분노와 파괴적 충동이 올라와 머리를 벽에 찧고 남편의 옷을 가위로 갈가리 찢고 큰 돌을 핸드백에 넣고 자신을 화나게 한 이에게 달려드는 사람, 온종일 자신 속의 어떤 목소리가 자신에게 무당이 되어야 하며 무당이 되지 않으면 계속 괴롭히겠다고 하는 등 환청에 시달리는 사람, 결혼을 전제로 교제하는 여자의 죽은 전 남편 묘소에 성묘를 다녀온 후부터 심한 복통과 두통으로 시달리는 사람, 걸핏하면 칼로 자신의 몸에 상처를 내고 늘 우울한 얼굴로 말없이 지내다가 갑자기 죽겠다며 아파트 베란다로 뛰쳐나가는 사람 등 실로 다양한 신체적·정신적 증세를 나타냈다고 한다.[60] 이 모든 증세가 귀신이 환자의 몸에 빙의하여 일으킨 해코지 때문이다.

그 외에 빙의 환자가 흔히 나타내는 증세로는 음식을 잘 섭취하지 못하고, 불면증에 시달리며, 극도의 무기력감을 보이는 것 등이다. 머리를 감지 않고 목욕하기도 꺼리며 옷을 갈아입는 것도 싫어한다. 언뜻 보아 우울증과 비슷한 증세를 보인다. 그러나 우울증은 약물치료로 개선되나 빙의는 김수미 씨의 경우에서 보듯이 약물로 잘 치료되지 않는다. 빙의 환자가 거울을 들여다보면 자신의 얼굴이 아닌 낯선 사람의 얼굴이 보여 깜짝 놀라곤 한다. 거울에 자신의 얼굴이 아닌 귀신의 얼굴이 보이는 경우가 많다. 환자 자신

---

60) 김영우, 전게서

의 목소리가 아닌 빙의한 귀신의 목소리로 말하는 경우도 흔하다. 평소에는 예의 바른 사람이었는데 빙의된 뒤에는 입에 담지 못할 상스러운 욕설을 하고, 음란한 행동을 하기도 한다. 빙의 초기에는 죽은 친구나 친척이 나타나 어디론가 함께 가자고 하는 꿈을 꾸기도 한다. 밤에 혼자 있을 때 부근에서 누군가가 자신을 지켜보고 있다는 느낌이 들고, 이유 없이 소름이 돋고, 집중력이 떨어지며, 자다가 가위에 눌리는 일이 많고, 갑작스러운 시력 저하, 이명 등의 증세를 보이는 경우도 흔하다.

3. 구마(驅魔)의식

구마란 사람의 몸에 빙의된 귀신을 쫓아내는 일을 말한다. 다른 말로 제령(除靈)이라고도 한다. 구마를 전문적으로 행하는 사람을 구마사라 하며, 영어로는 엑소시스트(Exorcist)라 한다. 구마의식은 가톨릭의 구마예식이 가장 널리 알려져 있으나 불교와 개신교, 이슬람교 등 대부분의 종교에 구마의식이 존재한다. 우리나라의 무당과 샤먼(Shaman)도 구마를 전문으로 하는 사람으로 볼 수 있다. 퇴마라는 말은 원래 있던 용어가 아니라 소설 『퇴마록』을 저술한 작가 이우혁이 처음으로 사용한 말이라고 한다.

먼저 가톨릭의 구마예식에 관해서 보면, 1999년 1월 개정된 『가톨릭 의식서(Roman rituals)』에 따라 높은 신앙심과 능력으로 일정한 자격을 갖춘 성직자가 교회 당국(주교)의 허가를 받은 경우에만 구마예식을 시행할 수 있다. 다만 악령이 들린 것(접마, 빙의)으로 의심되는 사람에 대해 정신장애를 치유하기 위한 세밀한 의학적 조치가 선행된 뒤에만 행해질 수 있다. 개정된 의식서는 접마가 의심되는 사람에 대해 먼저 병원에 가서 정신 감정을 받고, 의학과 정신병리학의 전문가와 상의를 거쳐야 하며, 그런 다음 당사자의 동의가 있을 때만 구마의식을 하도록 명문으로 규정하였다.

구마예식을 집전하는 성 프란치스코 보르자

『가톨릭 의식서』에 의하면 접마가 의심되는 사람이 평소에 전혀 알지 못하는 외국어 혹은 고대어로 말하고 초자연적인 능력이나 힘을 나타낸다든지, 숨겨진 물건이나 잃어버린 물건을 찾아낸다든지,

구마예식을 집전하는 성 베네딕토

성스러운 상징이나 물건에 대해 혐오감을 나타내고 극심한 불경행위와 모독행위를 지속한다든지 하는 경우에 악령이 깃든 것으로 본다. 구마예식은 성직자가 주로 구마기도문을 암송하고 축복하는 방식으로 행해진다. 로마 교황청은 대표적인 퇴마사인 사제 가브리엘 아모스가 1991년에 설립한 국제퇴마사협회를 2014년에 정식으로 승인하였다. 2018년에는 이탈리아에서 퇴마의식의 요청이 연간 50만 건에 달하자 교황청 내에 퇴마사 훈련을 위한 과정을 신설하기도 하였다.

신약성서에는 예수께서 사람에게 빙의한 악령을 내쫓은 기록이 여러 차례 등장한다. 마태오복음 제8장 28~34절에는 예수께서 가다라 지방에 이르러 마귀 들린 사람들을 만나 그들 몸속에 있던 마귀를 향해 "가라!"라고 명령하여 마귀들을 부근에 있던 돼지들의 몸속으로 내쫓았다는 기록이 있다. 마르코복음 제1장 21~28절에는 예수께서 갈릴리지방의 회당에서 가르침을 펴시던 중 회당에 있던 악령 들린 사람이 "왜 우리를 간섭하려 하십니까?"라고 대들자 "입을 다물고 이 사람에게서 나가라!"라고 꾸짖었으며, 그러자 악령은 그 사람에게 발작을 일으켜 놓고 큰 소리를 지르며 떠나갔다는 기록이 있다. 마르코복음 제6장 제7절에는 예수께서 열두 제자를 불러 더러운 악령을 제어하는 권세를 주시고 둘씩 짝지어 파견하였다는 기록이 있다. 또한 마르코복음 제9장 14~29절에는 예수께서 악령이 들려 말을 못 하는 아이에게서 악령을 내쫓은 내용이 기록되어 있다. 예수께서는 "말 못 하게 하고 듣지 못하게 하는 악령아, 들어라, 그 아이에게서 썩 나와 다시는 들어가지 마라."라고 악령을 꾸짖어 내쫓았다고 한다. 그리고 마르코복음 제16장 제17절에는 부활한 예수께서 제자들에게 "내 이름으로 마귀를 쫓아내라."라고 말씀하신 것으로 되어 있다. 이러한 성경의 기록에 근거하여 가톨릭교회는 정식으로 구마예식을 인정하고 구마사를 양성해 오고 있다.

〈엑소시즘 오브 에밀리 로즈〉라는 영화의 소재가 된 실제 주인공 아넬리즈 미셸의 빙의와 구마예식에 관한 얘기는 매우 유명하다. 결과부터 말하자면 구마예식이 실패한 사례다. 아넬리즈 미셸은 1952년 독일의 독실한 가톨릭 가정에서 태어났다. 부모님의 사랑을 받으며 아름답게 자라던 소녀는 고등학교 시절부터 이상한 행동을 하기 시작하였다. 의사들은 간질로 진단하였다. 그러나 간질 치료는 별 효과가 없었다. 그녀는 21세 때부터 심한 우울증과 환각에 시달렸다. 거대한

영화 〈엑소시즘 오브 에밀리 로즈〉의 포스터

영화 〈엑소시즘 오브 에밀리 로즈〉의 한 장면

무언가가 자신의 몸 위에 앉아 있다고 하고 악마의 얼굴이 보인다고 소리치는가 하면 지옥에서 자신을 삶아버릴 것이라고 말하는 목소리가 들린다고 하였다. 23세 때에는 부모를 물고 때리는 등의 증세를 보였으며, 물을 마시거나 음식을 거의 먹지 못하는 상태에 이르렀다. 성당이나 성화, 십자가상 등 성물에 대해 심한 거부 반응을 일으켰다. 몸속의 악마가 느껴진다고도 하였다.

이에 친구의 권유로 가톨릭 교구의 에르스트 알트 신부에게 요청하여 1975년부터 구마예식을 행하기 시작하였다. 67회에 달하는 길고도 지루한 구마예식을 하면서 악령과 사투를 벌였으나 결국 아넬리즈는 호전되지 못하고 1976년 7월 1일 23세의 나이로 사망하였다. 그녀가 마지막 남긴 말은 "엄마, 지금 무서워요."였다. 악령에게 시달려온 가여운 영혼이 남긴 마지막 말이었다. 사망 당시 그녀의 몸무게는 31kg에 불과하였다.

아넬리즈 미셸의 무덤

이 사건은 그 이후의 수사와 재판으로 인해 더욱 유명해졌다. 검찰은 구마예식을 행한 신부들과 아넬리즈의 부모를 방치 및 학대로 인한 과실치사죄로 기소하였으며, 법원은 이들을 유죄로 인정하여 징역 6월의 형을 선고하였다(뒤에 보호관찰로 감형되었다). 법원은 그녀의 사인을 영양실조와 탈수증세로 판단하였다. 독자 여러분의 판단은 어떤가? 아넬리즈의 건강했을 때의 모습과 구마예식 중의 모습을 비교해 보면 아름답던 아넬리즈의 얼굴이 얼마나 험악하게 변하였는지 생생히 알 수 있다. 유튜브에서는 아넬리즈에게 빙의한 악마로 추정되는 존재가 구마예식 중에 내뱉는 소리가 녹음된 것을 들어볼 수 있다.

개신교에는 특별한 구마예식이나 구마사제라는 제도는 없다. 그러나 목사가 기도를 통해 신도에게 빙의된 귀신을 내쫓는 일이 적잖이 있으며, 이를 축사(逐邪)라 한다. 개신교에서는 축사 행위가 성경에 부합하느냐에 관해 의문을 제기하는 사람들도 있으나 앞서 본 성경의 기록에 비추어 볼 때 사람에게 빙의된 악령을 기도에 의해 구마하는 일이 기독교 교리에 배치되는 것은 아니라고 생각된다. 예수께서는 여러 차례 사람의 몸에 침범한 악령을 내쫓으셨으며 그런 권세를 열두 제자에게 부여하신 사실이 있기 때문이다. 케네스 E. 해긴 목사도 전술한 그의 저서에 신도에게 빙의한 귀신을 내쫓은 여러 사례를 기술하고 있다. 그는 "더러운 귀신아, 예수의 이름으로 명하노니 그에게서 당장 나오라!"라고 선포함으로써 귀신을 내쫓는다고 한다. 그는 한 번 내쫓긴 귀신이 다시 신도에게 침범할 수 있으므로 신도는 믿음으로 성령을 충만케 하여 스스로 귀신을 내쫓을 수 있도록 노력하여야 한다고 강조한다.

불교에서도 구병시식(救病施食)이란 이름으로 귀신 들린 사람에게서 귀신을 내보내어 천도하게 하는 제례의식을 흔히 치르고 있다. 귀신을 강제로 내쫓기보다는 문자 그대로 병자를 위하여 귀신에게 음식을 바치고 법문을 알려주어 부처님의 자비를 깨닫게 함으로써 빙의한 영혼(영가)이 스스로 병자의 몸에서 나와 저승으로 가게 하는 의식이다. 도력(법력)이 높은 스님이 관세음보살의 위신력에 의지하여 병자와 귀신 모두에 대해 지혜와 자비, 인과법칙의 진리를 깨닫게 해주는 것이 이 의식의 요체다. 이때 '옴마니 반메훔' 등의 진언(眞言)을 암송하거나 영가시어(靈駕示語)를 반복해서 읽어주는 것이 귀신을 설득하는 데 도움이 된다. 빙의한 영혼을 악령으로 인식하고 이를 내쫓는 데 주력하는 가톨릭의 퇴마 의식과 달리 불교의 구병시식은 미련과 집착을 가지고 이승을 떠도는 영혼을 달래어 저승으로 천도하는 데 주안점을 두고 있다.

구병시식은 다른 사람의 몸에 빙의된 영혼을 저승으로 보낸다는 점에서 사망 후 자신의 육체에서 분리된 영혼을 저승으로 떠날 수 있게 도와주는 천도재와는 구별된다. 불교의 빙의와 구병의식에 관하여는 2002년 묘심화 스님의 『빙의』라는 저서가 출간되면서 일반인에게도 널리 알려지게 되었다. 영국의 BBC방송은 2006년에 묘심화 스님이 주재하는 구병시식과 영산재 의식을 취재하여 전 세계에 방영함으로써 우리나라 불교의 구병시식이 널리 알려지게 되었다.

4. 빙의와 최면치료

앞서 본 바와 같이 빙의 증세를 보이는 환자의 망상과 환각 등 일부 증상이 조현병이나 조울증 등과 유사하기 때문에 대부분의 정신과 의사들은 이들에 대해 조현병과 조울증을 치료하는 방법처럼 약물치료에 의존해 온 것이 현실이다. 그러나 빙의 환자들은 약물에 의해서는 치료되기 어렵다. 장기간의 정신과 치료에도 호전되지 못한 환자들은 결국 약물 과오용으로 인한 부작용과 깊은 절망감으로 병원 치료를 기피하게 된다. 이들은 사이비 종교인이나 무속인, 자칭 퇴마사 등의 유혹에 빠져 굿이나 구병시식, 천도재 등에 매달리게 된다. 가톨릭이나 기독교, 불교, 무속 등에서 행하는 정상적인 구마의식이 빙의 환자들을 치유하는 데 효과가 있음은 역사적으로 증명된 사실이다. 그러나 그것은 높은 신앙심과 법력 등을 갖춘 자격 있는 종교인이나 무속인이 엄격한 절차에 따라 행하는 경우에만 효과가 있는 것이지 돈에 눈이 먼 탐욕스러운 사이비 종교인이나 사이비 무당에게 의존해서는 될 수 없는 일이다. 가톨릭에서 주교의 승인이 있는 경우에만 구마예식을 행할 수 있게 하는 것만 보아도 구마가 얼마나 어렵고 조심스러운 일인지 알 수 있다.

　종교인 또는 무속인이든 일반인이든 불문하고 모든 사람에게는 그가 가진 영능, 즉 영적 수준에 차이가 있는 것이며, 높은 영능을 갖춘 사람이라야 다른 사람의 영적 문제를 해결해 줄 수 있다. 재물욕과 성욕 등 자신의 기초적인 탐욕조차도 다스리지 못하여 저급한 영적 수준에 머물러 있는 사이비 종교인이 자신보다 영적 수준이 높은 귀신을 설득하거나 꾸짖어 저승으로 보낸다는 것은 애당초 불가능한 일이다. 결국 빙의 환자들은 적게는 수백만 원, 많게는 수천만 원의 돈만 탕진한 채 귀신을 떨쳐버리지 못하고 다시 절망에 빠지게 되는 것이다. 앞서 본 김수미 씨 사건 이후 TV 등 매스컴에서 흥미 위주로 빙의와 구마의식에 관한 프로를 방영하는 바람에 많은 사람이 잘못된 인식을 가지게 된 것 같다. 그들은 자기의 정신적 문제도 빙의 때문일 것이라고 함부로 단정하여 정상적인 정신과 치료를 받을 생각은 처음부터 하지 않고 무턱대고 사이비 종교인이나 무당 등을 찾는 사례가 빈번해졌다. 이런 사람들을 자칭 퇴마사나 도사라는 사기꾼들이 그냥 놔둘 리 없다. 결국 환자들은 이런 사기꾼들에게 속아서 돈만 뜯기고 정신적 질환과 고통은 그대로 남게 되는 것이다. 정말 조심해야 할 일이다.

정신과가 18세기 후반부터 의학의 한 분야로 인정받게 된 이후 각종 정신질환의 치료에 관해 많은 발전이 있었으나 빙의 현상에 대한 치료에서는 큰 진전을 이루지 못하였다. 세계적으로 빙의와 같은 심령현상과 초자연적 능력에 관한 실증적 증거가 수없이 드러나고 초심리학 영역에서의 연구 결과가 누적되었음에도 주류 과학자들과 정신과 의사들은 애써 이러한 현상을 외면하였고 그에 관한 연구도 기피하였다. 그러나 미국과 유럽 등 서구의 몇몇 용감한 의사들과 학자들은 빙의 현상과 그 치료방법에 관한 연구에 몰두하였으며, 그 결과 많은 성과를 거두게 되었다. 특히 최면기법에 의해 빙의를 치료하는 방법이 크게 발전하였다.

미국의 치과의사 윌리엄 볼드윈(William Baldwin)은 치과치료를 위해 최면에 의한 전생퇴행 작업을 하던 중 환자의 질병이나 고통이 다른 영적 존재의 간섭에 의하여 발생할 수 있음을 발견하고 빙의 등 일반 정신과적 치료나 심리치료 및 상담으로 치료되지 않는 병을 최면기법을 통하여 임상적으로 치료하는 데 많은 업적을 남겼다.[61]

---

61) 그의 저서 『Spirit Releasement Therapy: A Technique Manual』은 최초의 빙의치료 전문서적으로 평가되며, 빙의치료학회(Association for Spirit Releasement Therapies)를 조직하여 미국뿐만 아니라 국제적 차원에서 빙의치료 워크숍을 운영하고 있다.

원래 최면은 고대로부터 여러 문화권에서 주로 종교의식이나 병을 치료하는 방법으로 널리 사용되어 왔다. 고대 이집트에서는 승려가 환자를 암시에 의해 신전에서 잠들게 함으로써 병을 치료하였다는 사료가 있으며, 그리스에서는 가이롱이라는 의사가 에스구라피우스라는 제자를 최면으로 유도하여 치료하는 모습이 새겨진 조각이 발견되었다. 히포크라테스가 '육체의 고장은 눈을 감고 영혼에 의해서 잘 알 수 있다'라고 한 것은 최면을 언급한 것으로 해석되고 있다.

우리나라를 비롯한 몽골, 일본, 대만 등지에서도 오래전부터 무당과 샤먼이 주술의 목적으로 최면을 사용해 왔음은 잘 알려진 사실이다. 근세에 이르러 최면술을 체계적으로 연구한 사람은 18세기 독일 의사 프란츠 안톤 메스머(Franz Anton Mesmer)이다. 그는 우주에는 '동물자기'라고 하는 우주적 유동물질이 존재하며 의사의 손에서 내보낸 '동물자기'를 환자의 몸에 넣어주면 일종의 최면 상태가 되어 환자의 질병이 치료된다고 주장하였다. 실제로 메스머는 동물자기술로 당시 의술로는 잘 낫지 않던 많은 환자들을 치료하였는데, 그가 동물자기술로 프랑스 왕후 앙투아네트와 모차르트를 치료하였다는 이야기가 있다. 그러나 벤저민 프랭클린을 비롯한 심문위원회의 조사에 의하여 메스머의 치료는 그 효과는 있으나 이는 단순히 암시효과에 의한 것이라고 인정되어 동물자기의

존재는 부정되었다. 그러나 메스머의 치료
방법은 메스머리즘(Mesmerism)이라고 하
여 많은 후계자에 의해 승계 발전되어 오
늘날 과학적인 최면술이 탄생하는 기초가
되었다.

안톤 메스머의 초상화

　메스머의 제자 프세귀르는 메스머의 방법을 발전시켜 최면요법이
라 불리는 정신 치료법을 확립하였으며, 엘리어트슨이라는 의사는
이 최면요법을 수술할 때 환자의 고통을 줄이는 데 응용하였다.
그 이후 영국의 외과의사 제임스 브레이드(James Braid)[62], 스코틀
랜드 의사 제임스 에스데일, 프랑스 의사 리에보와 베른하임, 프랑
스의 해부신경학자 살코 등에 의하여 전승 발전되었다. 그러던 중
프로이트의 정신분석학이 나오게 되
면서 새로운 국면을 맞이하게 된다.
프로이트는 그 자신이 처음에는 최면
술에 심취하여 히스테리 환자 등의 치
료에 활용하였으나 차츰 최면에 대한
흥미를 잃게 되었고 대신 최면치료 중
에 관찰한 인간 내면의 무의식 등 여
러 가지 모습을 토대로 정신분석학을

최면을 비판한 프로이트

---

62)　최면술이라는 용어를 처음 사용한 사람이다.

개발하였다. 그는 나중에는 정신분석에 최면을 이용하는 것을 금기시하고 최면을 비판하였다. 프로이트 자신이 별로 유능한 최면술사가 아니었다는 이야기가 있다. 그 이후 정신분석학은 서양 심리학과 정신의학 분야에서 새로운 심리치료 시대를 열어가는 혁명적인 것으로 인식된 반면 최면은 치료방법으로서의 기능을 상실한 채 정통 심리학자나 정신의학자들의 관심에서 멀어져갔다.

그러나 1, 2차 세계대전을 겪으면서 참혹한 전투로 인해 많은 신경증 환자가 발생하고 근육 마비, 건망 등의 증상으로 고통받는 환자가 속출하자 최면술이 다시 주목받게 되었다. 의사들과 정신분석학자들은 전쟁 신경증 환자를 최면상태에서 외상 체험의 시기로 퇴행시켜 치유의 효과를 가져오는 최면요법을 사용함으로써 많은 성과를 올리게 되었다. 이를 계기로 최면의학은 다시 관심을 받게 되었으며 최면을 전문적으로 연구하는 학회들도 설립되기 시작하였다. 이후 최면의학은 거의 모든 임상의학에서 활용되고 있으며, 의과대학의 정식 교육과정에도 포함되었다.

우리나라의 최면에 관한 역사를 보면, 일제강점기 때 처음으로 우리나라에 소개되었다고 하나 본격적으로 알려진 것은 1960년대 초에 김한강 씨가 한국최면연구소를 설립, 운영하면서부터이다. 그 후 1967년경 심리학 박사인 류한평 박사가 대한심리연구소를 개설

하여 문하생을 배출하며 의사들에게 최면마취법을 강의하는 등 최면요법의 시행과 연구 활동을 활발하게 함으로써 일반인들에게도 널리 알려지게 되었다. 류한평 박사는 우리나라 최면치료의 선구자라는 평가를 받고 있다. 류한평 박사를 이어서 고무원, 이성언, 이종택, 설인조, 변학봉 등이 최면을 널리 보급하였으며, 최근에는 최면요법으로 정신질환자들을 치료하는 정신과 의사 김영우, 교육학 박사인 설기문, 스포츠 능력계발에 대한 최면 연구를 해오고 있는 최창국 교수 등이 활발한 연구 활동을 하고 있다. 그 외에 알려진 최면전문가 또는 최면연구학자로는 김영국, 이준석, 송강면, 안민숙, 정동하, 정귀수, 문동규 등이 있다.[63] 서울을 비롯하여 각 지방에는 최면 전문가들이 최면시술과 함께 후학을 양성하는 최면연구소가 여럿 있다. 필자는 2014년에 오랫동안 부산에서 부산최면치료연구원을 운영해 오신 원로 최면 전문가 안병규 원장의 지도로 최면지도사 수련 과정을 이수한 바 있다.

오늘날 서구의 여러 나라에서 최면치료 방법으로 빙의 환자들을 치료하고 있음은 앞서 본 바와 같다. 환자가 최면 상태에 들게 되면 그의 뇌파는 의식이 있을 때의 베타 상태에서 명상 상태인 알파 단계를 거쳐 초의식 상태인 세타 단계로까지 변화한다. 초의식 상태가 되면 평소의 의식 상태에서는 인식하지 못하던 전생에서의

---

63) 류한평 저, 『타인최면』(갑진출판사, 1999)

삶 또는 영혼으로 존재하던 시기의 기억을 떠올릴 수 있다. 인간이 경험한 엄청난 분량의 기억은 무의식이라는 창고에 정보로 저장되어 있는데, 최면에 들게 되면 그 정보를 꺼내 볼 수 있는 것이다. 그 정보 중에는 귀신이나 다른 영적 존재가 자신의 영혼에 빙의하여 간섭을 일으키고 있는 정보도 있어 이를 엿볼 수 있다. 이렇게 하여 환자가 빙의의 원인을 알게 되면 그로 인한 질환과 고통에서 치유될 수 있는 것이다.

우리나라에서는 김영우 박사가 최면에 의하여 정신환자들을 치료하는 대표적인 정신과 의사로 알려져 있다. 그러나 그는 빙의라고 주장하는 대부분의 환자가 실제로는 귀신이나 악마에 빙의된 것이 아니라, 환자 자신의 부정적인 상념들과 감정들이 만들어 낸 파동 에너지 덩어리가 다중인격의 형태로 빙의 현상을 일으킨 것에 불과하다고 한다. 그래서 이러한 빙의 환자에 대하여는 최면기법에 의하여 환자의 부정적이고 파괴적인 에너지를 제거하고 건강한 에너지 체계를 재건함으로써 치료할 수 있다고 설명한다. 물론 김영우 박사도 죽은 사람의 의식이 육체로부터 분리되어 영혼이라는 에너지체로 존재하면서 심신이 약한 사람들에게 오염되거나 기생할 수 있다고 하여, 진정한 귀신 들림의 가능성을 부인하지는 않는다. 이러한 경우 역시 부정적인 에너지를 제거해주는 방법으로

해결할 수 있다고 한다.[64]

5. 빙의와 구마의식을 주제로 한 영화

영화나 소설 등의 예술작품에서 빙의와 구마(퇴마)의식을 주제로
한 작품은 손으로 다 꼽기 힘들 정도로 매우 많다. 사람들은 귀신을
두려워하면서도 한편으로는 귀신 이야기에 관심이 많은 것이다. 최
근의 국내 작품으로서 2015년 개봉된 정재현 감독의 영화〈검은 사
제들〉을 들 수 있다. 이 영화는 가톨릭 신부인 김범신 베드로 신부
(김윤식 분)와 최준호 아가토 부제(강동원 분)가 악령에 빙의된 여고생
이영신(박소담 분)에게서 악령을 구마하는 내용이다. 그 악령은 돼지
속에 붙어 있던 뱀(마르베스)의 악령으로 교통사고로 사경을 헤매던
영신에게 빙의한 것이었다. 그 악령은 김 신부와 보조 사제들의 구마
의식에도 완강히 버티며 영신을 괴롭히다가 결국 민첩하고 의지가
굳은 최 부제가 김 신부를 도와 줄기차게 구마의식을 행하자 마침내
굴복하여 영신의 몸에서 빠져나와 돼지 속으로 되돌아가고 한강 깊
은 물속으로 수장되고야 만다. 이 영화는 배우들의 뛰어난 연기와

---

64) 김영우, 전게서 68~72쪽

독특한 소재 덕분에 관객들에게 큰 호평을 받았으며 개봉 당시 무려 540만 명의 관객을 동원하여 흥행에 성공하였다.

영화 〈검은 사제들〉의 한 장면

세계적으로 가장 유명한 빙의에 관한 영화로는 아무래도 미국에서 1973년에 처음 개봉된 윌리엄 프리드킨 감독의 공포영화 〈엑소시스트(Exorcist)〉를 들지 않을 수 없다. 엘런 버스틴, 막스 폰 시도우, 린다 블레어, 제이슨 밀러 등이 주연으로 열연하였다. 그 줄거리는 다음과 같다. 유명한 배우이자 이혼녀인 크리스 맥닐(엘런 버스틴 분)의 딸 리건(린다 블레어 분)은 12세의 평범한 소녀였다. 그러나 어느 날부터 리건은 손님이 가득한 방에 들어와 오줌을 싸고 아무에게나 욕설을 퍼붓고 목이 360도 돌아가는 등 이상한 행동을 하기 시작한다. 병원을 찾았으나 의사들은 정확한 병명을 알아내지 못한 채 일반적으로 사춘기 소녀들에게 보이는 증상일 뿐이라고 진단한다. 그러나 다락에서 이상한 소리가 들리고 침대가 마구 흔들리며 리건의 얼굴은 악령의 모습으로 변해간다. 이에 다시 병원을 찾아가 온갖 검진을 받아보지만, 의사들은 몸에는 아무런 이상이 없으며 악마에 빙의된 것 같다고 말한다. 크리스는 해결책을 찾지 못하자 정신과 의사의 조언에 따라 가톨릭교회에 도움을 요청한다. 결국 예수회 소속의 퇴마사인 메린 신부(막스 폰 시도우 분)와 카라스 신부(제이슨 밀러 분)가 구마의식을 행한다. 그러나 평소 심장이 좋지 않았던 메린 신부는 리건의 몸속에 들어 있던 악령의 공격으로 구마의식 도중에 목숨을 잃게 된다. 이를 목격한 카라스 신부는 마지막 방법으로 리건의 목을 졸라서 악령을 자기 몸으로 들어오게 유도한 뒤 창밖으로 뛰어내려 자살함으로써 악령을 리건의 몸에서 떼어내는 데 성공한다. 자신의 생명을 희생하여 악령을 내쫓은 것이다. 그러자 비로소 리건이 정상으로 돌아오게 되었으며 리건의 가족들은 평화를 되찾고 그곳을 떠나 다른 곳으로 이사하면서 영화는 끝을 맺는다.

이 영화의 각본을 쓴 윌리엄 피터 블래티는 1949년에 미국 메릴랜드의 13세 소년에게 빙의한 악령을 신부들이 구마시킨 실제 사건에서 힌트를 얻어 이 작품을 썼다고 한다. 이 영화는 엑소시즘(exorcism, 구마)이라는 개념을 대중에게 널리 알린 최초의 작품으로 평가되며, 공포영화 중 불멸의 걸작으로 평가되고 있다. 미국 개봉 당시 관객이 영화를 보던 중 졸도하거나 심장마비로 사망한 사례가 심심찮게 나타나 결국 수출판에서는 충격적인 몇몇 장면이 삭제되었다고 한다. 이 영화에 대해서는 그 뒤 4편의 속편이 나왔으나 그 작품성이 원작에 미치지 못하였다는 평가가 일반적이다. 필자도 악령 또는 퇴마라는 말을 들으면 바로 이 영화를 떠올릴 정도로 감명 깊게 본 영화다(사실 너무 무서워서 숨도 제대로 쉬지 못하며 보았다).

영화 〈엑소시스트〉의 한 장면

그 외에도 일본의 시마즈 다카시 감독의 영화 〈주온〉 시리즈도 빙의에 관한 훌륭한 작품이며, 우리나라 박광춘 감독이 만들고 안성기, 신현준, 추상미 등이 열연한 〈퇴마록〉도 호평을 받은 작품이다. 영화 〈퇴마록〉은 원래 서울공대 출신의 작가 이우혁이 쓴 동명의 소설 『퇴마록』을 영화화한 것이다. 소설 『퇴마록』은 원래 작가가 1993년 하이텔이라는 PC통신에 연재하다가 폭발적인 인기를 얻어 그다음 해부터 책으로 출간하게 된 것인데, 1994년부터 2001

년까지 무려 20권의 시리즈로 출간되었으며 총 판매량이 1,000만 부에 달하는 블록버스터 판타지다.[65] 이 소설에는 깊은 신앙심으로 오라를 발하여 모두를 보호하는 박 신부, 기인을 만나 높은 경지의 무예를 습득한 청년 현암, 천부적으로 타고난 영적 능력으로 부적과 주술에 능한 소년 준후, 애염명왕의 화신으로 세 사람의 힘을 증폭시켜 주는 말괄량이 아가씨 승희 등 네 명의 퇴마사가 팀을 이루어 등장한다. 그들은 혼란한 세상에서 소외되고 어둠에 묻혀 고통받는 사람들을 위해 온갖 위험을 돌파하며 각종 모험을 하는 이야기로 되어 있다.

소설 『퇴마록』은 신비스러운 검과 초능력을 갖춘 마법사 이야기가 근간을 이루는 서구의 신화와 전설에 쏠려 있던 관심을 우리나라의 독창적인 판타지로 끌어오는 계기가 되었으며, 『반지의 제왕』[66]으로 대표되는 서양 판타지의 설정과 구성, 그리고 그 틀을 모방한 『로도스도 전기』[67] 등의 일본 판타지를 답습하던 한국 판타지에 충격적인 자극을 불러일으킨 것으로 평가받고 있다. 또한 『퇴마록』은 기독교적인 세계관과 중세 계급을 연상시키는 캐릭터 설정에서 벗어나 불교와 밀교, 도교, 기독교를 비롯한 여러 종교와 무속, 전 세계의 신화와 전설을 아우르는 소재로 독창적인 인물들

---

65) 1,800만부가 팔린 이문열의 『삼국지』(민음사 간) 다음으로 많이 팔렸다고 한다.
66) 저자 ; J. R. R 톨킨
67) 저자 : 미즈노 료, 한국어판 제목은 『마계마인전』

이 펼치는 새로운 판타지를 개척하였다는 평가를 받고 있다.[68]

영화 〈퇴마록〉의 한 장면

영화 〈더 라이트〉의 포스터

앞서 소개한 독일의 여대생 아넬리즈 미셸(Anneliese Michel)에 관한 실화를 소재로 한 미국영화 〈엑소시즘 오브 에밀리 로즈(The Exorcism of Emily Rose)〉와 〈더 라이트 : 악마는 있다(The Rite)〉, 〈인보카머스(Deliver Us from Evil)〉도 빙의에 관한 유명한 영화다.

---

68) 출판사 엘릭시르의 서평

6. 귀신을 막는 방패막이
-오라(Aura)

필자는 앞에서 사람의 몸은 오라라는 에너지체가 보호하고 있으며 이 오라가 손상되거나 약해졌을 때 귀신이 사람에게 침범하여 빙의가 일어날 수 있다고 설명하였다. 여기서는 오라에 대해서 좀 더 알아보기로 하자.

오라는 그리스어로 숲을 의미하는 아우라(Aura)에서 유래한 말인데, 오라 또는 오오라, 아우라 등으로 표기한다. 우리가 흔히 연예인을 보고 '아우라가 있다'라고 말하는데, 그 연예인에게서 강렬한 카리스마나 독특한 분위기가 느껴진다는 뜻이다. 문화권마다 혹은 학자마다 오라의 의미에 대해 다양하게 설명하고 있지만, 대체로 인체로부터 발산되는 영적 에너지를 뜻하는 것으로 설명한다. 중국을 비롯한 동양권에서는 오래전부터 우주 및 인체를 비롯한 모든 생명체는 기(氣)로 이루어져 있다고 보았으며, 몸속의 기(氣)가 우주의 기(氣)와 연결되어 원활하게 순환하여야 육체적·정신적 건강이 유지된다고 하였다. 우리가 '기운이 있다'라거나 '기분이 좋다'라고 말할 때 그것은 우리 몸속의 기가 충만하다는 뜻이다. 반대로 '기운이 없다'거나 '기분이 안 좋다', '기가 빠졌다'라고 말할 때는 몸속의 기가 약해졌거나 순환이 되지 않는다는 뜻이다.

　인도에서는 프라나(prana)라는 개념으로 설명한다. 프라나는 자연과 인간을 포함한 우주 전체에 가득 차 있는 힘으로서 모든 생명체의 근원이 되는 에너지라고 설명한다. 사람의 프라나는 호흡에 의하여 유지되며, 따라서 요가 수련자들은 호흡 수련을 가장 중요한 명상법 및 건강관리법으로 보고 있다. 우리 몸속에는 프라나의 집결체라 할 수 있는 7개의 차크라가 있는데, 호흡을 통하여 각 차크라에 똬리를 튼 뱀의 형상으로 존재하는 쿤달리니라는 에너지를 활성화하여 척추를 통해 위쪽으로 상승시킴으로써 육체적·정신적 건강을 유지함은 물론 영적으로 고양될 수 있다는 것이다. 우리가 오랜만에 만난 친구에게 어떻게 지내느냐고 물으면 우스갯소리로 "숨만 쉬고 있다."라고 답하곤 하는데, 사실 숨만 제대로 쉰다면 정신적·육체적으로 가장 건강하게 살고 있는 셈이다.

　예수나 부처, 성모 마리아와 같은 성인들의 모습을 나타내는 성화(聖畵)나 조각상을 보면 머리 뒤로 황금색의 후광(또는 광배)이 있는데 이것도 일종의 오라를 표현한 것으로 볼 수 있다.

성화에 그려진 예수 그리스도의 후광

인간의 육체는 육안으로 볼 때는 뼈와 살, 피부와 같은 세포로 이루어진 물질적인 육체만 보이지만, 실제로는 에테르체, 아스트랄체, 코잘체 등의 여러 겹의 몸이 겹쳐져 있다고 신지학에서는 설명한다. 이러한 입장에서 보면 오라는 물질적인 육체를 둘러싸고 있는 또 하나의 몸이며, 그 본질은 에너지라고 할 수 있다. 오라에 대해 연구한 학자들은 건강한 사람의 경우 오라는 몸의 주위를 타원형 또는 달걀형으로 둘러싸고 있으며, 평균적으로 신체의 주위 2.5~3m에 걸쳐서 감싸고 있다고 한다.

오라에 관해 연구한 대표적 학자는 바바라 앤 브레넌(Barbara Ann Brennan)이다. 그녀는 원래 미국 NASA에서 근무하며 대기물리학을 연구한 과학자였는데 15년간 정신물리통합연구소, 뉴에이지 연구소, 미국 치유사협회 등지에서 인간 에너지장(Human Energy Field)에 대해 연구하였다. 그녀는 오라가 바로 인간 에너지장에 해당하며, 이것은 인간의 삶에 직접 관여하고 있는 우주 에너지(Universal Energy Field)가 사람을 에워싸고 나타나는 것이라고 설명하였다. 이 에너지는 육신을 에워싸고 있는 일종의 빛으로 고유한 특성을 지닌 빛을 방사하고 있다고 한다. 또한

건강한 여성의 오라. 이 그림은 월트 존 킬너가 그린 것으로 몸을 감싸고 있는 이중의 오라를 표현하고 있다.

오라는 인간의 건강과 밀접한 관계가 있으며 오라의 힐링을 통하여 각종 질병이나 정신적 장애를 치유할 수 있다고 하였다. 그녀는 힐링스쿨을 설립하여 에너지 힐링을 전 세계로 확산시키는 데 노력하고 있다. 그녀의 저서『기적의 손치유(Hands of Light)』와『빛의 힐링, 몸과 마음의 치유(Light Emerging)』는 이 분야에서 가장 훌륭한 책으로, 치유 및 의술에 종사하는 사람들의 필독서라고 평가되고 있다.

오라는 일반인의 눈에는 보이지 않으나 초능력을 가진 사람의 눈에는 보이기도 하며, 특히 특수한 카메라로 촬영이 가능하다. 오라를 처음으로 촬영한 사람은 러시아의 전기기사인 세미온 키를리안(Semyon Kirlian)이다. 키를리안은 1939년에 전기의료기를 수리하다 우연히 의료기에 닿은 피부에서 희미한 빛이 발생하는 것을 관찰하였다. 그는 여러 차례의 시도 끝에 생명체에 고주파, 고전압

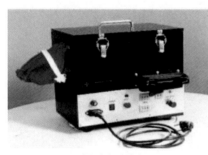

을 가했을 때 각 생명체의 성질에 따라 독특한 빛이 방사된다는 것을 발견하고 이 빛을 촬영하는 기계를 발명한 것이다.

키를리안 사진기

———
69)   출처: 한국정신과학연구소

우리가 주목할 점은 키를리안 사진기로 촬영한 인체의 오라는 그 사람의 생각이나 건강 상태에 따라 달리 나타난다는 사실이다. 오라의 색깔은 붉은색, 황색, 청색, 녹색, 보라색, 흰색 등으로 다양한데, 의학계에서는 환자의 오라 색깔을 관찰하여 질병의 유무를 진단하는 데 활용하고 있다. 동의대학교 화학과의 이상명 교수는 오라에 가장 큰 영향을 주는 것은 우리가 섭취하는 음식이라고 설명한다. 한편 요가에서는 명상의 깊이가 깊어질수록 붉은색에서 보라색 또는 흰색 쪽으로 색이 변해간다고 주장한다.

 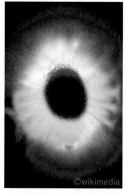

좌 키를리안 사진기로 찍은 남성의 손가락 끝 **우** 키를리안 사진기로 찍은 여성의 손가락 끝

또 한 가지 재미있는 사실은 '유령효과(ghost effect)'라는, 현대 과학으로는 도저히 설명이 안 되는 현상이 발견됐다는 사실이다. 이것은 나뭇잎이나 도롱뇽의 꼬리를 일부 잘라내고 사진을 찍으면

잘라내 없어진 부분의 오라도 함께 찍혀 나오는 현상이다. 일부 심령연구가들은 이것이 생명체들에게 물질적인 몸 이외에 영혼이 존재한다는 간접적인 증거라고 주장하기도 한다. 여기서 연관 지어 생각해 볼 것은 사람의 '환상지' 현상이다. 환상지는 몸 일부가 절단되어 사라지고 없음에도 그 부위의 감각이 생생하게 느껴지는 현상을 가리킨다. 환상지 현상은 손발뿐 아니라 귀, 성기, 젖가슴 등 사라진 신체의 어디에서든 생길 수 있으며, 감각만 느껴지는 것이 아니라 환상 손을 이용하여 전화를 받고 악수를 하는 등의 제스처를 취하기도 한다. 환상지 현상의 원인을 의학계에서는 절단된 말초신경에서 일어난 자극이나 염증이 뇌로 하여금 실제 수족으로 착각하게 하기 때문이라거나 뇌의 가소성 때문이라고 설명한다.[70] 그러나 심령과학계에서는 물질적 육체 이외에 영체가 존재하기 때문이라고 설명하는 사람이 많다. 환상지 현상의 본질은 오라와 마찬가지로 에너지체의 존재 때문이라는 것이다.

오늘날에는 키를리안 사진기 이외에 오라를 촬영하는 여러 장비가 개발되어 있다. 오라캠이나 PIP카메라에 의하여 사람을 비롯한 각종 생물의 오라를 손쉽게 촬영할 수 있으며, 환상지 현상을 사진으로 촬영할 수도 있다고 한다.

---

70) Mark F. Bear 외 2인 저, 『신경과학 : 뇌의 탐구』(바이오메디북, 2018)

어쨌든 오라가 약해지거나 손상되면 귀신이 침범해 올 가능성이 커진다. 다시 말하면 오라가 튼튼해야 귀신에게 빙의 당하는 사고를 막을 수 있다. 오라야말로 귀신을 막아주는 든든한 방패막이인 것이다. 튼튼한 오라를 유지하려면 육체적, 정신적으로 건강한 상태를 유지하는 것이 가장 중요한 일이다. 이상명 교수의 연구에 비추어 보면 평소에 음식을 골고루 섭취하여 좋은 영양 상태를 유지할 필요가 있다. 특히 마약이나 알코올에 중독되어 트랜스 상태에 빠지지 않도록 조심해야 한다. 지박령이나 원귀가 머무는 음습한 곳을 방문한 경우에도 심신이 건강한 사람은 귀신에게 빙의 당할 염려가 없으나 심신이 허약한 사람은 쉽게 빙의 당할 수 있다.

7. 귀신이 병자를 치료한다
-심령치료

사람의 몸에 귀신이 씐 것을 빙의라 하고 빙의된 환자는 각종 정신과 치료 및 구마의식, 최면치료 등에 의하여 치유될 수 있음을 앞에서 살펴보았다. 한마디로 빙의는 귀신이 사람에게 병을 일으키는 것이다. 그런데 그와 반대로 귀신의 도움으로 사람의 병을 치료하는 경우가 있는데 이것을 심령치료라 한다. 심령치료라는 말은 넓게는 특별한 정신적·영적 능력을 가진 사람이 그 능력을 이용하여 다른 사람(환자)을 치료하는 것뿐만 아니라 환자 자신이 명상이나 기도, 기수련, 요가 등의 방법으로 병을 치료하는 것 등을 모두 포함하는 의미로 쓰인다. 예수나 부처와 같은 성인들이 높은 영적 능력을 발휘하여 병자를 치유한 것과 중국이나 인도에서 전통적으로 환자에게 기(氣)와 프라나를 불어넣어 질병을 치료하는 것 등은 모두 넓은 의미의 심령치료에 해당한다. 한편 좁은 의미의 심령치료란 귀신의 영혼이 어떤 사람에게 실려서 그 귀신의 능력으로 다른 사람의 병을 치료하는 것을 뜻한다. 이처럼 귀신의 능력을 이용하여 심령치료를 하는 사람을 심령술사라 한다.

귀신의 힘을 빌려 병자를 치료한 것으로 가장 유명한 심령술사는 브라질의 호세 아리고다. 그의 이야기는 MBC 〈신비한 TV 서프라이즈〉에서도 방영된 바 있다. 호세 아리고는 브라질의 평범한 가정에서 태어나 광부로 종사한 사람이다. 그는 7살 때 잠을 자다가 제1차 세계대전에 독일군 종군의사로 활동하였다는 아돌프 프리츠라는 사람의 꿈을 우연히 꾸게 되었다. 그 이후 종종 프리츠의 목소리가 귀에 들리기도 하였다. 그런데 어느 날부터 아리고는 다른 사람의 겉모습만 보고도 그가 어떤 병에 걸렸는지 알게 되었고 부엌칼과 같은 간단한 도구로 병자를 수술할 수 있게 되었다.

그가 세상에 널리 알려지게 된 것은 다음과 같은 사건이 있고 난 뒤부터다. 아리고는 32살이던 1950년의 어느 날, 여행 중에 브라질 벨루오리존치시에 있는 파이낸셜 호텔에 묵게 되었는데 같은 호텔에 묵게 된 시의원 루시우 비텡쿠르와 우연히 마주치게 되었다. 아리고는 루시우와는 일면식도 없는 사이였는데, 아리고에게는 루시우의 심각한 폐종양 증세가 보였다. 그날 밤 아리고는 루시우의 방에 몰래 들어가 폐종양을 제거하는 수술을 하였다. 마취도 하지 않은 채 칼과 가위만으로 저항하는 루시우를 제압하고 수술한 것이다. 루시우는 낯선 사람이 찾아와 다짜고짜 칼로 가슴을 가르자 기절하고 말았는데 다음 날 아침 정신을 차려보니 가슴과 복부에 잘린 흔적이 나 있었다. 루시우가 경찰에 신고하여 조사가 시작되었는데, 놀랍게도 루시오의 폐종양이 말끔히 제거되고 없었던 것이다. 이 사건이 브라질의 매스컴을 타고 세상에 알려지자 아리고는 일약 유명인사가 되었다. 아리고는 자신은 평범한 광부에 불과하나 아돌프 프리츠의 영혼이 시키는 대로 수술을 한다고 설명하였다. 조사 결과 아돌프 프리츠는 제1차 세계대전 당시 실존하였던 인물로서 유능한 의사였던 사실이 밝혀졌다. 그의 죽은 영혼이 아리고의 몸에 빙의하여 치료행위를 하는 것으로 볼 수밖에 없었다. 전형적인 심령치료에 해당한다. 놀라운 것은 아리고가 마취를 하지 않은 채 수술을 하는데도 환자들이 피를 흘리지 않고 통증을 느끼지도 않으며, 소독하지 않은 칼과 가위를

사용하는데도 세균에 감염된 환자가 없었다는 사실이다. 아리고
는 의학교육을 받은 적이 전혀 없는데도 환자의 겉모습만 보고 병
명을 알아맞혔으며 이를 전문적인 의학용어로 정확하게 기록하기
도 하였다.

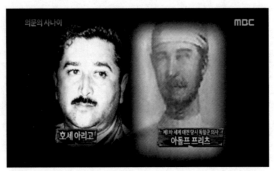

심령술사 호세 아리고와 그에게 빙의한 아돌프 프리츠, MBC 〈신
비한 TV 서프라이즈〉 방영

이러한 아리고의 치료에 대해 일각에서는 사기라고 주장하였으
며, 피를 흘리지 않고 수술을 한다는 것은 마술사와 같이 사람들
의 눈을 속이는 것이라고 비난하였다. 결국 아리고는 1956년 경찰
에 체포되었는데, 그에게서 치료를 받았던 많은 사람들이 몰려와
그의 무죄를 탄원하였다. 그는 재판에서 집행유예 판결을 선고받
고 석방되었다. 그 이후 1963년 8월에 미국 노스웨스턴대학의 심령
과학자인 안드리야 푸하리치가 아리고의 심령치료가 진짜인지를
밝히기 위해 아리고의 진료소를 찾아왔다. 푸하리치는 아리고를

만나자마자 그를 실험하기 위해 우선 자신의 병명을 맞혀보라고 하였다. 그러자 아리고는 두말하지 않고 즉석에서 푸하리치의 팔뚝을 잡고 절개하여 지방종 제거 수술을 하였다. 옷 속에 감추어져 있는 지방종을 어떻게 알아맞히는지 놀랄 일이었다. 푸하리치가 이번에는 아리고에게 환자 1,000명을 데려와 보여주고 병명을 맞혀보라고 하였는데, 아리고는 의료장비 사용 없이 그 환자들의 병명을 대부분 맞힌 것이다. 푸하리치는 뇌파 측정, X선 촬영 등의 방법으로 아리고의 치료에 대해 조사하였으나 아리고가 눈속임을 한다는 아무런 증거도 발견하지 못하였다. 푸하리치는 아리고의 심령치료를 인정하지 않을 수 없었다.

아리고에게 빙의하였던 아돌프 프리츠의 영혼은 아리고 이외에도 에디발도 올리비에라, 마우리시오 마젤란, 에드손 쿠에로즈라는 사람에게 빙의하여 그들의 몸을 이용하여 치료행위를 하기도 하였다. 아리고는 1971년 53세의 나이로 교통사고를 당하여 사망하였다. 그가 사망하기 전 꿈에서 프리츠로부터 "한 달 후에 세상을 떠나게 될 것이다."라는 예언을 들었는데 그 예언대로 사망한 것이다.

호세 아리고 이외에도 세계적으로 귀신에게 빙의되어 그 귀신의 능력을 빌려 심령치료를 한 심령술사들은 적지 않다. 심령술사에게 빙의한 귀신들은 대체로 생전에 유명한 의사들이었다. 그들은 죽어 영혼이 된 이후에도 질병으로 고통받는 환자들을 돕기 위해 기꺼이 지상으로 내려와 사람(심령술사)의 육체를 이용해 치료행위를 하는 것이다. 그들은 생전에 가지고 있던 의학적 능력에다가 영계에서 습득한 지식까지 보태어 환자들을 치료하는 것으로 생각된다. 제2차 세계대전과 소련의 몰락 등을 예언하여 '잠자는 예언자'로 알려진 미국의 에드가 케이시는 그가 가지고 있는 뛰어난 초능력으로 다른 사람의 몸속을 들여다보고 질병을 진단하여 치료한 것으로 유명하다. 그의 치료 방법도 크게 보면 심령치료에 해당한다고 볼 수 있다.

특이한 것은 필리핀과 브라질, 멕시코에 유독 심령술사가 많다는 사실이다. 특히 필리핀에는 호세 아리고가 치료한 것과 비슷하게 특별한 수술 도구 없이 환자의 몸에 손가락을 넣어 암 덩어리를 끄집어내는 등으로 심령치료를 하는 사람이 많다. 우리나라와 일본의 많은 환자가 필리핀 심령술사들의 심령치료를 받기 위해 줄을 서 있을 정도라고 한다. 필리핀의 고산족 중에는 옛날부터 우리나라의 무당과 같은 주술사가 많았으며, 그들은 아니토스(Anitos)라는 영의 힘을 빌려 심령치료를 해왔다고 한다. 이러한 전통이 현대에까지 전해 내려온 것으로 생각된다. 필리핀의 잘 알려진 심령술사로는 준 라보(Jun Labo)가 있다. 그는 배 속의 암 덩어리를 손으로 꺼내 치료한다고 한다. 더욱 놀라운 것은 수술 후에 아무런 상처 흔적도 남기지 않는다는 것이다. 우리나라의 연예인 중에도 그에게서 암 치료를 받았다고 하여 매스컴의 주목을 받은 일이 있다. 그러나 그에 대해서는 사기꾼이라는 비판도 만만치 않게 제기되고 있다. 마술사들이 눈속임을 하듯이 동물의 장기 등을 손에 감춘 채 환자의 배를 갈라 암 덩이를 꺼낸 척 쇼를 하고는 실제로는 동물의 장기를 들어 보인다는 것이다. 그가 꺼낸 암 덩어리를 분석해보니 동물의 장기였다는 설도 있다. 그는 1984년 미국의 유명한 코미디언 엔디 카우프만의 폐암을 치료하였다고 자랑하였는데 2개월 후에 카우프만이 사망하여 구설수에 오르기도 했다. 이런 점을 참작해 보면 아마도 그는 사기꾼이었을 가능성이 크다고 생각된다.

필리핀의 심령술사 중에 팡가시난주 산파미안 출신의 엘레우테리오 테르테(Eleuterio Terte)라는 유명한 사람이 있다. 그는 제2차 세계대전이 끝난 무렵부터 손으로 환자의 몸을 열어 손상된 조직이나 종양, 이물질을 제거하고 흉터 없이 봉합하는 수술을 하여 세계적으로 유명해졌다. 미국의 연구자들이 팀을 구성해 필리핀으로 찾아가 테르테의 치료에 관해 조사하였지만 조작이라는 증거를 찾지 못했다. 그는 환자로부터 어떠한 치료비도 받지 않고 가난하게 살았으며, 많은 후배 심령술사들을 양성하다가 1979년에 사망하였다. 필리핀 심령술사들의 심령치료가 진짜인지에 대해서는 논란이 많으나, 재물을 탐하지 않고 청빈하게 산 테르테의 인품에 비추어 볼 때 최소한 테르테의 심령치료는 거짓이 아닌 것으로 생각된다.

심령술사의 몸에 들어와 치료행위를 하는 귀신들의 영혼은 영계에서 높은 수준에 있는 마스터 급 고급령이라고 보아야 한다. 그들은 집착과 욕심을 가지고 다른 사람의 몸에 빙의하여 괴롭히는 일반 빙의 귀신과는 영적 수준에 있어 큰 차이가 있다. 현실 세계에 살고 있는 사람들의 영적 수준이 테레사 수녀와 같은 성인으로부터 아돌프 히틀러와 같은 살인마까지 천차만별의 차이가 있듯이 영계의 귀신들에게도 이와 같은 큰 차이가 있는 것이다.

8. 다이아몬드에 들러붙은 귀신

죽은 사람의 영혼은 그가 생전에 아끼던 물건에 집착하여 저승으로 가지 않은 채 그 물건에 들러붙어 있는 경우가 많다는 것을 앞에서 설명하였다. 금은보석으로 된 반지, 귀걸이, 팔찌, 목걸이 등에 흔히 귀신이 붙어 있는 것이다. 그런데 그 보석이 어마어마하게 값비싼 것이고, 그 보석을 둘러싸고 피비린내 나는 투쟁이 있었다면 보통의 귀신이 아닌 원귀 또는 악령이 붙어 있을 가능성이 크다. 그러한 보석 중에 유럽에서 유명한 '4대 블러드 다이아몬드(Blood Diamond)'가 있다. 귀신이 사람의 육체에 빙의한 것이 아니라 다이아몬드에 빙의한 것이다.

블러드 다이아몬드는 이름 그대로 그 다이아몬드를 소유하는 사람에게 숱한 피를 불렀다. 억울하게 죽은 종전 소유자의 영혼이 다이아몬드 주위에 붙어 있다가 다음 소유자들에게 해악을 가한 것으로 추정할 수 있다. 블러드 다이아몬드를 다른 이름으로 '저주받은 다이아몬드'라고도 한다. 원래 블러드 다이아몬드라는 말은 전쟁 중인 지역에서 생산되는 다이아몬드를 가리키는 말인데, 그 판매대금이 전쟁 비용으로 사용되어 결국 전쟁에 의해 사람을 살상케 한다고 하여 그런 이름이 붙었다. UN은 다이아몬드를 수출하여 전쟁자금으로 사용하는 아프리카의 앙골라, 라이베리아, 코트디부아르, 콩고공화국 등에 대해 다이아몬드 수출을 금지하는 등 제재를 가하고 있다. 2007년에 개봉된 에드워드 즈윅 감독의 영화 〈블러드 다이아몬드〉는 시에라리온의 내전 시기에 다이아몬드 광산을 둘러싸고 일어난 이야기를 영화화한 것이다. 무기 밀수꾼으로 나오는 레오나르도 디카프리오의 연기가 일품이다.

유럽의 4대 '저주받은 다이아몬드'는 호프 다이아몬드(Hope Diamond), 피렌체 다이아몬드(Florentine Diamond), 상시 다이아몬드(Sancy Diamond), 리젠트 다이아몬드(Regent Diamond)를 말한다. 아래에서 그 다이아몬드들에 얽힌 소름 끼치는 이야기를 차례로 살펴보기로 하자.

(1) 호프 다이아몬드

호프 다이아몬드는 깊고 파란 색으로 빛나는 45.5캐럿의 블루다이아몬드다. 블루다이아몬드로서는 세계에서 가장 크다. 푸른색을 띠고 있다고 하여 블루호프 다이아몬드라고도 하며, '밤하늘의 부서진 파편' '블루 미스터리' '대양의 심장' 등의 별명이 붙어 있다. 현재 가격은 2,000억 원에 이른다.

이 다이아몬드는 1642년 프랑스의 보석상 장 바티스트 타베르니에가 인도 무굴제국에서 112캐럿의 푸른 다이아몬드 원석을 발견하면서 세상에 알려지게 되었다. 112캐럿이라면 성인 남자의 주먹만 한 크기다. 타베르니에가 인도에서 힌두신 석상(石像)의 눈에 박혀 있던 다이아몬드를 훔쳐 온 것이라는 이야기가 있으나 확인된 것은 아니다. 그 이전에 인도의 한 농부가 기원전 500년경에 이 다이아몬드 원석을 발견하였는데 페르시아 총독이 그 농부를 죽이고 탈취하여 황제에게 헌상하였다는 설이 있으나 이 또한 확인되지 않은 이야기다. 타베르니에는 이 다이아몬드 원석을 프랑스 왕 루이 14세에게 팔았으며, 루이 14세는 이를 67캐럿으로 세공하여 '프렌치 다이아몬드'라는 이름을 붙여 소유하고 있다가 루이 15세에게 전해 주었고, 그 뒤 루이 16세에게 전해졌다. 그런데 프랑스 왕실이 이 다이아몬드를 소유한 이후부터 소유자나 주변 사람들에게 불행한 일이 일어나기 시작하였다. 루이 14세가 이 다이아몬드를 소유한 후 괴저병으로 고통스럽게 사망하자 사람들은 이 다이아몬드의 저주 때문이라고 수군거렸다.

호프 다이아몬드

그 뒤 이 다이아몬드를 무척 좋아했던 루이 16세와 왕비 마리 앙투아네트는 프랑스 혁명이 일어나자 1793년 겨울밤 이 다이아몬드를 비롯한 왕실의 귀중품을 챙겨 베르사유 궁전을 탈출하였으나 하루 만에 체포되어 단두대에서 목이 잘려 처형되고 말았다.

그 뒤 이 다이아몬드는 한동안 종적을 감추었다. 아마도 프랑스 궁전의 귀중품을 털어 간 도둑들의 손에 넘어갔을 가능성이 크다. 그러다가 1812년 영국의 한 보석상에 45.5캐럿짜리 블루다이아몬드가 나타났다. 누군가가 커팅하여 재가공한 것임이 분명하였다. 이 다이아몬드를 아일랜드의 은행가 헨리 필립스 호프가 9만 달러에 매입하였다. 현재의 화폐 가치로는 1,500만 달러(약 178억 원)에 해당한다. 호프 다이아몬드라는 이름은 이때 붙은 것이다. 그 뒤 호프 다이아몬드를 비롯한 필립스 호프의 재산은 토마스 호프를 거쳐 1887년경 프란시스 헨리 호프에게 상속되었다. 프란시스 호프는 미국의 여가수 메이 요이와 결혼하면서 그녀에게 결혼선물로 주었는데, 얼마 뒤 프란시스 호프 경은 파산하였고 호프 다이아몬드를 14만 달러에 팔아버렸다. 메이 요이는 프란시스 호프와 헤어져 정부보조금에 의해 근근이 살아가는 불행한 노년기를 보냈다.

또다시 세상의 이목에서 잠시 벗어났던 호프 다이아몬드는 1909년 미국 신문업계의 거물 토마스 맥클린이 이 다이아몬드를 보석상 피에르 카르티에로부터 매입하면서 다시 관심의 대상이 되었다. 맥클린은 금광 재벌가의 딸인 에벌린과 결혼한 직후 이 다이아몬드를 매입하여 아내에게 선물하였는데, 사실 호프 다이아몬드가 저주받은 다이아몬드라는 이야기는 이때 세상에 널리 알려지게 된 것이다. 사람들은 보석상 카르티에와 그로부터 다이아몬드를 사들인 에벌린이 호프 다이아몬드가 대단한 것이라고 자랑하기 위해 과거 내력에 대해 과장된 이야기를 만들어 퍼뜨린 것으로 생각한다. 실제로 에벌린은 호프 다이아몬드가 저주받은 것이기는 하

나 자신에게는 그 저주가 미치지 못할 것이라는 말을 주위에 하고
다녔다고 한다. 그러나 호프 다이아몬드의 새 주인이 된 에벌린의
가족에게 과거의 주인들에 못지않은 참혹한 일이 일어나게 되었
다. 즉 에벌린의 남편 맥클린은 정신
이상 증세를 일으켜 정신병원에 수용
되었다가 사망하였으며, 장남은 9살
때 교통사고로 사망하였고, 외동딸은
약물중독으로 자살하고 말았다. 에벌
린은 가족들에게 일어난 이러한 참사
로 인해 엄청난 고통을 느끼며 괴로워
하다가 결국 딸이 죽은 뒤 1년 만에
세상을 떠나고 말았다.

호프 다이아몬드 목걸이를 한 에벌린

　에벌린이 죽은 후 유명한 뉴욕 보석상 해리 윈스턴이 호프 다이
아몬드를 구매하여 새로운 주인이 되었는데, 그는 1958년 이 다이
아몬드의 비극적 역사를 중단시키기 위해 미국 워싱턴의 스미스소
니언박물관에 기증하였다. 호프 다이아몬드는 지금도 스미스소니
언 자연사박물관 1층에서 전시되고 있어 누구라도 이를 관람할 수
있다. 너무 오래 보면 저주가 미친다고 하여 10초에 한 번씩 회전
한다고 한다.

호프 다이아몬드는 정말로 저주받은 것일까? 푸른 밤하늘과 같이 아름답고 매혹적인 이 다이아몬드가 저주받은 것이라니 도무지 믿어지지 않는다. 저주받은 것이 아니라면 이 다이아몬드의 소유자들이 겪었던 불행한 일들은 값비싼 다이아몬드를 소유할 만큼 부유하고 권력 있는 사람들에게 흔히 일어날 수 있는 우연한 사건에 불과한 것일까? 만약 저주받은 것이라면 그것은 이 다이아몬드에 붙어 있는 귀신 때문일 가능성이 크다. 귀신 때문이라면 그 귀신은 기원전 500년에 억울하게 살해된 인도 농부의 원혼일까, 아니면 단두대에 목을 잘린 루이 16세와 마리 앙투아네트의 영혼, 또는 일가족이 참혹하게 죽은 에벌린 가족의 영혼일까? 독자 여러분의 상상에 맡긴다.

(2) 피렌체 다이아몬드

©wikimedia
피렌체 다이아몬드의 복제품

또 하나의 블러드 다이아몬드인 피렌체 다이아몬드는 137캐럿의 황금색에 가까운 노란 빛을 띠는 희귀한 다이아몬드다. 이 다이아몬드가 세상에 처음 나타난 시기는 명확하지 않다. 대체로 약 2,000년 전 인도에서 원석이 발견된 것으로 알려져 있다.

이 다이아몬드는 14~16세기경 유럽인에 의하여 약탈되어 유럽으로 처음 넘어오게 되었으며, 그 뒤 이탈리아 메디치가의 소유가 되었다가 1574년 영국 왕 헨리 8세에게 넘어갔다. 헨리 8세가 어떤 경위로 이 다이아몬드를 손에 넣게 되었는지는 밝혀져 있지 않으나 그의 왕관 장식품으로 등장함으로써 세상에 알려지게 되었다. 그 뒤 그의 딸 메리 여왕이 소유하고 있다가 스페인의 펠리페 2세와 결혼하면서 스페인으로 넘어가게 되었고, 이어서 다시 메디치가로 돌아오게 된다. 그 뒤 합스부르크가의 여제 마리아 테레지아가 메디치가의 프란츠 슈테판과 결혼하면서 이 다이아몬드를 선물로 받아 새로운 소유자가 되었다. 그녀는 남편의 고향인 피렌체에서 온 다이아몬드라고 하여 피렌체 다이아몬드라는 이름을 붙였다.

그 이후 이 다이아몬드의 행적에 관하여는 다소 엇갈리는 두 종류의 이야기가 있다. 하나는 이 다이아몬드가 마리아 테레지아가 소유한 이래 오스트리아-헝가리 제국의 황실에 계속 보관되어 있다가 제1차 세계대전이 발발한 후 분실되었다는 것이다. 다른 하나는, 마리아 테레지아가 이 다이아몬드를 자신의 딸 마리 앙투아네트에게 선물로 주었고, 그녀가 프랑스 혁명 시기에 처형당한 후 나폴레옹의 부인 마리 루이즈의 소유가 되었다가 독일 바이에른 공국의 공주 엘리자베트를 거쳐 다시 오스트리아-헝가리 제국의 소유로 되돌아왔다는 것이다. 두 번째 이야기에 등장하는 소유자들은 모두 비극적인 종말을 맞았는데, 마리 앙투아네트가 프랑스 혁명기에 단두대의 이슬로 사라진 것은 잘 알려진 사실이며, 나폴레옹이 러시아 원정 실패로 엘바섬에 유배됨으로써 그와 그의 부인이 불행하게 삶을 마친 것도 잘 알려진 사실이다. 그리고 엘리자베트 공주도 아들이 자살하고 자신은 스위스 여행 중 괴한이 휘두른 칼에 맞아 사망함으로써 역시 불행하게 삶을 마감하였다. 어쨌든 피렌체 다이아몬드는 오스트리아에 보관되어 있었는데, 그 시기에 오스트리아 황태자 부부가 사라예보를 방문했다가 세르비아계 청년의 총에 맞아 사망함으로써 제1차 세계대전이 발발하게 되었다. 사람들은 약 1천만 명이 죽은 이 피비린내 나는 전쟁의 원인이 피렌체 다이아몬드의 저주 때문이라고 말한다.

그런데 제1차 세계대전이 끝날 무렵 이 다이아몬드는 감쪽같이 사라져 버린다. 오스트리아-헝가리 제국의 마지막 황제 카를 1세가 다이아몬드를 팔아 자금을 마련하였다는 설, 황후 치타가 그 이후에도 계속 소유했다는 설, 도둑이 훔쳐 남미로 가져가 세공한 후 미국인에게 팔았다는 설 등이 있으나 어느 것도 확인되지 않았으며, 현재까지도 이 다이아몬드는 나타나지 않고 있다.

이렇게 아름다운 다이아몬드가 모습을 감춰버린 것은 몹시 애석한 일이다. 그러나 한편으로는 수많은 원혼이 들러붙어 피의 다이아몬드라는 이름까지 붙은 이 다이아몬드가 더 이상 원혼들의 저주에 의한 불행한 사건이 발생하지 않도록 세상에서 사라져 버린 것은 다행한 일이 아닌가 생각된다. 그러나 영화 〈반지의 제왕〉에 등장하는 절대반지를 골룸이 우연히 발견하는 바람에 악의 세력이 깨어났듯이 언젠가 피렌체 다이아몬드를 누군가가 발견하게 되어 피바람 부는 불행한 사건이 다시 시작될지 모를 일이다.

(3) 상시 다이아몬드

상시 다이아몬드는 55.23캐럿의 담황색 다이아몬드로 복숭아 씨앗 모양과 닮았다. 이 다이아몬드의 원산지도 인도로 알려져 있으며, 오스만튀르크를 거쳐 유럽으로 유입된 것으로 보인다. 1605년경 영국 여왕 엘리자베스 1세가 당시 소유자이던 상시라는 사람으로부터 이 다이아몬드를 사들여 영국 왕실의 소유가 되었으

상시 다이아몬드

며, 판매자의 이름을 따서 상시 다이아몬드라 부르게 되었다. 그 뒤 상시 다이아몬드는 제임스 1세를 거쳐 그의 아들 찰스 1세에게 전해졌는데, 찰스 1세는 1649년 의회파와의 내전에서 패배하여 체포된 뒤 단두대에서 참수되고 말았다. 찰스 1세의 뒤를 이어 왕위

에 오른 제임스 2세는 1688년 명예혁명으로 권좌에서 쫓겨나 프랑스로 망명하면서 이 다이아몬드를 가지고 갔으며 그로 인해 상시 다이아몬드는 프랑스 왕실의 소유가 되었다.

　그 이후 프랑스의 루이 15세가 대관식을 거행할 때 사용한 왕관에 장식품으로 이 다이아몬드가 박히게 되었으며[71], 이를 물려받았던 루이 16세와 왕비 마리 앙투아네트는 프랑스 혁명이 일어나 처형되었다. 프랑스 혁명으로 어수선하던 시기에 상시 다이아몬드는 프랑스 왕실의 다른 귀중품과 함께 도둑맞아 한동안 행방을 알 수 없었다. 그러다가 1828년에 다시 세상에 나타나 러시아 왕자 데비도프가 이를 사들여 러시아 왕실의 소유가 되었다. 그 뒤 1867년 파리의 보석 전시장에 다시 모습을 나타내었으며, 러시아 혁명이 무르익던 1906년 영국의 대부호 윌리엄 월도프 애스터가 이를 매입하게 된다. 애스터의 사후 위 다이아몬드를 소유하고 있던 그의 가족들은 1978년 루브르 박물관에 이를 기증하였으며, 현재도 루브르 박물관에 루이 15세의 왕관과 함께 전시되어 있다.

　상시 다이아몬드는 영국과 프랑스, 러시아 3국을 거치면서 세 나

―――
71)　상시 다이아몬드는 왕관의 윗부분에, 리젠트 다이아몬드는 밴드 위에 장식품으로 박히게 된다.

라 모두에 혁명을 불러왔다고 하는 특이한 이력을 가지고 있다. 영국의 명예혁명, 프랑스 대혁명, 러시아 혁명이 그것이다. 이러한 혁명의 와중에 많은 사람이 목숨을 잃는 불행한 사건이 있었던 것은 이 다이아몬드의 저주 때문이라고 사람들은 말한다. 이런 이야기야 사람들이 상상력으로 지어낸 이야기겠지만, 어쨌든 값비싸고 아름다운 상시 다이아몬드의 매력에 집착한 귀신이 저승으로 가지 않고 이 다이아몬드에 들러붙어 있으면서 다른 소유자들에게 해코지하였을 가능성은 충분히 있다.

(4) 리젠트 다이아몬드

또 하나의 블러드 다이아몬드는 프랑스 루브르 박물관에 전시되어 있는, 루이 15세의 왕관에 박힌 140.5캐럿의 자색 다이아몬드로 리젠트 다이아몬드라는 이름을 가지고 있다.

리젠트 다이아몬드 스케치   루이 15세의 왕관

이 다이아몬드는 1698년경 인도의 콜러광산에서 한 노예가 발견하였다고 하는데 발견 당시는 410캐럿의 원석이었다고 한다. 영국의 보석상 스트리터가 1884년에 저술한 『Precious Stone & Gems』라는 책에 이 다이아몬드의 유래가 다음과 같이 설명되어 있다. 이 다이아몬드를 발견한 인도인 노예는 이것을 숨겨 도망칠 생각으로 자신의 발목에 상처를 내고 붕대 속에 감추었다. 그는 영국 선박의 선장에게 자신을 노예 신분을 벗고 자유롭게 살 수 있는 곳으로 데려다주면 다이아몬드 가격의 절반을 주겠다고 제의하였다. 선장은 이를 흔쾌히 수락하고 항해에 나섰는데 항해 중 태풍을 만나게 되자 욕심이 생겨 노예에게서 다이아몬드를 빼앗고 노예를 바다에 던져버렸다. 다이아몬드를 차지한 선장은 영국에 도착하여 마드리드 총독이었던 토마스 피트에게 1,000파운드에 팔았다. 그래서 이 다이아몬드는 피트 다이아몬드라고 불리게 되었는데, 다이아몬드를 팔았던 선장은 방탕한 생활을 하다가 재산을 탕진하고 정신착란 증세를 일으켜 목매달아 자살하고 말았다. 토마스 피트는 아들을 시켜 이 다이아몬드를 브릴리언트컷 방식으로 연마하여 140.5캐럿으로 만들었다. 토마스 피트는 이 다이아몬드를 소유한 이후부터 혹시 누가 다이아몬드를 훔쳐 갈까 걱정하여 잠도 제대로 자지 못하고 친구들에게도 다이아몬드를 보여주지 않았으며 자신의 거처조차 비밀로 하고 지냈다고 한다. 한마디로 노이로제에 걸린 것이다. 프랑스의 루이 14세가 이 다이아몬드를 탐을 내 사려고 하였는데, 피트는 결국 프랑스 섭정 오를레앙 공작 필립 2세에게 13만5,000파운드에 팔게 된다. 이때부터 이 다이아몬드는 리젠트 다이아몬드라고 불리게 되었는데, 리젠트(Regent)는 섭정이라는 뜻이다.

그 뒤 이 다이아몬드는 1722년에 거행된 루이 15세의 대관식 때 왕관의 한가운데 밴드 위 장식품으로 박히게 된다. 루이 15세에 이어 루이 16세와 마리 앙투아네트가 이것을 소유하다가 처형당하게 되고, 그 뒤 나폴레옹이 자신의 칼자루 끝에 장식품으로 박아 사용하기도 하였다. 이 다이아몬드는 현재 루브르 박물관의 아폴로 갤러리에 전시되어 있다.

나폴레옹 초상화의 칼을 장식한 다이아몬드

이 다이아몬드에 대해서도 소유자였던 인도인 노예, 영국인 선장, 마리 앙투아네트를 비롯한 프랑스 왕실 사람들이 불행하게 죽게 된 것을 두고 다이아몬드의 저주 때문이라고 사람들은 말하고 있다. 아마도 영국인 선장에게 속아 죽게 된 인도인 노예는 그 억울함이 너무나 심하여 쉽게 저승으로 가지 못하고 원귀가 되어 다이아몬드 주위를 배회하고 있을 가능성이 크다고 생각된다.

제3장

귀신과의 소통

1. 귀신과의 교신
-채널링

채널링(channeling)이란 사람이 신, 귀신 등 다른 차원의 영적 존재와 서로 교신(交信)하는 현상을 말한다. TV나 라디오 채널을 돌리다가 주파수가 맞으면 특정 방송을 수신할 수 있듯이, 사람이 초의식(超意識) 상태에서 영적 존재와 서로 파장이 맞으면 그들과 소통이 가능해지는 것이다. 이러한 채널링을 행하는 사람을 보통 채널러(channeler)라고 한다. 민속학에서는 영매라고 하며, 강신술사라는 말도 쓴다. 채널러들은 보통 3가지의 초능력을 가지고 있다. 영적인 존재를 보는 영시(靈視), 막힌 물체를 꿰뚫어 보는 투시(透視), 생각만으로 사진을 찍는 염사(念寫·thought photography) 능력이 그것이다. 그 외에 영청(靈聽)의 능력을 가지고 있는 경우도 있다.

채널링이 이루어지는 방법에도 3가지가 있다. 첫째, 채널러가 완전히 의식을 비우고 트랜스(trance) 상태에 빠진 채 영적 존재가 채널러의 육신을 빌려 음성으로 메시지를 전하는 방법, 둘째, 채널러가 의식이 있는 상태에서 텔레파시의 형태로 상호 교신하여 메시지를 주고받는 방법, 셋째, 채널러가 의식이 있는 채 자동기술(自動記述) 형태로 메시지를 주고받는 방법이다. 채널러를 통하여 죽은 자와 교신을 하는 모임을 교령회 또는 강령회라 하는데, 이에 대해서는 뒤에서 좀 더 자세히 알아보기로 한다.

죽은 사람의 영혼 또는 자기 이외의 영적 존재와 교신하고 싶어 하는 사람은 매우 많다. 특히 최근에 가까운 가족이나 친구가 사망하여 이별한 사람은 그 가족이나 친구의 영혼과 가능하다면 교신해 보고 싶은 강한 열망을 느낀다. 부모가 갑자기 사망하여 미처 임종하지 못한 자식이라면 부모의 마지막 말 한마디라도 들어보고 싶을 것이다. 가까운 사람이 전혀 예상치 못한 자살로 생을 마감하였다면 남은 사람들은 왜 그가 그런 극단적 방법을 택했는지, 혹시 자신이 그에게 고통을 주어 자살의 원인을 제공했는지 몹시 알고 싶을 것이다. 그러나 일반인은 높은 수준의 영적 능력(ESP)을 가지고 있지 않으므로 귀신과의 교신이 불가능하다. 그러나 높은 ESP 능력을 갖춘 채널러들은 그것이 가능하다. 채널러들의 능력도 ESP 수준에 따라 천차만별의 차이가 있겠으나 높은 수준의 채널러는 귀신과의 교신만 가능한 것이 아니라 유체이탈 상태에서 천상의 세계 등 영계를 탐험할 수도 있다. 신 또는 영적 마스터들과의 소통도 가능하여 그들이 우리 인류에게 전하는 메시지를 전달하는 경우도 있다. 다시 말하여 채널러 또는 영매, 무당들에게 있어서 귀신과의 교신은 가장 기초적 능력이라 할 수 있다.

귀신 또는 영적 존재와의 채널링이 가능하다는 사실은 역사적으로, 전 세계적으로 너무나 많은 실증적 증거가 누적되어 이제는 이를 의심하는 것이 오히려 비과학적이고 비합리적이라 할 수 있다. 세계적으로 유명한 채널러 몇 사람을 아래에서 소개하겠다.

2. 비범한 채널러들

(1) 천계를 탐험한 스베덴보리

역사적으로 천사 등 영적 존재와의 채널링으로 가장 유명한 사람은 18세기 스웨덴의 종교적 신비주의자인 에마누엘 스베덴보리(Emanuel Swedenborg)이다. 그는 원래 천재적인 과학자(금속학·지질학·수학·생리학·해부학 등)로서 큰 성공을 거둔 사람이었다. 그는 아인슈타인보다 200년 전에 상대성 원리와 비슷한 논문을 발표하였으며, 그 논문에서 '우주생성 이전에는 무한한 에너지가 있었고, 그 에너지가 우주생성의 근본이었다'라고 주장하였다. 그는 약 150권의 과학 저서와 논문을 발표하여 '북유럽의 아리스토텔레스'로 불렸다. 그러던 그가 57세에 접어들면서부터 정신적 위기에 빠졌다. 그는 매일 악몽에 시달리거나 예수 그리스도와 대화를 나누는 꿈을 꾸기 시작한 것이다. 이때부터 그는 과학을 버리고 성서 연구에 매달리기 시작하였다. 그러던 중 어느 날부터 천사들 혹은 죽은 종교가들과 얘기를 나누게 되었다.

그가 죽은 영혼들과 소통하였음을 증명하는 일화가 있다. 하루는 스웨덴의 울리카 여왕이 스베덴보리에게 그의 영적 능력을 시험해 보기 위해 농담 삼아 자신의 죽은 오빠 윌리엄 공에게 안부를 전해달라고 하였다. 얼마쯤 뒤 스베덴보리가 다시 여왕을 알현하였을 때 그는 윌리엄 공의 말이라며 "마지막 편지에 답장을 못 보내 미안하다. 지금 스베덴보리를 통해 답장을 하겠다."라는 말을 전했다. 이 말을 듣고 여왕은 새파랗게 질렸다. 여왕이 오빠의 사망 직전에 그에게 편지를 보낸 사실은 자기와 오빠 이외에는 아무도 모르는 일이었기 때문이었다.

또 다른 일화가 있다. 주스웨덴 네덜란드 대사의 부인이 스베덴보리에게 얼마 전 죽은 자신의 남편에게 생전에 은 세공사에게 세공 대금을 지급했는지 물어봐 달라고 하였다. 그 부인은 남편이 죽기 전 그 대금을 지급한 것으로 아는데 세공사는 못 받았다며 거액의 청구서를 보내왔다는 것이다. 얼마 후 스베덴보리는 그 부인에게 "대사를 만났더니 은 세공사에게 세공 대금을 주고 영수증을 받아 옷장 서랍에 넣어두었다고 하더라."라고 전하였다. 물론 그 말대로 옷장 서랍에서 영수증이 나타났다. 이중으로 세공 대금을 받아내려던 은 세공사의 사기가 들통나고 만 것이다.

제일 유명한 일은 스베덴보리가 480㎞나 떨어진 곳의 화재 사고를 알아낸 것이었다. 그는 스톡홀름으로부터 480㎞가량 떨어진 예테보리로 출장을 갔다가 윌리엄 카스텔이라는 부유한 상인의 집에서 16명의 사람들과 함께 저녁 식사를 하게 되었다. 식사 도중 그는 유체이탈한 상태에서 스톡홀름에 큰 화재가 발생한 것을 보게되었다. 그 불이 크게 번지다가 자신의 집 근처에서 멈추게 된 사실까지 보게 되었다. 스베덴보리는 그가 영적 눈으로 본 사실을 회식에 참석한 사람들에게 말하였으며, 그 말을 들은 사람들은 즉시예테보리 시장에게 보고하였다. 시장은 반신반의하면서 마차에 직원을 태워 스톡홀름에 가서 알아보라고 지시하였다. 이틀 뒤 되돌아온 직원은 스베덴보리가 말한 그 시간에 화재가 발생한 것이 맞으며, 스베덴보리가 설명한 화재의 진행 과정도 모두 맞는다고 보고하였다. 전화나 전신 등의 통신수단이 없던 시절에 스베덴보리가 실시간으로 서울-부산 거리만큼이나 떨어진 곳의 화재 사실을알게 된 것은 그의 신통력이 아니고서는 설명할 수 없는 일이었다. 봉화를 올리더라도 몇 시간은 걸릴 거리가 아닌가. 이러한 초능력을 원격투시(remote viewing)라고 한다. 이 사건으로 스베덴보리는전 유럽에서 유명인사가 되었다. 그와 동시대를 살았던 독일의 철학자 칸트도 이 사건에 큰 관심을 가지고 조사한 뒤 "이렇게 신빙성 있는 사례에 대해 누가 감히 의문을 제기하겠는가?"라고 말했다. 그는 자신의 저서 『심령적 예견자의 꿈(Traume eines Geistersehers)』에서 이 화재 사건을 스베덴보리의 초능력을 증명하는 실례로 인용하기도 하였다.

스베덴보리가 과학자의 길을 그만두고 영적 채널러의 길을 가게 되자 유럽의 과학계는 애석해하며 스베덴보리는 죽었다고 애도하기까지 하였다. 일부 동료들은 분노하며 그를 미치광이 취급을 하기도 하였다. 그러나 그는 "나와 같은 과학자는 얼마든지 또 있을 수 있다. 그런데 영

스베덴보리의 초상화

계의 진리를 알고 보니 이는 학문이 아니라 인류의 영원한 생명이 걸린 문제다. 내가 전하는 영계의 진리에는 인간이 사후에 천국에 가느냐, 지옥에 가느냐가 달려 있다. 이 특별한 소명은 내가 과학자로 공헌하는 것보다 수천, 수만 배 더 중요하다."라며 그들의 비난을 일축했다.[72]

그는 자기 죽음을 미리 예견한 것으로도 유명하다. 그는 평소에 하인들에게 자신은 84세인 1772년 3월 29일에 죽을 것이라고 말하곤 하였다. 그는 죽기 얼마 전 트랜스 상태에서 저승을 방문하였

---

72) 스베덴보리의 전게서 48쪽

다가 감리교 창시자인 존 웨슬리(John Wesley) 목사가 자신을 만나 기독교 교리에 대해 토론하고 싶어 한다는 사실을 알게 되었다. 그래서 웨슬리 목사에게 만나자는 편지를 보냈다. 웨슬리 목사는 그 편지를 받고서는 자신이 그를 만나고 싶어 한다는 것을 어떻게 알았을까 의아해하며 6개월 예정의 여행을 마친 뒤 만나자고 답장을 보냈다. 그러자 스베덴보리는 자신은 1772년 3월 29일이면 저세상으로 떠나게 되어 있어 6개월 뒤에는 자신을 만날 수 없을 것이라고 웨슬리 목사에게 전했다. 실제로 스베덴보리는 1772년 3월 29일 잠에서 깨어나 하녀에게 시간을 물어 다섯 시라는 대답을 듣자 "그동안 고마웠소. 신의 축복을 받으시기 바라오."라고 하녀에게 인사한 뒤 조용히 숨을 거두었다. 불교의 고승들이 자신의 사망일시를 미리 알고 "나 이제 가련다." 하며 앉은 가부좌 자세로 숨을 거두는 것과 유사하게 세상을 떠났다. 흔히 사람이 언제 죽는가 하는 문제는 하늘의 일이라고 한다. 그런데 하늘의 일인 '자신의 죽음'에 대해 미리 알게 된다는 것은 그가 영계와 소통하여 하늘의 정보를 입수했다는 증거다. 높은 수준의 도인이거나 뛰어난 채널러가 아니고서는 불가능한 일이다.

그는 84세로 사망하기까지 약 27년간 천사와 소통하면서 천사의 안내를 받아 영계를 탐방하고 그 체험을 과학적으로 분석하여 세상에 알리는 일을 하였다. 그는 수만 페이지 분량의 '영계저술'을 남겼는데,『천국과 지옥』,『영계일기』,『천국의 비의(秘義)』,『신의 섭리』,『신의 사랑과 지혜』,『영혼과 육체의 교류』,『참다운 기독교』,『결혼애』등이 널리 알려진 저술이다.

그가 방대한 저술을 통하여 전하려 한 진리의 요지는 '사후에 영원한 세계가 있다'는 것이다. 눈멀고 귀먹고 말 못 했던 중중장애인 헬렌 켈러는 스베덴보리의 저서를 읽고 다음과 같이 말하였다. "나는 하나님으로부터 버림받은 것 같은 절망 속에 있었습니다. 왜 나는 이렇게 가련한 장애인의 생애를 살아야 하는지를 몰랐습니다. 하나님을 저주하고 싶었습니다. 그런데 스베덴보리의『영계탐험기』를 읽고 나는 더 이상 외롭지도 슬프지도 않았습니다. 영원히 죽지 않고 사는 천국이 있음을 알았습니다. 그리고 내가 천국에 가면 더 이상 장애인이 아닌 것도 알았습니다. 그뿐만 아니라 다시 젊음으로 돌아가 영생으로 살 수 있음도 알았습니다. 그리고 내가 지상에서 사는 동안 해야 할 일이 무엇인지를 깨달았습니다. 그것은 나의 마음과 뜻을 다하여 하나님을 사랑하고 내 이웃을 내 몸과 같이 사랑하는 것임을 알았습니다. 나는 그의 저서를 읽은 후 더 이상 죽는 것이 두렵지 않게 되었습니다."

윌리엄 블레이크, 랠프 월도 에머슨, 표도르 도스토옙스키, 존 웨슬리, 카를 융 등 뛰어난 작가와 학자들이 스베덴보리에게 영감

을 받은 이들이라고 한다.[73]

(2) 지중해의 성자라 불리는 다스칼로스

세계적으로 유명한 채널러로서 북유럽에 스베덴보리가 있다면 남
유럽에는 다스칼로스가 있다. 다스칼로스는 그리스의 신유가(神癒
家)로서 비범한 영적 능력을 가지고 채널링을 통하여 영계와 소통하
면서 삶과 우주의 진리에 대해 가르침을 펼쳤던 사람이다. 그는 세
상에 알려지기 전까지는 지중해 키프로스 섬의 시골 스트로볼로스
에 사는 평범한 은퇴 공무원에 불과하였다. 그가 세상에 알려진 것
은 키프로스 출신의 미국 메인대학 사회학 교수인 키리아코스 C.
마르키데스가 1978년부터 1983년에 이르는 기간에 걸쳐 이 신비로
운 노인을 옆에서 지켜보면서, 그가 행하는 갖가지 영적 행적과 제
자들에게 주는 가르침을 소개하는 3권의 책[74]을 펴내면서다.

다스칼로스는 1912년에 태어났으며 그의 본명은 스틸리아노스
아테쉴리스(Stylianos Atteshlis)다. 다스칼로스라는 말은 그리스어
로 선생님 또는 스승을 뜻하는 보통명사다. 다스칼로스의 아버지
는 스코틀랜드와 그리스의 피가 섞인 상류층 인사로 영국 해군장

---

73) 톰 버틀러 보던 저, 오강남 역, 『내 인생의 탐나는 영혼의 책 50』(흐름출판, 2009),
478쪽
74) 『스트로볼로스의 마법사(The Magus of Strovolos)』, 『태양을 향한 경배(Homage
to the Sun)』, 『심장 속의 불(Fire in the Heart)』이라는 책이다. 우리나라에서는 『지
중해의 성자』라는 제목의 시리즈로 출간되었다.

성을 지내고 영국 국왕으로부터 작위까지 받았던 사람이다. 다스칼로스도 젊은 시절 아버지를 이어받아 영국군 장교로 복무하기도 하였으며 영국에 유학하여 철학박사와 신학박사 학위를 받기도 하였다. 그러나 그는 영국 식민정부에 반발하여 반(反)식민 지하운동의 전사로 변모하였다.

그리스가 영국으로부터 독립한 뒤 그리스와 터키 사이의 인종 분쟁이 발생하자 그는 그리스 민병대로 활동하기도 하였다. 그는 그 뒤 인쇄국 공무원으로 일하였으며 퇴직한 후 70세가 될 때까지 조용히 은자(隱者)로서의 삶을 즐기며 제자들을 모아 영적 수행을 지도하였다.

그는 어릴 때부터 자신의 수많은 전생을 기억하며 유체이탈을 하거나 다른 사람의 상념을 읽을 수 있는 특별한 능력이 있었다. 유체이탈이란 의식이 몸으로부터 분리되어 몸 밖에서 자신을 느끼며 비물질적인 형태로 여행하는 것을 말하며, 다른 사람의 생각을 읽는 독심술은 투시 능력의 일종이다. 이러한 능력은 그가 태어날 때부터 뛰어난 채널러의 자질을 갖추고 있었음을 보여주는 증거다. 또한 그는 그리스어는 물론이고 터키어, 라틴어, 러시아어, 영어, 프랑스어, 이탈리아어, 산스크리트어, 아랍어, 고대 이집트어 등을 능통하게 구사하였다. 이는 아마도 전생에 각 해당 지역에 살았던 기억을 떠올릴 수 있었기 때문으로 생각된다. 그는 예수가 생존하던 시기에 예수와 함께 지내던 소년으로서의 전생 기억도 가지고 있었다. 그는 예수의 제자인 요하난[75], 힐라리온, 도미니코 등 높은 수준의 영적 존재들과 소통하였다.

그는 유체이탈을 통하여 외계 또는 천계를 여행하면서 천사들 및 화성에서 온 외계인들과도 소통하였다. 그가 1973년에 외계인들과 함께 미국의 우주정거장 스카이랩을 무사하게 지구로 귀환시킨 일화는 앞에서 설명한 바 있다. 그가 외계인들과 소통하여 전한 메시지는, 지구는 시끄러운 아이들이 사는 정원이며 외계인들은 그 정원을 수호하기 위해 우리 주위에 와 있다는 것이다. 그는 영적 능력을 발휘하여 사람들에게 빙의한 귀신을 해방시켜 저승으로 돌아가도록 돕기도 하였다. 그의 말을 빌리자면 '길 잃은 영혼들'에게 길을 찾아주는 일이라는 것이다. 그는 죽은 나치당원의 영혼이 유대인 소녀의 몸에 빙의하여 소녀의 영혼을 끌고 가 다른 영혼과 강제로 결혼시키려 하는 것을 막고 빙의한 귀신들을 쫓아내기도 하였다. 그는 신비한 방법으로 물질계와 비물질계를 마음대로 오가면서 죽은 영혼과 외계인들을 만나고, 곤경에 처한 사람들을 돕고, 현대의학이 포기한 환자들을 치유하였다.

키프로스의 교회 성직자들은 다스칼로스를 눈엣가시처럼 미워

75) 사도 요한을 칭한다.

하였다. 그들은 다스칼로스를 메피스토펠레스와 같은 마법사라고 비난하였다. 그러나 다스칼로스는 기성 교회의 비난에 전혀 개의치 않았다. 자신은 단지 신의 가르침과 에너지를 인류에게 전달하는 매개자에 불과하며, 자신이 하는 일은 참자아를 찾는 이들을 돕는 일이라고 하며 자신을 낮추었다.

그의 가르침의 요지는 다음과 같은 그의 어록 속에 잘 드러나 있다.

- 모든 인간은 자기 안에 지상에 내려오는 전 인류를 비추고 있는 신성한 빛을 품고 있다. 자신이 알든 모르든 그 사랑과 지혜의 빛을 이미 가지고 있는 것이다. 모든 인간에게 있어 나날의 삶은 스스로 품고 있는 그 무한한 능력을 계발하는 여정이다.
- 이 생에서의 고통은 우리 자신의 카르마거나, 사랑하는 사람의 고통스러운 카르마를 대신 지려는 각오의 결과다. 당신의 행위를 돌이켜보라. 그것이 어떤 결과로 되돌아오는지를. 오늘 그것을 깨닫지 못한다면 내일, 또는 모레에는 깨닫게 될 것이다. 이것이 인과응보의 우주적 법칙이다.
- 인생에 있어서 신의 의지란 생과 사, 그것뿐이다. 그 밖의 모든 것은 우리가 전생으로부터 무엇을 가지고 왔으며, 그것을 현생에서 어떻게 표현하거나 발전시키기로 마음먹느냐에 달렸다. 거듭되는 환생은 자신이 누구인지를 깨달아 자아의식을 성취함으로써 자신의 근원으로 되돌아가기 위한 것이다.

그것이 얼마나 걸릴지는 그 자신에게 달린 문제다.

이러한 어록들을 보면 다스칼로스를 단순한 채널러라고 부르는 것은 부족하다고 생각한다. 그는 '지중해의 성자'라고 불릴 충분한 자격이 있다.

다스칼로스는 뒤에 자신을 세상에 처음 소개하였던 마르키데스 교수와 결별하였다. 그는 마르키데스가 저술한 책에서 자신의 진정한 가르침을 알리지 못하고 자신이 행한 기적 등 센세이셔널한 내용 위주로 서술한 것을 못마땅해했다. 요즘 말로 '뜨는 것'을 싫어한 것이다. 어떻게든 자신의 이름을 알려보려고 안달하는 정치인들과 얼마나 다른 자세인가. 그는 자신을 마법사라고 부르는 것도 매우 싫어하였다. 마법은 마술을 행하는 사람이다. 마술은 실체가 없는 눈속임이다. 그가 전한 가르침은 채널링을 통해 입수한 영계의 소식이며, 영계는 거짓이 통하지 않는 세계인 것이다. 따라서 그가 마법사라는 말에 화를 낸 것도 무리가 아니라고 생각한다.

그는 직접 저술한 책과 글을 남기기도 하였으며, 1995년 83세를 일기로 사망하였다. 그러나 그의 사후에도 전 세계에 그의 가르침을 배우고자 하는 100여 개의 모임이 생겨났으며, 그에 관한 서적이 엄청나게 판매되었다.

(3) 람타의 가르침을 전파한 제이지 나이트

제이지 나이트(J. Z. Knight)는 3만 5천 년 전에 이 지구상에 살았던 높은 수준의 영적 존재(마스터)인 람타(Ramtha)와의 채널링을 통해 그의 가르침을 세계에 전파한 사람으로 유명하다.

제이지 나이트는 1946년 미국의 뉴멕시코주 로즈웰[76]에서 농부의 딸로 태어났다. 어릴 때부터 머릿속에서 누군가 다른 영적 존재가 말하는 소리를 듣곤 했다. 그녀가 결혼한 후인 1977년 어느 날 자신의 집 부엌에서 인간의 형상으로 나타난, 그 목소리의 주인공 람타를 드디어 만나게 된다. 람타는 2m가 넘는 큰 키에 온몸에 찬란한 빛이 나는 가운을 걸친 모습으로 나타났다. 그는 자신이 3만 5천 년 전 르무리아(Lemuria)에서 태어나 아틀라시아(Atlacia)[77]라는 곳에서 살았던 위대한 전사이자 정복자였다고 소개하였다. 그가 거느린 병사가 250만 명이었다고 한다. 그는 마지막 정복 전쟁 중에 심한 상처를 입은 후 인간의 존재와 삶의 의미에 대해 깊은 명상을 통해 통찰한 끝에 마침내 최고 경지의 깨달음에 이르게 되었다고 했다. 그는 승천 후 인간들에게 진정한 진리에 대해 알려주기 위해 다시 지구로 되돌아온 것이었다.

---

76) 로즈웰은 1947년에 외계인의 우주선이 추락한 곳으로 유명해진 지역이다.
77) 전설의 대륙인 아틀란티스 대륙을 뜻하는 것으로 보인다.

1979년부터 나이트와 람타는 채널링을 시작하였다. 그 채널 방식은 매우 독특하였다. 람타는 나이트의 몸속에 들어와 인간의 모습으로 다른 사람들에게 직접 자신의 철학을 가르쳤다. 람타의 영혼이 나이트의 몸에 빙의한 것이다. 람타는 나이트의 몸을 통해서 채널하는 동안 눈을 뜨고 걸어 다니며 춤을 추기도 하고, 먹거나 마시기도 하고, 웃고, 떠들고 대화하며 학생들을 가르쳤다. 그동안 나이트의 영혼은 자신의 육체에서 유체이탈하여 흰빛으로 된 터널에 들어가 있었다. 람타는 나이트가 자신이 지구에 살았을 때 입양한 딸이었다고 말하였다. 람타가 여성의 몸을 통해서 메시지를 채널링하는 이유는 신과 신성함이 남성들만의 특권이 아니며, 여성도 신성하고 뛰어난 능력을 지닌 신으로 나타날 수 있는 가치가 있다는 것을 보여주기 위함이라고 하였다.

1996년에 과학자, 심리학자, 사회학자, 종교 전문가 등 12명으로 구성된 연구팀이, 나이트를 통한 람타와의 채널링이 사기나 속임수가 아닌지를 조사하였다. 그들은 나이트가 람타와 채널링하기 전과 채널링하는 동안 및 그 이후에 그녀의 몸에 일어나는 육체적 변화에 대해 여러 가지 과학적 기기들을 사용하여 1년간이나 면밀히 연구, 조사하였다. 그 결과 제이지 나이트의 자율신경계 반응이 너무나 극단적으로 다르게 나타났기 때문에 그녀의 채널링은 결코 속임수나 조현병 또는 다중인격적 심리 장애가 아니라고 결론지었다. 람타가 나이트의 몸을 이용하여 가르침을 펴는 동안 그 가르침을 받았던 학생들은, 원래 나이트의 몸은 매우 여성스럽고 눈은 파란색이며 머리는 밝고 부드러운 금발인데, 람타가 채널링하는 동안은 그녀의 몸이 다소 남성스럽게 보이고 눈은 잿빛 색깔이 돌며 머리카락도 다소 어두운 색깔로 바뀌었다고 증언하였다. 평상시의 나이트와 람타와 채널링하고 있는 동안의 나이트의 DNA를 각각 채취하여 검사하였더니 서로 다른 사람의 DNA로 나왔다고 한다.

람타가 가르치는 방식과 내용은 매우 독창적이고 고차원적이었다. 람타는 청중들에게 배운 내용을 소리 내어 설명하도록 하는가 하면 다양한 훈련들로 이루어진 입문식을 통해 학생들에게 배운 지식을 직접 체험해보도록 하였다. 그의 가르침의 핵심은 한마디로 "당신은 신이다."라는 것이었다. 그는 존재하는 모든 것의 근원으로서 절대와 무한 그리고 불변의 속성을 가진 '보이드'가 스스로 자신의 속성을 최초로 자각한 것이 인간의 근원이자 기원이라고 하였다. 인간들은 자신의 내면에 존재하는 불멸성과 신성함을 망각한 채 외부에서 삶의 의미와 구원을 찾고 있다고 비판하면서, 깨달음의 길은 당신이 곧 신임을 깨닫는 것이라고 하였다.

람타학교에서는 람타의 가르침을 아래와 같은 4가지로 요약한다.

-당신이 곧 신이다.

-미지의 것을 깨달아라.

-의식과 에너지가 7가지 차원의 현실을 창조한다.

-당신 자신을 극복하라.

신과 인간이 궁극적으로 하나라는 람타의 가르침은 앞서 언급한 동학의 인내천 사상이나 아인슈타인 등 현대 과학자, 켄 윌버 등 초월심리학자들의 주장과 일맥상통하는 점이 있다고 생각된다.

제이지 나이트는 일약 유명인사가 되어 래리 킹(Larry King), MSNBC, 메리 그리핀 쇼(The Mery Griffin Show) 등 TV 쇼에 출연하였다. 그는 람타에 관한 많은 저술을 펴냈으며,[78] '람타 깨달음 학교'(Ramtha's School of Enlightenment)를 설립하여 운영하고 있다.

람타학교 전경

---

78)   우리나라에도 『람타 화이트북』, 『람타 현실창조를 위한 입문서』(아이커넥) 등이 출간되어 있다.

그러나 제이지 나이트는 일부 비판자들로부터 사기꾼이라는 비판을 받고 있는 것도 사실이다. 우선, 람타가 그 자신이 살았다고 하는 B.C. 30,000년경 전 세계 인구의 두 배가 넘는 병사들을 거느렸다고 주장하는 것부터가 허구라고 지적한다. 또 람타가 주장하는 생애에 대해 아틀란티스 대륙의 존재 등 그 주장을 입증할 만한 아무런 증거가 없다고도 한다. 그들은 나이트와 람타학교에 대해 동성애 혐오주의자, 반가톨릭·인종주의자의 집단이라고 비판하기도 한다. 나이트의 전 남편인 제프 나이트(Jeff Knight)는 제이지 나이트가 단지 돈을 벌기 위해 광대극을 벌이는 것이라고 주장하였다. 마이클 셔머(Michael Shermer)와 같은 비판자와 람타학교를 수료한 일부 학생들은 나이트의 람타학교는 사교집단일 뿐이라고 비판하기도 하였다. 나이트는 민·형사사건 재판에 회부되기도 하였는데, 나이트가 람타의 유일한 채널러인지를 심리한 오스트리아 비엔나 최고법원은 나이트가 유일한 채널러가 맞는다고 판결하였으며, 그 외에 저작권을 둘러싼 대부분의 소송에서 나이트가 승소하였다.

이처럼 제이지 나이트의 행적과 주장에 관해 의문점이 없는 것은 아니나, 그녀가 람타라는 영적 존재와 채널링을 통하여 람타의 사상을 전한 사실은 거짓이 아니라고 생각된다. 그리고 그녀가 저술한 서적 및 람타학교를 통하여 전파한 람타의 가르침은 우리가 진정 누구이며 우주의 근원은 무엇인지에 관해 깊이 성찰해 볼 수 있는 기회를 제공하고 있다. 람타의 가르침을 세상에 알린 제이지 나이트의 업적을 결코 과소평가할 수 없는 이유다. 현재도 전 세계의 수많은 사람이 람타의 가르침에 감명을 받고 그의 가르침에 따라 영적 진화를 위한 수행을 하고 있다.

(4) 신과 소통한 닐 도날드 월쉬

신과 직접 대화를 나누는 것으로 유명한 닐 도날드 월쉬(Neale Donald Walsch)는 현재 생존하고 있는 가장 저명한 채널러다. 그는 1943년 미국 위스콘신주 밀워키의 가톨릭 집안에 태어났다. 그의 인생은 역경 그 자체였다. 그는 고등학교를 졸업하고 위스콘신 대학교에 진학하였지만 2년 만에 중퇴하고 라디오방송 진행자, 신문사 기자, 공립학교 공보관 등을 전전하였다. PR 겸 마케팅 회사를 경영한 적도 있었다. 그러나 화재로 재산이 모두 소실되었고 네 차례나 이혼하였으며, 아홉 명이나 되는 자녀들의 양육비를 대느라고 쩔쩔맸다. 설상가상으로 교통사고로 목이 부러지는 큰 부상을 당하고 직장에서 해고되었다. 그는 노숙자가 되어 길거리에 텐트를 치고 살면서 쓰레기를 수집해 근근이 끼니를 이어갔다. 오늘날 미국 대도시의 뒷골목에서 흔히 볼 수 있는 노숙자의 모습이다.

절망 속에 몸부림치던 월쉬는 신을 원망하였다. 그러던 어느 날 자신의 인생을 엉망진창으로 만든 신에게 항의하는 편지를 쓰기 시작하였다. 왜 자신의 삶은 이렇게 고달프기만 한지, 왜 인간관계는 이렇게 뒤틀리기만 하는지, 왜 언제나 돈에 쪼들려야만 하는지 알려달라고 요구하였다. 한마디로 '흙수저'로 태어난 자신의 처지를 신에게 원망한 것이다. 그는 마지막으로 "대체 내가 무슨 짓을 했기에 이렇게 고통스러운 삶을 살아야 한단 말입니까?"라고 질문하였다. 그런데 놀라운 일이 일어났다. 손에 들고 있는 펜이 저절로 움직여 자신의 질문에 대한 대답을 쓰기 시작한 것이었다. 월쉬는 신의 말을 받아쓰고 있었던 것이다. 소위 말하는 자동기술(自動記述)이 이루어지고 있었다.

신이 말한 첫 마디는 "너는 이 모든 질문에 대답받기를 참으로 원하느냐, 아니면 그냥 푸념을 늘어놓고 있는 것이냐?"였다. 이렇게 시작한 대화는 1992년부터 3년 동안 계속되었다. 매일 새벽 4시 30분에는 어김없이 신과의 대화가 시작되었다.

이렇게 하여 월쉬의 첫 작품인 『신과 나눈 이야기』 제1권이 세상에 나왔다. 이 책은 처음에는 시골의 소규모 출판사에서 발간되었는데, 독자들의 입소문만으로 주위에 알려져 10만 부 이상이 판매되었다. 뒤에 미국의 유명 출판사인 푸드남에서 하드커버 본으로 발간되자마자 베스트셀러에 올랐으며, 135주 동안 뉴욕타임스 베스트셀러 목록에 오르는 기록을 세웠다. 그는 총 28권의 책을 시리즈로 저술하였는데 세계 38개 언어로 번역되어 출간되었다. 그의 책은 영화와 방송국의 다큐멘터리로 제작되어 전 세계에 방영되었다. 우리나라에서도 『신과 나눈 이야기』, 『신이 말해 준 것』, 『신과 집으로』, 『신과 나누는 우정』 등의 제목으로 출판되었다.

닐 도날드 월쉬

신이 월쉬를 통하여 인류에게 전한 가르침의 내용은 인간의 영혼, 영혼과 신과의 관계, 인간의 자유의지 등 심오한 주제뿐만 아니라 전쟁, 섹스, 윤회, 인간관계, 육체 관리 등 다양한 방면에 걸쳐 있다. 그 핵심은 인간은 신의 표현이며 인간이 해야 할 가장 중요한 일은 삶을 창조하는 것이라는 데 있다. 삶의 목적은 우리 자신을 우리가 가졌던 최고의 차원과 최대의 비전으로 새롭게 창조하는 것이라고 한다. 우리는 신처럼 창조할 수 있는 신성을 지니고 있으며, 그러한 위대한 능력이 우리에게도 있음을 믿고 신과 함께 세상을 창조하는 일에 동참하라는 것이다. 신에게 무엇을 이루어지게 해달라고 기도할 것이 아니라 우리에게 그것을 이룰 능력이 있으며 이미 이루어져 있음을 감사하라고 한다.

월쉬 자신은 이러한 신과의 질의응답이 채널링이 아니며 신이 자신의 옆에 서서 말하면 자신은 그 말을 들은 대로 기술하는 것이라고 주장한다. 그러나 구체적인 소통 방법이 어떠하든 인간 이외의 영적 존재와 교감하고 소통한다는 점에서 채널링에 해당한다고 생각된다. 월쉬와 소통한 신이 우주의 궁극적 실체인 절대자인지는 확실하지 않다. 그러나 절대자 신에 가까운 높은 차원의 영적 존재인 것은 분명해 보인다. 『영혼들의 여행』의 저자 마이클 뉴턴은 저승으로 간 수많은 영혼의 삶과 삶 사이(사망 후 환생하기 전까지의 기간)의 기억을 최면요법을 통해 분석한 결과, 저승에 있는 영적 존재들은 거의 신에 가까운 '앞서가는 영혼'에서부터 아직 영적 수준이 낮은 '어린 영혼'까지 여러 등급의 영혼이 혼재해 있다고 하였다. '앞서가는 영혼'들은 구태여 지상으로 환생할 필요가 없으나 일부러 자신의 의지로 환생하여 인류에게 가르침과 교훈을 주기도 한다. 예수와 석가모니, 공자, 노자 등 성현들이 그런 영혼이 아닌가 생각된다. 월쉬와 소통한 신이나 람타, 스베덴보리와 소통한 천사도 그런 영혼일 것이다.

월쉬는 현재 미국 오리건주 애슐랜드에서 아내와 함께 살고 있으며, '신과 나눈 이야기 재단'과 '새로운 영성학교'를 설립하여 운영하면서 세계의 많은 사람에게 참된 자아를 찾도록 돕는 활동을 하고 있다.

그러나 그의 『신과 나눈 이야기』 시리즈에 대해 회의적인 시각도 없지 않다. 진실로 신이 월쉬와 소통하여 전해 준 내용이 아니라 월쉬 자신이 영적 추구 과정에서 깨달은 바나 평소의 생각을 종합하여 기술한 것이 아닌가 하는 의문을 제기하는 사람들이 있다. 그러나 월쉬가 채널링의 한 방법인 자동기술에 의하여 영적 존재와 소통한 것은 의문의 여지가 없다고 생각된다. 다만 그가 전한 내용이 진정한 신의 가르침인지는 결국 이미 우리 인류에게 가르침을 주고 간 옛 성현들의 말씀을 기준으로 평가해 볼 수밖에 없다. 많은 영적 수행자들이 월쉬의 책을 높이 평가하고 있는 만큼 독자 여러분도 그의 책을 한번 읽어보고 판단해 보기 바란다.

(5) 귀신들의 도우미 윈코우스키

저승으로 가지 못한 채 이승에서 떠도는 귀신, 즉 어스바운드 (Earth-Bound, 지박령)들과만 소통하는 매리 앤 윈코우스키(Mary Ann Winkowski)는 독특한 채널러다. 그녀는 이탈리아계 미국인 3세로서 미국 오하이오주 클리블랜드에서 태어났는데, 어렸을 때부터 귀신들을 보고 그들과 대화하는 능력을 가지고 있었다. 이러한 신비한 영적 능력은 그녀의 외할머니로부터 물려받은 것이며 그녀의 딸 타라도 이 능력을 가지고 있다. 그녀의 이런 능력을 알아본 외할머니는 그녀가 어렸을 때부터 장례식장에 데리고 가서 그곳에

와 있는 귀신들과 소통하게 하였다. 가문의 전통을 단절시키지 않기 위해 어린 윈코우스키를 훈련시킨 것이다. 우리나라의 무당들도 한 가문에서 대를 이어 신내림을 받아 무당이 되는 경우가 적지 않다. 윈코우스키의 할머니는 손녀의 이런 능력을 알아보고는 어렸을 때부터 장례식에 데리고 다니며 귀신과 소통하는 훈련을 시킨 것이다.

윈코우스키는 많은 어스바운드를 만나면서 그들이 여러 가지 딱한 이유로 저승으로 돌아가지 못하고 있음을 알게 되었다. 그래서 그녀는 외할머니의 도움으로 귀신들이 저승으로 돌아갈 수 있도록 돕는 방법을 연구하였다. 연구 결과 귀신들의 앞에 저승으로 가는 문(門)을 형상화하여 그곳을 통해 저승으로 보낼 수 있음을 알게 되었다. 저승으로 가는 문은 밝은 흰빛을 띠고 있으며, 윈코우스키가 상상력으로 그 문을 시각화하면 실제로 문의 형상이 나타났다. 물론 일반인의 눈에는 보이지 않는 문이다. 원래 인간은 물론이고 동물을 포함한 모든 생명체는 삶을 마칠 때 고유한 흰빛을 나타낸다. 아마도 평소에 우리 육체를 보호하는 오라(Aura)가 흰빛으로 나타나는 것일 수 있다. 죽은 생명체의 영혼은 이 빛을 통해 저승으로 떠나가게 된다. 영혼이 이 빛을 통과하면 먼저 죽은 가족이나 친구, 영적 스승의 안내로 매우 평화롭고 아름다우며 자유로운 세상으로 인도되어 가는 것이다.

그런데 어떠한 이유로 이 빛 속으로 들어가기를 거부하거나, 빛 속으로 들어갈 기회를 잃은 영혼들이 어스바운드가 되어 이승을 떠돌게 된다. 윈코우스키의 말에 의하면 빛 속으로 들어가기를 거부하는 이유 중에는 이승에 남아 있는 특정 사람과 장소, 물건에 대한 집착이 가장 큰 이유라고 한다. 자기가 아끼던 보석이나 자동차에 대한 집착 때문에 떠나지 못하는 영혼들도 있다고 한다. 이러한 집착을 버리고 자유와 평화를 찾아 떠나가라고 설득하는 것이 그녀가 하는 일이다.

우리나라 장례문화를 보면 죽은 사람의 시신에 수의를 입히는데, 그 수의에는 주머니가 없다. 그것은 저세상으로 갈 때는 조그만 물건 하나도 가져갈 수 없기 때문이라고 한다. 재물에 대한 욕심이 얼마나 허망한 것인가를 상징적으로 보여주는 것이다. 그럼에도 보석이나 자동차 등 하찮은 물건에 집착하여 저승으로 떠나지 않으려 하는 영혼들이 실제로 있다니 쓴웃음이 나온다. 부처님께서는 집착이 우리 인간들이 겪는 고통의 근본 원인이라고 하셨는데 죽어서까지 집착을 버리지 못한다니 참으로 안타까운 일이 아닐 수 없다. 그러나 한편으로는 '죽은 뒤에도 재물에 대한 집착을 쉽게 끊지 못하는 것이 우리 인간의 숙명인가'라는 생각이 들어 씁쓸해진다. 인간의 원죄 때문인가!

한때 우리나라에서 가장 부자인 세 사람을 꼽으라 하면 삼성의 이병철 회장, 현대의 정주영 회장, 대우의 김우중 회장을 이야기했다. 물론 지금은 재계 판도가 많이 달라졌지만 1980년대까지는 위의 세 사람을 꼽는 데 아무런 이견이 없었다. 이들 세 사람이 가진 재산은 우리의 상상을 초월하는 것이어서 억만장자라는 표현으로도 부족하였다. 이들은 이른바 '금수저'를 물고 태어난 것은 아니었다. 자신의 당대에 각고의 노력과 창의력, 미래를 예견하는 능력 등에 의해 재산을 이룬 것이었다. 물론 재산 형성 과정에 정경유착이니 저임금 근로자들의 희생에 힘입은 것이라느니 하여 비난을 받은 것도 사실이다. 이처럼 국민의 애증을 한 몸에 받던 이들도 모두 유명을 달리하여 지금은 고인이 되었다. 이들이 이 세상을 떠나면서 자신의 재산에 대해 어떤 생각을 하였을까? 어렵게 모은 재산을 맘껏 써보지 못하고 떠나는 것이 억울하였을까? 얼마간이라도 저승으로 가져가고 싶다고 생각하였을까? 아마도 우리나라 재계를 이끌던 훌륭한 분들인 만큼 재물의 허황됨을 깊이 깨달으셨을 것이다. 동전 하나 넣을 수 없는 수의를 입은 채 자유로운 영혼이 되어 저승으로 훨훨 날아가셨을 것이다. 필자는 어쭙잖게 돈 욕심이 날 때는 이 세 분의 죽음을 생각하며 스스로 위로하곤 한다. 우리나라의 3대 재벌조차도 그 많던 재산을 다 버리고 가셨는데 돈 조금 더 생기면 뭐 하겠느냐고. 최소한 눈을 감을 때는 돈 욕심을 버려서 지박령이 되지는 말아야겠다고.

윈코우스키의 경험담은 미국 CBS에서 〈고스트 위스퍼러〉라는 드라마로 제작되어 2005년 9월부터 2010년 5월까지 인기리에 방영되었다. 윈코우스키는 이 드라마 제작에 자문역을 담당하였다. 우리나라에서도 FOX채널 등에서 방영되었다. 이 드라마에서는 멜린다 고든[79]이라는 영매가 골동품가게를 운영하면서 이승에 떠도는 귀신들의 한을 풀어주어 저승으로 보내는 일을 하며 그 과정에서 생기는 갖가지 에피소드를 재미있게 그려낸다.[80]

윈코우스키는 자서전 격인 책 『When Ghosts Speak』를 저술하였는데, 우리나라에서는 『어스바운드, 당신 주변을 맴도는 영혼』[81]이라는 제목으로 번역, 출판되어 있다.

드라마 〈고스트 위스퍼러〉의 포스터

---

79) 영화배우 제니퍼 러브 휴잇이 멜린다 고든의 역을 맡아 열연하였다.
80) 시즌 5까지 총 107개의 에피소드가 제작되었다.
81) 윈코우스키 저, 김성진 역, 도서출판 900, 2011

(6) 사기꾼 시비에 휩싸인 폭스 자매

영성주의(Spiritualism)[82] 운동의 시초를 제공한 폭스 자매는 19세기에 가장 유명한 채널러였다. 미국 뉴욕주 로체스터 근교 하이즈빌에 살던 제임스 D. 폭스에겐 리어, 마가렛, 케이트 세 딸이 있었다. 그들이 10대 때인 1948년 3월 어느 날, 자신들이 살던 농가 목조 가옥에서 누군가가 "똑, 똑, 똑" 하고 벽을 노크하는 소리를 처음 듣게 되었다. 처음에는 바람 소리거나 누군가가 장난치는 소리로 생각했다. 그러나 매일 밤 반복되는 소리에 한편으로 두렵기도 하고 한편으로 호기심이 발동하였다. 그래서 그들은 노크하는 상대방을 향해 실험을 시작하였다. "당신이 유령이면 두 번 노크를 하세요."라고 말하자 "똑, 똑" 두 번의 노크 소리가 들렸다. "당신이 남자라면 한 번, 여자라면 두 번 두드리세요."라고 하자 한 번의 두드리는 소리가 들렸다. "당신의 나이만큼 두드려보세요."라고 하자 "똑, 똑, 똑……" 하고 31차례의 두드리는 소리가 들렸다.

폭스 자매. 차례로 리어, 케이트, 마가렛.

---

82) 심령주의라고도 하며, 인간의 사후에 영혼이 존재하며 영매를 통하여 그 영혼과 소통할 수 있다고 주장하는 사상을 말한다.

이렇게 하여 폭스 자매는 노크하는 상대방의 정체를 알아냈다. 그는 그 목조 가옥에서 31세에 죽은 찰스 B. 로즈마(Charles B. Rosma)라는 행상인의 영혼이었다. 그는 행상을 하던 도중 그 목조 가옥에 하룻밤 묵게 되었는데 그가 가지고 있던 돈 500달러를 탐낸 집 주인 존 벨(John Bell)에 의하여 살해당했다는 것이다. 그의 영혼은 억울함을 풀지 못해 저승으로 떠나지 못하고 지박령(어스바운드)이 되어 그 집에 계속 머물러 있었던 것이다.

폭스 자매의 얘기를 전해 들은 동네 사람들이 수소문하여 존 벨의 가정부였던 여자를 찾아내 물어보았더니 그 가정부는 행상인 한 명이 그 집에 묵은 적이 있으며 다음 날 언제 떠났는지 보지 못했다고 확인해 주었다. 집 주변의 땅속에서 사람의 머리카락과 뼛조각을 발견하기도 하였다. 그러나 존 벨을 만나 추궁하자 그는 범행을 극구 부인하였으며, 수사기관에서는 증거불충분으로 그를 기소하지 못했다. 요즘같이 유전자 감식 기술이 있었다면 그 뼛조각이 진짜로 로즈마의 것인지 확인할 수 있었을 것이다.

이러한 일로 폭스 자매가 귀신과 소통한다는 이야기가 주위에 퍼지게 되어 그들은 단박에 유명인사가 되었다. 많은 사람이 몰려와 그들이 노크 소리로 귀신과 소통하는 장면을 구경하였다. 폭스 자매가 머무는 곳에는 어김없이 귀신들이 나타났다. 폭스 가족이

로체스터 시내로 이사하자 이사한 집에도 귀신이 나타나 폭스 자매와 소통하였다. 어떤 귀신은 폭스 자매에게 "너희들은 영적 세계의 진실을 세상에 알려야 한다. 이제 새로운 시대가 개막될 것이다."라고 전해왔다. 의심을 품은 사람들이 보는 앞에서 폭스 자매들의 몸을 침대 위에 묶어 두고 귀신에게 질문하였으나 여전히 귀신이 대답하는 것으로 보이는, 벽을 두드리는 소리가 들렸다. 더 이상 사람들은 폭스 자매를 의심할 수 없게 되었다. 막내인 케이트는 최초로 귀신을 물질화하여 나타내 보이는 능력도 보여주었다. 그는 뉴욕의 은행가인 찰스 리버모어가 자신의 죽은 처 에스텔을 몹시 만나보고 싶어 하자 에스텔의 영혼을 불러내어 생전의 형상을 나타내며 실내를 걷고 프랑스어로 필답도 하게 하였다. 케이트는 사전에 에스텔과 전혀 모르는 사이였는데도 말이다. 이처럼 폭스 세 자매는 뛰어난 영매로서의 능력을 보여주었다.

사람들은 폭스 자매가 귀신들과 소통한 것이야말로 영혼과 영적 세계의 존재를 증명한 것이라고 하면서 1849년 11월 14일 로체스터에서 최초로 영성주의자 집회를 개최하고 폭스 자매가 처음으로 귀신과 소통한 1848년 3월 31일을 기념일로 삼았다. 이때부터 미국과 유럽에서 영성주의에 대한 연구가 활발해지기 시작하였다.

그 뒤 3명의 폭스 자매는 서로 사이가 나빠져 다른 삶을 살게 되었다. 맏언니 리어는 계속하여 영매로서 활동하였으나 동생들은 언니와 결별하였다. 마가렛은 알코올 중독자가 되었고 막내 케이트는 투신자살을 시도할 만큼 비참한 삶을 살았다. 마가렛과 케이트는 지금까지 자신들이 보여주었던 귀신과의 소통은 거짓으로 꾸며낸 것이라고 폭로하면서 리어를 비난하였다. 그들은 그 뒤 자신들의 폭로를 다시 뒤집기도 하는 등 횡설수설하였다. 그 때문에 사람들은 진실이 무엇인지 알 수 없는 혼란에 빠지게 되었다.

마가렛과 케이트가 세상을 떠난 지 10여 년 후인 1905년 폭스 자매가 살던 하이즈빌 농가 부근의 공터에서 공을 차던 아이들이 우연

폭스 자매의 단란했던 한때

히 땅속에 묻힌 해골과 철제 가방을 발견하였으며, 그 가방 속에서 '찰스 B. 로즈마'라고 적힌 명함을 발견하였다는 얘기가 있다. 폭스 자매가 실제로 귀신과 소통하였는지는 여전히 논란 중이지만 그들로 인해 영성주의가 널리 세상 사람들의 관심을 끌게 되었고, 심령과학이 발전하게 된 계기가 된 것만은 분명하다.

여기서 폭스 자매가 귀신과 소통하는 수단이 된 무언가 두드리는 소리, 즉 고음(叩音)에 대해 좀 더 부연설명을 하겠다. 고음은 물리학적으로 설명할 수 없는 두드리는 소리로서 흔히 귀신들과의 통신 수단으로 쓰여 왔다. 16세기 '의학계의 루터'라고 불렸던 독일의 명의 파라켈수스(Paracelsus)도 고음으로 귀신들과 교신하였다.

또한 1661년 잉글랜드 남부 윌트셔주 러저쉘의 몸페슨 저택에서도 귀신들이 드럼 치는 소리를 내는 소동이 있었다. 몸페슨 저택 사건의 전말은 다음과 같다. 1661년 3월 29일 러저쉘 마을에 한 제대군인 방랑자가 나타나 시끄럽게 드럼을 치고 다녔다. 마을 사람들이 돈을 주어 다른 곳으로 가라고 달래보았으나 말을 듣지 않았다. 그래서 그곳의 치안판사였던 존 몸페슨이 그를 풍기문란죄로 투옥했다. 그 방랑자는 자신이 크롬웰 공화군에 복무하다 제대한 군인으로 이름이 윌리엄 드루리이며, 자신은 사람들에게 나라를 위해 목숨을 바친 전우들을 기억하게 하고 그들의 영혼을 위로하기 위해 마을을 돌아다니며 드럼을 치는 것이라고 주장하였다. 그러나 몸페슨은 드루리의 말을 들으려 하지 않고 드럼을 압수하고 그를 투옥하였다가 며칠 뒤에는 식민지로 추방해 버렸다. 그런데 이상한 일은 이때부터 발생하였다. 아무도 없는 몸페슨의 저택에서 밤마다 여럿이 함께 드럼을 치는 소리가 들리기 시작하였던 것이다. 그 소리는 집 안과 밖을 자유자재로 넘나들며 들렸다. 이러한 소문을 들은 영국 왕 찰스 2세가 왕실 물리학자 조셉 글렌빌을 파견하여 며칠간 그 집에 묵으며 조사하게 하였으나 원인을 찾지 못하였다. 사람들은 전쟁에서 죽은 군인들의 영혼이 억울함을 호소하기 위해 드럼 치는 소리를 내는 것이라고 짐작하였으며, 이에 찰스 2세가 신하들을 보내 그 영혼들을 위로하고 식민지로 추방되었던 드루리도 풀어주자 약 2년간이나 계속되던 드럼 소리가 더 이상 들리지 않게 되었다.

또 하나의 유명한 고음 사건은 1716년 영국 링컨셔주 에프워스 목사관에서 일어났던 사건이다. 기독교 메서디스트교(감리교) 창시자 존 웨슬리의 할아버지인 새뮤얼 웨슬리의 목사관에서는, 밤마다 정체를 알 수 없는 누군가가 신음을 내거나 문을 두드리고 쿵쿵거리며 걸어 다니는 소리에 시달리게 되었다. 전형적인 폴터가이스트 현상이었다. 가족들은 그 영혼이 이 목사관을 창건하였던 제프리라는 조상의 영혼인 것으로 짐작하였다. 제프리는 자신이 지은 목사관에 집착하여 죽은 뒤에도 그곳을 떠나지 못하고 지박령이 되어 머물러 있었던 것으로 생각된다.

귀신이 일으키는 고음에는 여러 가지가 있는데, 손가락을 튕기는 소리, 마룻바닥을 삐걱거리게 하거나 두드리는 소리, 주먹으로 책상이나 벽을 치는 듯한 소리, 망치로 벽이나 바닥을 치는 소리

등이 그것이다. 이처럼 귀신들은 우리 인간에게 무슨 방법을 써서라도 자신의 의사를 전달하고 싶어 한다. 고음도 그 방법 중 하나다. 영매들이야 원래 초능력을 가지고 있으므로 귀신의 입장에서 영매들과 소통하는 것은 별 어려움이 없을 것이다. 그러나 그런 능력을 가지지 못한 일반인들과 소통하려면 귀신은 고음을 비롯한 각종 폴터가이스트 현상을 일으켜 사람들의 주의를 끄는 방법밖에 없을 것이다. 사람들은 그런 귀신들의 행동에 두려움을 느끼고 불안해하지만 무언가 자신의 의사를 전달하려고 안간힘을 쓰는 귀신의 입장도 이해해주어야 하는 것이 아닌가 하는 생각이 든다.

(7) 위대한 작곡가들의 영혼과 소통한 로즈메리 브라운

주로 유명한 음악가들의 영혼과만 소통한 로즈메리 브라운(Rosemary Brown)은 독특한 채널러다. 그녀는 1916년 영국에서 태어났다. 그녀가 7살이었을 때 한밤중에 검은 가운을 걸친 백발의 노인이 눈앞에 나타났다. 그 노인은 "나는 작곡가인데 너를 위대한 작곡가로 만들어 줄 수 있다."라고 말하였다. 로즈메리의

로즈메리 브라운

부모는 아이로부터 이 말을 듣고 자식을 음악가로 키우기 위해 여러 악기들을 배우도록 하였다. 그러나 로즈메리는 별로 흥미를 느끼지 않았고 음악적 재능도 없는 것 같아 곧 그만두게 되었다. 당시 로즈메리는 자신에게 나타난 노인이 누군지 몰랐으나 약 10년 뒤 우연히 헝가리의 작곡가 프란츠 리스트(Franz Liszt)의 사진을 보고서는 그가 리스트의 영혼이었음을 알게 되었다.

그 이후 로즈메리는 그 일을 까맣게 잊고 결혼하여 두 아이의 어머니로 평범한 삶을 살았는데, 그녀가 48세가 되었을 때 리스트의 영혼이 또다시 그녀 앞에 나타났다. 리스트의 영혼은 "아직도 작곡가가 되고 싶은가?"라고 물었으며 로즈메리가 그렇다고 대답하자 자신이 도와주겠다고 하였다. 로즈메리의 피아노 솜씨는 교회에서 찬송가를 겨우 연주할 정도에 불과했고 악보를 제대로 읽을 실력도 없었다. 그러나 그녀는 리스트의 영혼이 불러주는 대로 악보에 받아 적어 작곡하는 데 성공하였다.

리스트의 영혼은 그녀에게 브람스, 바흐, 슈베르트, 그리그, 드뷔시, 쇼팽, 슈만, 베토벤의 영혼도 소개해 주었다. 그녀는 이러한 위대한 작곡가들과 소통하면서 그들이 불러주는 대로 악보를 작성하여 많은 곡을 작곡하였는데, 그중에는 슈베르트의 소나타와 12곡의 가곡, 쇼팽의 3악장으로 된 즉흥환상곡, 베토벤의 제10번과

제12번 교향곡 등이 있다.

로즈메리는 각 작곡가가 그녀를 지도한 방식에 관하여 소개하였는데 그 내용이 매우 흥미롭다. 리스트는 그녀의 손을 잡고 한 번에 몇 음표씩 불러주어 받아 적게 하였고, 슈베르트는 스스로 노래를 불러주며 이를 악보에 옮기도록 하였으며, 쇼팽은 음표를 불러주며 그녀의 손을 피아노로 끌고 가 치도록 하였고, 베토벤과 바흐는 악보를 하나하나 불러주며 받아 적게 하였다고 한다.

그 작곡가들은 여러 나라 출신이었으나 로즈메리와 소통할 때는 주로 영어를 사용하였다고 한다. 그러나 그들이 흥분할 때면 각자의 모국어로 소리를 지르고 욕을 하기도 하였다고 한다. 슈베르트는 아주 차분하고 친절하게 가르쳐 주는 편이었으나 베토벤은 툭하면 화를 내고 욕하는 일이 많았다고 한다. 특이한 것은 베토벤이 죽기 전에 청력을 상실하였는데 그의 영혼은 청력이 매우 좋았다고 한다.

로즈메리는 이렇게 하여 작성한 악보를 자신의 이름이 아닌 각 작곡가의 실명으로 공개하고 레코드판으로 발매하였다. 이에 세계 음악계는 큰 충격을 받았다. 여러 음악가와 비평가들이 앞다투어 그녀가 발표한 음악을 분석하여 견해를 발표하였다. 대체적인 평가는 그녀가 작곡한 곡은 각 작곡가가 생전에 직접 작곡하였던 곡과 형식 면에서 유사성이 있어 작곡가들의 영혼이 불러준 대로 작곡했다는 그녀의 주장이 거짓이 아닌 것 같다는 것이었다. 또한 그녀는 스스로 작곡할 만한 음악 실력을 가지지 못하였기 때문에 모작(模作)을 한 것으로 보기도 어렵다는 것이 일반적 평가였다. 그러나 그녀의 작품에 대해 모작 시비는 끊이지 않았다.

결국 영국의 BBC방송은 1969년에 그 시비를 가리기 위해 공개적으로 실험을 하였다. 그녀로 하여금 방송국 피아노 앞에 앉아 트랜스 상태에서 리스트의 영혼과 소통하면서 작곡을 하도록 하였다. 그런 뒤 트랜스 상태에서 깨어나게 하여 그 곡을 피아노로 연주하게 하였다. 그러나 그 곡은 너무나 어려운 내용으로 되어 있어 그녀의 실력으로는 도저히 연주할 수가 없었다. 그래서 미리 대기하고 있던 전문 피아니스트가 그 곡을 연주했다. 그 곡을 분석한 음악 전문가들은 리스트의 작품과 매우 유사하며 리스트가 살아 있었다면 작곡했을 만한 곡이라고 평가하였다.

그 이후에도 그녀의 곡에 대한 논란은 계속되고 있다. 일부 비평가들은 그 곡들이 비교적 단편적이고 난도가 높지 않은 단순한 곡들이라는 점, 죽은 작곡가들의 영혼이 작곡한 것이라면 왜 그들이 생전에 미완성으로 남겨 놓은 작품에 대해서는 로즈메리를 통해 완성시키지 않았느냐는 점 등을 지적하였다. 그들은 그녀가 단지 각 작곡가의 작품을 따르거나 유명 곡들을 살짝 바꾸어서 영혼이 불러준 곡이라고 허풍을 쳤을 것이라고 비판한다.

로즈메리는 2001년 사망하였는데, 사망하기 얼마 전부터는 음악가 이외에도 아인슈타인, 카를 융, 버트런드 러셀, 고흐 등의 영혼과도 소통하였다고 한다. 로즈메리가 소통한 음악가들의 영혼은 이 세상에 살아 있는 동안 위대한 작품을 작곡하였던 높은 영적 수준의 영혼들이다. 이 영혼들은 우연한 기회에 로즈메리의 영혼이 발산하는 진동수와 동조를 일으켜 서로 소통한 것이 아닐까? 그리하여 그녀를 영매로 삼아 자신들의 뛰어난 음악적 재능을 다시 발휘한 것이 아닐까?

3. 귀신이 글을 쓴다
-자동서기(自動書記)

자동서기(Automatic writing)란 심리학 용어로서 사람이 펜을 잡고 있으면 자신의 의지와는 무관하게 저절로 손이 움직여 의미가 있는 글을 쓰고 그림을 그리는 현상을 말한다. 자동기술(自動記述)

이라고도 한다. 자동서기는 사람의 근육이 자동적으로 움직이는 자동작용 가운데서 대표적인 것인데, 자동작용에는 자동서기 이외에 오링테스트, 펜듈럼, 다우징, 위자보드 점술, 타로카드점, 콧쿠리상(분신사바) 등이 있다.

자동서기에는 2가지 종류가 있는데, 하나는 기술자(영매)가 의식이 없는 트랜스 상태에서 기술하는 것이고, 다른 하나는 기술자(영매)가 의식을 가진 상태에서 하는 것이다. 전자는 자신이 무엇을 하는지 인식하지 못하는 망아(忘我) 상태에서 이루어지는 것이고, 후자는 자기의 의식을 또렷이 유지하면서 손만 저절로 움직여져 이루어진다. 후자의 경우 기술자는 손으로 어떤 주제에 관하여 글을 쓰면서 눈으로는 책을 읽는 등 다른 일을 할 수가 있다.

심령과학에서는 자동서기를 귀신 등의 영적 존재가 인간의 육체를 이용하여 자신의 의사와 감정을 전달하는 것이거나, 특별한 의식 구조를 가진 사람이 우주의 아카식 레코드와 접속하여 그 내용을 옮겨 쓰는 것이라고 설명한다. 아카식 레코드(Akashic records)란 신지학 및 인지학에서 말하는 과거·현재·미래의 모든 사건, 상념과 감정 등이 분명하고 자세하게 기록돼 있는 세계의 기억을 뜻한다. 이 개념은 과거의 모든 사건과 모든 존재의 정신적·육체적 활동의 흔적이 우주 어딘가에 영원히 새겨져 있다는 발상에 기초하는 것이다. 신지론자들은 아카식 레코드가 에테르 평면(Etheric plane)이라는 비물리적인 우주의 평면에 기록되어 있다고 믿는다. 이 기록이 우연한 기회에 인간의 정신과 공명을 일으키며 접속되어 자동기술된다는 것이다. 이 이론을 주장하는 대표적인 인물로는 미국의 예언가 에드거 케이시(Edgar Cayce)가 있다.

인간의 몸을 빌려 자동서기를 하는 귀신 등 영적 존재 중에는 지박령과 같은 저급한 수준의 귀신도 있고 신 또는 신에 가까운 마스터 급의 고급 영들도 있다. 저급한 귀신들이 기술하는 내용은 대부분 다잉 메시지(dying message) 등 의미가 없는 단어나 짧은 문장, 욕설 등으로 되어 있다. 요즘 유행하는 악성 댓글과 유사한 쓰레기들이다. 하지만 고급 영들이 기술하는 내용은 의미심장한 시나 철학적인 장문의 글, 예언서, 소설 등의 예술작품이 주류를 이룬다.

자동서기에 대해 많은 사람이 처음에는 사기가 아닌가 하고 의심하였다. 그러나 기술자(영매)가 자신의 평소 능력으로는 전혀 불가능한 내용의 글을 쓴 사실 등이 여러 증거에 의하여 확인되면서 더는 그런 의심을 할 수 없게 되었다. 예를 들면 프랑스어를 전혀 배운 적이 없는 6세의 일본인 소년이 16세기의 고급 프랑스어로 된 문장을 유창하게 기술한다든지, 음악에 대해서는 아무런 조예가 없는 평범한 여성이 고난도의 클래식 교향곡을 악보에 기입한다든지 하는 것이다. 또한 인간으로서는 불가능하게 빠른 속도로 글을 갈겨쓰기도 한다. 복사 현상이라고 하여 전혀 만난 적이 없는 망자가 생전에 쓰던 문체나 서체를 그대로 재현하는 경우도 있다. 영매윌리엄 스탠턴 모지스는 자신의 자동서기가 눈속임이 아님을 증명하기 위해 사람들이 보는 앞에서 눈을 감은 채로 손에 펜을 쥐고서서 그 펜이 저절로 움직여 전혀 수정할 필요가 없을 정도의 훌륭한 문장이 기술되는 것을 보여주기도 하였다.

또한 도덴 헤스터라는 영매는 교령회에서 목사들이 지켜보는 앞에서 어떤 귀신이 전달한 통신문을 자동기술 방식으로 종이에 썼는데, 그 내용은 "휴렌을 위하여 기도하여 주시오."라는 것이었다. 그래서 참석자가 "당신은 누구요?"라고 물었더니 그 귀신은 "나는 휴렌이라는 사람인데 루시타니아호에 타고 있다가 방금 배가 가라앉아서 익사했습니다."라고 대답했다. 사람들이 어리둥절해 있는 동안에 신문팔이 소년이 호외를 전달하였는데, 그 호외에는 루시타니아호의 침몰 참사에 대한 기사가 실려 있었다. 루시타니아호 침몰 사건은 미국이 제1차 세계대전에 참가하게 된 계기가 된 사건인데, 1915년 5월 7일 1,959명의 승객과 승무원을 태우고 뉴욕을 떠나 리버풀로 항해 중이던 루시타니아호를 독일의 잠수함 U보트가 어뢰로 공격하여 침몰시킨 사건이다. 그 공격으로 1,198명의 승객과 승무원이 사망하였는데 그 가운데는 많은 미국인이 포함되어 있었으며, 이에 분노한 미국은 2년 뒤인 1917년에 세계대전에 참가

360도로 바라본 루시타니아호의 모습

하게 된다. 도텐 헤스터를 통해 자동기술 방식으로 자신의 사망 소식을 전한 휴렌은 바로 루시타니아호에 탑승하였다가 사망한 피해자 중 한 명이었던 것이다. 루시타니아호 침몰 사고의 소식을 전한 자가 휴렌의 영혼이 아니라면 어떻게 신문 호외가 발간되기도 전에 영매 헤스터가 그 소식을 알 수 있었겠는가?

영국 심령연구협회(SPR)의 창시자 중 한 사람이자 텔레파시라는 단어를 처음 사용한 것으로 유명한 심령과학자 프레데릭 마이어스는 자신이 잘 아는 한 영매에게는 최소 12명의 영적 존재가 들러붙어 자동서기를 시킨다고 하였다. 각 영적 존재들은 서로 분명하게 구별되는 특징적인 문자와 서명을 사용하였으며, 그러한 특징은 세월이 흘러도 변하지 않았다고 한다. 그 영매는 트랜스 상태에 몰입되지 않은 보통의 의식 상태에서도 외부 영적 존재에 의한 자동서기로 글을 쓰거나 그림을 그릴 수 있었다고 한다. 그림을 그릴 때는 영매 자신은 무슨 그림이 그려질지 전혀 몰랐으며, 그림이 반 이상 그려졌을 때에야 비로소 '이 그림은 인물화가 되겠다'거나 '이 그림은 풍경화가 되겠다'라고 짐작할 수 있었다고 한다.

영매가 자동서기로 쓴 글은 확대경으로 보아야 할 정도로 작은 글씨로 된 것도 있고, 문장의 각 행이 역방향으로 쓰여 거울에 비추어 보아야 제대로 읽을 수 있는 형식으로 된 것도 있다.[83] 인간이 의도적으로 이렇게 역방향으로 장문의 글을 쓴다는 것은 거의 불가능한 일이다. 자동서기로 글쓰기를 하고 나면 영매는 엄청난 에너지가 소모되어 녹초가 되는 것이 보통이다.

자동서기에 관하여는 전 세계적으로 수많은 사례가 보고되어 있다. 여기서는 그 대표적인 것들을 몇 개만 소개하겠다.

1917년 미국에서는 페이션스 워스(Patience Worth)라는 무명작가가 쓴 『유감스러운 이야기(The Sorry Tale)』라는 소설이 베스트셀러가 되어 큰 화젯거리가 되었다. 그 책은 로마와 팔레스타인에서 활동하는 예수에 관한 이야기로서 셰익스피어가 쓴 책에 비교될 정도로 수준 높은 문학작품이라는 평가를 받았다. 그때까지 그 작가는 미국 출판계나 독자들에게 전혀 알려지지 않았던 인물이었다. 그 작가는 그 이후에도 『호프 트루 블러드(Hope Trueblood)』라는 소설을 발표하였고 시와 희곡 등 다양한 작품을 계속 발표하여

---

83)　이를 경면서기(鏡面書記)라고 부른다.

인기를 누렸다. 그런데 어느 날 그가 대중 앞에 나타나 자신의 본명은 페이션스 워스가 아닌 펄 커렌이며 자신이 이 작품들을 쓴 것이 아니라고 주장하여 사람들을 깜짝 놀라게 하였다. 그는 자신이 문학작품을 쓰게 된 경위를 다음과 같이 설명하였다. 그는 초등학교밖에 나오지 못한 평범한 가정주부였는데 1912년 10월 어느 날 자신의 집에서 친구와 이야기를 나누다가 심심풀이로 '위자보드 게임'을 하게 되었다고 한다. '위자보드 게임'은 영혼이나 유령을 불러낼 수 있는 주술적 의식 행위의 일종이다. 그들은 '위자보드 게임'을 하던 중 우연히 17세기 미국으로 건너와 인디언에게 살해당하였다는 페이션스 워스의 영혼을 불러내게 되었다. 이러한 위자보드 사건이 있고 난 후부터 펄 커렌에게는 밤낮을 가리지 않고 이상한 목소리가 내면으로부터 들려왔다. 그 목소리는 "내가 당신을 부를 때 당신이 대답하고, 당신이 나를 부를 때 내가 대답하고, 이렇게 우리는 함께 하는 거야!"라고 말하였다. 그 이후 펄 카렌은 무의식중에 페이션스 워스의 영혼이 말하는 대로 받아쓰기를 하였는데, 어떤 날은 잠자리에서 일어나 보면 자신도 모르는 사이에 밤새 쓴 많은 글이 책상 위에 수북이 놓여 있기도 하였다. 이렇게 받아쓰기를 한 글들이 모여 책을 출판하게 되었다는 것이다. 뒤에 확인해 보니 실제로 인디언에게 살해당한 사람의 명단 중에 1649년 영국에서 태어나 미국으로 이주하였던 페이션스 워스라는 이름이 있었다. 페이션스 워스는 실존인물이었던 것이다. 당시 그녀가 쓴 「텔카(Telka)」라는 시는 문학평론가들에 의해 완벽한 17세기 언어로 구사된 작품이라는 평가를 받았다.

　저명한 심령연구가 월터 프린스는 그녀의 집을 방문하여 그녀의 저술 활동에 대해 면밀히 조사한 뒤 그녀의 의지와 상관없이 다른 영혼에 접목되어 기술하는 '자동서기' 현상이 맞는다고 인정하였다. 펄 커렌이 쓴 글의 내용은 그녀의 지적 능력으로는 기술할 수 없는 고차원적 내용이고, 사용된 어휘 중에는 그녀가 모르는 것이 많으며, 필체도 그녀의 것과는 전혀 다르다는 사실이 확인되었기 때문이다. 펄 커렌은 그 이후에도 글쓰기를 계속하여 25년 동안 무려 5천여 편의 문학작품을 발표하였다. 자동서기가 아니라면 이렇게 많은 작품을 쓴다는 것은 도저히 불가능하였을 것이다. 펄 커렌은 1937년에 이르러 자신이 곧 죽게 될 것이라는 말을 페이션스 워스로부터 들었다고 주위 사람들에게 말하였는데, 실제로 그로부터 2주 뒤인

MBC 〈신비한TV 서프라이즈〉에 소개된 펄 커렌의 자동서기 현상

그해 12월 4일 급성폐렴으로 갑자기 사망하였다.

여러 가지 정황으로 보아 펄 커렌의 작품들은 그의 몸에 빙의한 페이션스 워스의 영혼이 자동서기에 의해 쓴 것이 확실하다고 생각된다. 그러나 스티븐 브로드와 같은 일부 문학평론가들은 자동서기에 의한 작품임을 인정하지 않으며, "펄 커렌이 원래 문학적 재능이 있었으나 이를 발견하지 못하고 있다가 뒤늦게 문학적 능력을 발휘하게 된 것이다."라고 주장하였다. 일부 학자들은 이러한 자동서기 현상들은 자신이 유명해지려고 일부러 지어낸 허구일 뿐이라고 비판하기도 한다. 커렌의 문학작품이 자동서기에 의한 것인지에 관한 찬반 논쟁은 200년이 지난 현재까지도 진행되고 있는 실정이다. 2016년 11월 13일 MBC는 〈신비한TV 서프라이즈〉 프로에서 펄 커렌의 자동서기에 관해 '미스터리한 작가'라는 제목으로 방송한 바 있다.

자동서기로 유명한 또 다른 사례는 영국의 소설가 찰스 디킨스의 소설 『에드윈 드루드의 비밀(The Mystery of Edwin Drood)』에 관한 것이다. 찰스 디킨스는 1870년 추리소설인 이 작품을 집필하다가 미완성인 채로 사망하였다. 그런데 그가 죽은 지 2년 뒤인 1872년의 크리스마스 날 밤부터 다음 해 7월 8일까지 사이에 미국 버몬트주에 사는 15세의 기계공 토머스 제임스가 이 소설의 속편을 써서 완성했다. 토머스 제임스는 원래 문학적 소양이 전혀 없는 평범한 소년으로 버몬트 공원의 인부로 일하고 있었다.[84] 그는 트랜스 상태에서 디킨스의 영을 만났는데 갑자기 글을 쓰고 싶다는 욕망과 함께 머릿속에 문장이 떠올라 자기도 모르게 손이 움직여 글을 썼다고 한다. 그런데 문학평론가들이 조사해보니 토머스가 쓴 첫 구절은 디킨스가 남긴 미완성 소설의 마지막과 정확히 일치했으며, 필체도 디킨스의 필체와 유사하였다고 한다. 그 작품은 1874년에 출판되었으며 디킨스의 딸에게도 전해졌는데, 그녀는 아버지가 죽는 날까지 미완성 부분을 몹시 쓰고 싶어 했다고 진술하였다. 찰스 디킨스의 영혼은 자신의 소설을 완성하지 못한 것을 매우 안타까워한 나머지 토머스 제임스의 몸을 빌려 자동서기로 미완성 부분을 마무리한 것이 아닌가 생각된다. 디킨스의 영혼은 소설을 완성해야겠다는 집착 때문에 저승으로 가지 못하고 지박령으로 지내고 있었는지, 아니면 저승으로 떠났다가 토머스의 영혼과 공조를 일으켜 다시 지상으로 내려온 것인지 궁금한 대목이다.

앞서 채널링을 설명하면서 소개한 바 있는 닐 도날드 윌쉬의 책들과 로즈메리 브라운이 작곡한 악보들도 자동서기에 의하여 이루어진 것들이다.

브라질의 심령작가인 지비아 가스파레토(Zíbia Gasparetto)도 자

---

84) 글을 전혀 쓸 줄 모르는 문맹이었다는 주장도 있다.

동기술에 의하여 글을 쓴 작가로 유명하다. 그녀는 1926년 브라질의 캄피나스에서 태어나 남편 알도 루이스 가스파레토와 결혼하여 슬하에 4자녀를 두고 평범한 가정주부로 생활하였다. 그런데 이상한 일이 일어났다. 그녀는 1950년 어느 날 밤, 잠에서 깨어나 독일어를 중얼거리며 집 안을 돌아다니고 있는 자신을 발견한 것이다. 그녀는 독일어를 전혀 모르는 사람이었는데 말이다. 놀란 그녀의 남편은 다음 날 심령주의(Spiritualism)에 관한 책을 사와서 그녀와 함께 심령주의에 대해 공부하기 시작하였다. 남편과 함께 심령학 공부를 계속하던 중 그녀는 어느 날 팔에 심한 통증을 느끼게 되었으며, 팔이 이리저리 제멋대로 움직이기 시작하였다. 남편이 펜과 종이를 가져다주자 그녀의 손이 펜을 잡고 빠른 속도로 글을 쓰기 시작하였다. 그리하여 그녀의 첫 번째 소설인 『사랑의 승리(Love Won)』라는 작품의 초고가 작성되었다. 그런데 전혀 알지 못하는 루시우스(Lucius)라는 이름으로 서명되는 것이 아닌가! 실제 작가는 루시우스의 영혼이었으며 그 영혼이 가스파레토의 팔을 이용해 소설을 쓴 것이었다. 그녀는 그 이후에도 2018년 92세의 나이로 숨질 때까지 30여 권의 책을 저술하였는데, 그중 상당수 책의 실제 작가는 루시우스와 또 다른 4명의 망자들의 영혼이었다고 한다.

코랄 폴게(Coral Polge)라는 영국인 심령화가(Spirit Artist)는 한 번

도 만난 적 없는 죽은 사람의 초상화를 살았을 때의 모습 그대로 그리는 것으로 유명하였다. 그림을 그릴 때 죽은 사람의 영혼이 나타나 폴게의 손을 이용해 그림을 그린 것이다. 폴게가 붓을 잡고 있으면 저절로 손이 움직여 그림이 그려졌다고 한다. 폴게는 어느 날 2대 유엔사무총장을 지내고 1961년에 비행기 사고로 사망한 다그 함마르셸드의 전기를 쓰던 작가의 요청으로 함마르셸드의 어렸을 때 초상화를 그리게 되었다. 그런데 완성된 그림은 이상하게도 여자아이의 모습이었다. 모두 기이하다고 생각하였는데 놀랄 일은 그 뒤에 알려졌다. 전기작가가 함마르셸드에 대한 조사를 계속하던 중 그가 두 살 때 어머니와 함께 찍은 사진을 우연히 발견하였는데, 놀랍게도 그 사진에 찍힌 함마르셸드는 원피스를 입고 어머니의 무릎에 앉아 있어 누가 보아도 여자아이처럼 보이는 모습이었다고 한다. 함마르셸드의 영혼이 폴게를 이용해 자동서기로 자신의 어렸을 때 모습을 정확히 그려낸 것이었다.

함마르셸드의 생가

4. 접신

신·귀신 등의 영적 존재를 자신의 몸으로 불러들이는 것을 접신 (接神)이라고 한다. 무속에서 말하는 신내림, 신지핌, 신들림은 접신에 해당한다. 자신의 의사에 의하여 의도적으로 귀신을 불러들인 다는 점에서 자신의 의사와 무관하게 귀신이 침입해 들어오는 빙의와는 구별된다. 물론 무당의 신내림도 북방계의 강신무에서 보듯이 무당의 의사와 관계없이 이루어지는 경우가 있으나 이때 무당은 최소한 신내림을 거부하거나 저항하는 상태는 아니다. 접신은 중국에서는 섣달그믐날 밤 자정이 지나 하늘에서 세상으로 내려오는 신들을 집안으로 맞아들이는 의식을 뜻하였다. 그러나 귀신이 밤에 잘 나타나며 해가 뜨고 새벽닭이 울면 도망간다고 하는 것은 근거 없는 속설에 불과하다. 그것은 밤이 되면 사람들이 두려움을 느끼기 때문에 생겨난 이야기일 뿐이다. 무당들도 밤에 굿을 하는 경우가 많은데, 왠지 밤에는 귀신을 불러오기가 쉬울 것 같다는 생각 때문일 수 있으나, 실제로는 낮에 굿을 하는 무당들도 많다.

귀신은 소리나 빛, 색에 민감하며 특히 강한 진동을 수반한 소리에 민감하다. 그래서 무당이 귀신을 부를 때는 요령이나 방울을 크게 흔들고 꽹과리와 징, 북을 강하게 두드린다. 그와 함께 무당은 휘파람을 불기도 하고 몸을 강하게 떨거나 눈을 깜박거리기도 하며, 쉴 새 없이 큰소리로 무가(巫歌)를 부르기도 한다.

무당의 몸에 지피는 영적 존재를 무속에서는 단순히 '신'이라고 말하나, 이 책에서 정의한 우주의 근원적 실체인 신(God)을 의미하기보다는 높은 영능을 가진 영적 존재 혹은 죽은 사람의 영혼인 귀신 일반을 통칭한다고 보아야 한다. 무당이 접신 상태가 되면 귀신이 무당의 의식을 지배하게 되며, 무당은 완전히 자의식을 상실하는 것은 아니지만 자의식을 상당 부분 잃거나 의식이 변하게 되어 주변 상황에 맞추어 자신을 통제하는 반의식 상태로 된다. 신이 내리면 몸의 감각은 과도한 흥분상태에 들어가며, 전율하거나 발작을 일으키기도 한다.

영매나 무당이 접신하게 되면 그의 얼굴 모습이 변하게 된다. 이를 변모라고 한다. 서양인인 영매의 얼굴이 그가 접신한 귀신의 얼굴에 따라 동양인, 인디언의 얼굴 등으로 변하는 것이다. 마치 영매의 얼굴이 부드러운 진흙으로 되어 있어 뛰어난 조각가가 그 진흙을 만져 여러 모습으로 조각하는 것과 같다고 한다. 유명한 영국의 영매 퀴니 부인은 자주 교령회를 열었는데, 그가 교령회에서 귀신을 부른 다음 숙였던 얼굴을 들어 올리면 어느새 그 귀신의 얼굴로 변모되어 있었다는 것이다. 한 심령연구가의 보고에 의하면 중병에 걸린 아버지가 잠자고 있는 동안에 아버지의 얼굴이 이미 돌아가신 어머니의 얼굴로 서서히 변하는 것을 보고 가족들이 깜짝 놀랐다고 한다. 아버지는 눈썹이 없었는데 어머니의 눈썹이 뚜렷이 나타났으며, 약 10분 뒤 도로 아버지의 얼굴로 되돌아왔다고 한다. 이것은 아버지가 잠자는 동안에 어머니의 영혼이 접신하여 변모 현상을 일으킨 사례로 볼 수 있다. 변모 현상과 관련해서 다음과 같은 생각이 든다. 즉, 인간은 육체와 영혼(또는 육체와 영혼 및 정신)으로 구성되어 평소에는 양자가 서로 조화를 이루고 있으나, 매우 흥분하거나 절박한 상태 또는 트랜스 상태에 놓이게 되면 상념체인 영혼이 물질적인 육체보다 우위에 있어 육체를 지배하는 것으로 생각된다. 그래서 영매가 접신되었을 때 귀신의 영혼이 영매의 얼굴을 자신의 모습으로 변모시킬 수 있는 것이다. 접신으로 인한 변모 현상 이외에 염력 현상 일반에 대해서도 같은 이치로 설명할 수 있다. 연약한 육체를 가진 어머니가 자동차에 깔릴 위기에 처한 아기를 구하기 위해 자동차를 번쩍 들어 올린 사례도 절체절명의 순간에 어머니의 영적 에너지인 염력이 발휘되어 물리적으로는 도저히 불가능한 힘을 발휘하게 한 것으로 볼 수 있다.

접신의 일종인 신내림은 강신무의 무당이 되기 위해 필수적으로 거치게 되는 과정이다. 이를 신병 혹은 무병이라고 말한다. 무당은 신내림을 통해 자아 초월적인 영적 세계와 현실 세계를 연결할 수 있다. 무당은 기본적으로 접신 상태에서 귀신을 불러올 수 있고 귀신과 교신할 수 있다. 채널링도 접신의 일종이라 할 수 있다. 무당이 접신할 수 있는 것은 그가 일반인과는 다른 높은 영적 능력을 갖추고 있기 때문이다. 이러한 능력은 유전적인 요소도 있는 것으로 생각된다. 할머니나 어머니가 무당인 경우 그 딸이나 손녀가 신내림을 받아 무당이 되는 경우가 많다. 이 경우에 신내림을 거부하면 몸이 몹시 쇠약해지고 큰 병을 앓게 되기도 한다. 이를 신병이라고 한다.

주위에서 만날 수 있는 많은 무당 중에서 실제로는 별다른 영적 능력을 가지고 있지 않으면서도 그런 능력이 있는 것처럼 행세하는 사이비 무당들도 많다. 과거에는 능력이 있었으나 이제는 그 능력을 잃어버린 무당들도 있다. 그런 무당들일수록 자신이 뛰어난 무당인 것처럼 더욱 과장되게 선전하고, 자신을 찾아오는 의뢰인들로부터 터무니없이 많은 재물을 받아 챙긴다. 무당이 소통하는 세계는 세속을 떠난 영적 세계다. 영적 세계에서는 돈과 권력, 명성 따위는 하찮은 것이다. 따라서 진정으로 뛰어난 무당들은 그런 것들에 초월해 있으며, 자신을 대단한 사람인 양 내세우지 않고 매우 겸손하다. 이러한 이치는 비록 무당에게만 해당하는 것이 아니라 심령연구가, 도인, 역술가, 성직자 등 영적 세계와 관련된 직업을 가진 사람 모두에게 해당한다. 자기가 무슨 도인입네 하면서 긴 수염을 기르고 흰 도포를 입고 다니는 사람은 십중팔구 도인이 아니다. 기막히게 미래를 점칠 수 있다며 신문에 광고를 내는 역술가는 대체로 자신이나 가족의 하루 뒤 일도 예견하지 못하는 속물들이다. 북한의 김일성이 생존하고 있었을 때 그가 곧 죽는다느니 10년 내에 북한이 패망한다느니 하는 예언을 한 무속인과 역술인들이 적지 않았지만, 그 예언은 전혀 들어맞지 않았다. 김일성은 1994년에 사망했는데, 내가 기억하건대 약 20년 전부터 거의 해마다 정초에 김일성이 올해 사망한다는 예언가들의 '신년 사주풀이'나 예언이 신문에 보도되었다. 또 우스운 일은 꼭 무슨 큰 사고나 사건이 생기고 나면 자신이 그 전에 그 일이 일어날 걸 알고 있었다고 주장하는 역술인이나 도인들이 나타나는데, 그러면 왜 사전에 사람들에게 알리지 않았느냐고 묻고 싶다. 그냥 세상으로부터 관심을 끌기 위해 거짓말을 하였거나 자신만의 환상에 빠져 헛소리를 하는 것이다.

성직자도 마찬가지다. 역사를 되돌아보면, 중세에 수많은 무고한 여성들을 마녀로 몰아 죽인 가톨릭 성직자가 얼마나 많았는가? 면죄부를 팔아 치부한 신부들, 천도재를 올려 준다며 슬픔에 빠진 유족들로부터 엄청난 돈을 받아 그 돈으로 주색잡기에 탐닉하는 스님들, 곧 세상이 멸망한다며 신도들로 하여금 전 재산을 교단에바치도록 하여 이를 편취한 사이비 교주 등등. 일반인들보다도 더 저급한 종교인들을 들자면 한이 없다. 진실로 영적 수준이 높은 사람은 스스로를 드러내지 않고 몸을 낮춘다. 예수께서는 낮은 곳으로 임하라고 말씀하셨고, 불교에서도 부처는 우리가 모르는 사이에 우리 곁을 다녀간다고 가르친다. 자타가 공인하는 대선사이셨던 성철스님은 한 말씀 해달라고 하며 찾아오는 기자들에게 한갓 산승이 뭘 알겠느냐고 하면서 "중에게 속지 마라."라고 말씀하셨다. 성철스님조차도 이렇게 몸을 낮추셨거늘 하찮은 귀신과 잠시 접신하였다고 하여 마치 우주의 진리를 터득한 양 으스대는 자들이 어찌 도인 축에나 낄 수 있겠는가? 진정한 도인은 교회나 사찰에 있지 않고 재래시장의 생선가게 아주머니처럼 이름 없는 서민층에서 평범한 모습으로 살고 있을 가능성이 크다.

필자는 진정한 도인이나 성직자를 구별하는 데는 두 가지 기준이 유용할 것으로 생각한다. 첫째는 자신을 낮추어 겸손한 사람인가 그렇지 않고 자신이 대단한 사람인 양 교만한가 하는 것이다. 둘째는 돈을 밝히는가 여부다. 점이나 굿, 사주풀이, 또는 종교적 행사나 신앙지도 등을 해주고 과도한 대가를 바란다면 사이비 도인이나 성직자인 것으로 보면 거의 틀림이 없다. 이는 예수와 석가모니를 비롯한 성인들의 행적에 비추어 보면 쉽게 알 수 있는 일이다. 그분들이 얼마나 겸손하였던가! 그리고 그분들이 재물을 탐하는 걸 본 일이 있는가!

5. 무당과 귀신

무당은 신과 소통하여 신의 의사를 인간에게 전하고 또 인간의
소망을 신에게 고하는 영능을 갖춘 무속의 종교인을 말한다. 여기
서 말하는 신이란 우주의 궁극적 실체이자 절대자인 신에 한정되는
것이 아니라 높은 수준의 영적 능력을 갖춘 마스터 급의 고위령과
그보다 낮은 수준의 하위령도 포함된다. 구체적으로는 천신·옥황상
제·산신·일월신·용신 등의 자연신, 장군신·대감신·왕신 등의 인격신,
그리고 조상신 및 어린아이가 죽은 사아령(死兒靈) 등이 있다. 무당
을 다른 말로 무인(巫人)·무격(巫覡)·무녀(巫女)·단골·심방이라고도 하
며, 특히 남자 무당을 지칭할 때는 격(覡) 또는 박수, 화랭이, 양중이
라고도 한다. 우리나라의 무속은 동북아시아에 널리 퍼져 있는 샤
머니즘의 일종으로 분류된다. 따라서 무당은 샤먼의 특성이라고 하
는 의식의 변화 상태인 트랜스(trance), 탈혼 상태인 엑스터시(ecsta-
sy), 빙의 상태인 포제션(possession)의 현상을 나타내고 이를 이용
하는 것이 일반적이다. 무당은 영계에 있는 영적 존재와 소통하는
존재라는 점에서 영매 또는 채널러라고 할 수도 있다.

우리나라의 무당은 무당이 되는 과정(성무 과정)에 따라 강신무 (降神巫)와 세습무(世襲巫)로 구분된다. 강신무는 자연적인 신내림에 의해 정신이상 증세 또는 영적 체험의 과정을 거쳐 어쩔 수 없이 무당이 되는 것이고, 세습무는 혈통을 따라 인위적인 세습에 의해 무당이 되는 것이다. 원래 강신무는 우리나라 중북부지방에, 세습 무는 남부지방에 널리 분포되어 있었는데, 요즘은 지역에 따른 차 이는 뚜렷하지 않은 것 같다. 강신무가 되는 과정을 살펴보면, 우 선 신병(神病)이라고 하는 몸과 정신의 이상 증세를 느껴 한동안 고 통을 겪게 된다. 그러다가 이것이 심해지면 환각과 환청, 신의 현 몽 등에 시달리게 되어 온갖 의학적인 치료로도 치유되지 않는 상 태가 된다. 그런 후 마침내는 내림굿이라고 하는 강신굿에 의하여 신을 받아들임으로써 무당이 된다. 신병에 걸리면 원인 없이 시름 시름 앓으며 밥을 제대로 먹지 못하고 몸이 마르며 정신까지 허약 해진다. 정신적으로는 마음이 들떠 안정되지 못하며, 꿈이 많아지 고 꿈속에서 신 또는 죽은 조상과 만나는 장면을 보게 되고, 생시 인지 꿈인지 모르는 혼몽한 상태가 되기도 한다. 또한 환각과 환청 을 체험하며, 심해지면 미쳐서 집을 뛰쳐나가 산이나 들판을 헤매 기도 한다. 무속연구가인 경희대학교 김태곤 교수의 연구에 의하 면 무당이 되기까지 신병을 앓는 기간이 평균 8년이며 길게는 30 년까지 앓는 사람도 있다고 한다.[85] 이러한 신병에 걸린 사람들은

---

85) 김태곤 전게서, 33쪽

대체로 의학적인 치료로는 나을 수 없다고 믿으며 내림굿에 의해 무당이 되어야만 치유된다고 생각하는데, 실제로 신병에 걸린 사람 중 많은 사람이 내림굿을 받고 무당이 된다. 그러나 신병이라고 생각하는 증세가 모두 진정한 신병이라고 단정해서는 안 된다. 그들 중에는 조현병이나 우울증에 걸린 사람도 있으며, 신이라고 부르기에는 부족한 지박령 등 일반 귀신에 빙의된 사람도 있다. 또 김영우 교수가 지적한 바와 같이 환자 자신의 부정적인 상념들과 감정들이 만들어 낸 파동 에너지 덩어리가 다중인격의 형태로 빙의 현상과 유사한 증세를 일으키는 사람도 있을 것이다. 따라서 신병이라고 성급하게 단정하여 내림굿을 받으려 할 것이 아니라, 전통적인 정신과 치료나 최면에 의한 빙의 치료, 종교적인 퇴마의식 등을 받아 본 다음에도 차도가 없다면 신병으로 판단하는 것이 좋다. 내림굿을 받은 사람은 자신에게 내려온 신을 몸주신이라 하여 평생 봉안하며 영적 능력의 원천으로 삼게 된다. 그리고 내림굿을 해 준 스승 무당을 신어머니라고 부르며 그를 따라다니면서 무가(巫歌)를 암송하고 굿을 지내는 절차를 익힌 다음 독립하여 완전한 무당이 된다. 스승 무당은 제자 무당을 신딸 또는 신아들이라고 부른다. 무당이 된 뒤에는 강신으로부터 얻은 영력으로 점을 쳐서 미래사를 예언하고, 굿과 같은 각종 제의를 주재하고 공수(신탁)를 내려 신의 뜻을 인간에게 전달하는 역할을 한다.

한편, 세습무는 혈통을 따라 사제권이 대대로 계승되는 무당으로서, 무당이 되는 동기는 사제권의 인위적인 세습에 있다. 세습무는 강신무와는 달리 신내림의 체험을 한 바도 없고 신과 소통하거나 신의 신탁을 받을 영적 능력을 갖추고 있지도 않기 때문에, 굿과 같은 각종 제의를 집행하는 사제의 구실을 할 뿐이다. 따라서 세습무에게는 몸주신이 없으며 신단(神壇)을 만들어서 신을 봉안하지도 않는다. 호남지역의 세습무를 단골이라고 부르는데, 그는 일정한 관할지역인 단골판을 소유하고 있으며, 단골판의 소유권은 후손에게 대대로 계승된다. 단골이 다른 곳으로 이사하거나 개인적 사정으로 무업을 중단할 때는 단골판을 다른 사람에게 팔거나 세놓기도 한다.

우리나라의 무속에 관하여는 경희대학교의 고 서정범 교수 연구가 탁월하다. 서정범 교수는 무려 40년 동안 약 3,000명의 무당을 직접 인터뷰하여 무속에 대해 연구하였으며, 그에 관하여 7권의 『무녀별곡』과 6권의 『한국무속인열전』을 저술하였다. 서정범 교수는 국어국문학자와 수필가로서도 뛰어난 분이었는데 무속에 관하여도 훌륭한 연구 업적을 남겼다. 그는 실제 무당으로 종사하고 있는 사람들과 인터뷰하여 그들이 무당이 된 과정과 무당이 된 이후의 활동에 관해 자세히 소개하고 있다.

아래에서 소개하는 사례는 필자가 알고 있는 어느 무당에 관한 것으로 그가 신병을 앓다가 신내림 굿을 한 뒤 강신무가 되기까지 의 과정에 관한 것이다.

의정부에 살던 A 여인은 고등학교 1학년이던 18세 때부터 환상과 환청에 시달리게 되었다. 마을 건너편 산 중턱에는 커다란 바위가 하 나 있었는데 어느 날부터 그 바위 위에 스님 한 분이 앉아서 자신을 향해 오라고 손짓하는 모습이 보였다. 밤에 잠을 자면 자신을 고려 시대 장군이라고 하는 사람이 나타나는 꿈을 거듭해서 꾸게 되었고, 조용하게 공부를 하려고 하면 귀에서 굵은 남자 목소리로 "너는 내 말을 들어야 한다."라고 하는 환청이 들리기도 하였다. 그 무렵부터 정신 집중이 되지 않아 공부를 할 수 없었고, 입맛이 없어 식사를 제 대로 할 수 없게 되었다. 50kg이던 몸무게가 몇 달 만에 15kg가량 빠 졌다. 정신과 의원을 찾아가 의사가 처방해주는 약을 먹어 보았으나 차도가 없었다. 한번은 동생들과 놀이공원에 가서 청룡열차를 타려 고 하였는데 머릿속에서 타지 말라고 하는 목소리가 들렸다. 그래서 동생들을 데리고 다른 곳으로 갔는데 그 직후 청룡열차가 탈선하여 아이들 몇 명이 다치는 사고가 발생하였다. 그녀는 학교에 다닐 수 없을 정도로 나날이 쇠약해져 갔고 어떤 날은 몸에 열이 펄펄 끓다 가 어떤 날은 멀쩡하였다. 보다 못한 그녀의 아버지가 용하다는 무당 을 찾아가 알아보았더니 신내림을 해야 한다고 하였다. 그러나 차마 그렇게는 못 하겠다며 몇 달을 더 버텼으나 점점 더 쇠약해지는 딸 을 보다 못해 마침내 신내림 굿을 하게 하였다. 이렇게 하여 A 여인 은 강신무가 되었으며, 그 이후 건강을 회복하여 결혼하였고, 현재까 지 경기도 지역에서 무당으로 종사하고 있다.

무당은 영계와 소통하는 것에만 그치는 것이 아니라는 점에서 단순한 채널러나 영매와 구별된다. 즉, 무당은 그가 모시는 신을 신앙의 대상으로서 숭배하며, 그 신이 무당을 통해 인간에게 벌을 주기도 하고 인간을 수호하거나 미래를 점칠 수 있게도 해 준다. 신은 우주의 삼라만상을 지배하며 인간의 생사, 흥망, 화복, 질병 등의 운명 일체를 관장한다. 이런 점에서 무당으로 대표되는 우리나라 무속은 하나의 민속종교로 분류된다. 그러나 심령과학적인 측면에서 볼 때 무당은 그가 가진 특별한 영적 능력에 의하여 죽은 자의 영혼인 귀신을 비롯하여 영계의 고차원적 영들과 접신하여 소통한다는 점에서 영매, 채널러와 본질적 차이는 없다. 흥미로운 점은 무당이 소통하는 영에는 인간의 영혼 말고도 동물령, 산령이나 수령 같은 자연물의 영도 포함된다는 사실이다.

강신무의 무당이 굿을 하는 과정을 살펴보면 여러 가지 도구와 악기, 춤, 노래를 이용하여 엑스터시(ecstasy) 상태와 포제션(possession) 상태를 실현해서 신 또는 귀신과 합일 상태를 구현하는 것으로 파악된다. 즉 굿은 금줄이 쳐져서 일반인의 출입이 제한된 성소(聖所)에서 밤에 하는 게 보통인데, 성소에 차려진 신단에는 무신도, 촛대, 방울과 부채 등의 성물과 신수(神樹), 신간(神竿) 등이 비치되어 있다. 무당은 이러한 신비스러운 장소에서 북과 장구 등 타악기의 요란한 소리 속에서 무가를 부르고 격렬하게 춤을 추면서 스스로 엑스터시 상태에 빠져 유체이탈하여 신을 만나러 가거나 신을 자신의 몸에 불러들여 빙의한 상태로 변하게 된다. 다른 종교나 문화권에서도 엑스터시 상태에 도달하기 위해 춤이나 노래를 이용하는 경우가 흔하며, 진정제나 흥분제 등의 약물을 이용하기도 있다. 엑스터시 상태에 몰입하기 위해 고대 이스라엘의 예언자들은 음악을 사용하였고, 이슬람교 수피파 수도승들은 춤을 이용하였으며, 영적 체험을 강조하는 몇몇 종교집단에서는 페요테·메스칼린·대마초·LSD 등의 약물을 사용하기도 하였다.

서울 지역의 강신무가 신을 부르기 위해 하는 '만수받이'라는 무가를 여기서 소개하겠다. 무당은 이러한 무가를 부르면서 엑스터시 상태로 몰입하여 신과 합일하게 되는 것이다. 이 무가는 망자의 영혼을 저승의 십대왕에게 호위해 가는 호위신인 사자(使者)에게 혼령을 평안하게 호위해 달라고 부탁하는 내용의 노래다. 꽹과리 소리와 북소리 속에 이 무가를 부른다고 상상하며 한번 음미해보기 바란다.

"천리소허오 시왕가망이 산에 올라가심은 가문 아래
잠든 나이가 오는 해요

사위사천명월이 하회 본 듯
시왕가망이 오시는 길에 가얏골 다릴 놓소

가얏골 열두 줄에 오는 줄마다 나려 있소

줄 아래 덩기덩 소리 노니라고
시왕가망이 잡으신 잔에 잔 마당 이슬 맺소

그 잔두 조잔이요나 지성이라고 쌍비울이
그 잔야 씨어는 잔이라도 진실하오

복덕을랑 입소하시요

이씨 남망재 진덕이요

왕말미라 왕덕이요나 전말미하고 전덕이요나"[86]

6. 귀신을 초대하다
-교령회

교령회란 영매를 통하여 죽은 사람들의 영혼과 커뮤니케이션을
도모하는 회합을 뜻한다. 한마디로 귀신을 손님으로 초대하는 파티
인 것이다. 교령회는 다른 말로 강령회라고도 하며, 영어로는

---

86) 출처 : 한국콘텐츠진흥원 문화콘텐츠닷컴

Seance라고 한다. 교령회는 중세 이후 유럽에서 성행하였으며, 그 뒤 19세기 중반부터 미국과 브라질 등 남미에서도 유행하게 되었다.

교령회에는 영매를 중심으로 대개 6~8명가량이 참석하여 서로 손을 잡고 둥그렇게 둘러앉는다. 반드시 영매가 참석하여야 한다. 장소는 가급적 조용하고 다소 어두운 곳이 좋다. 참석자는 심신이 건강한 사람이어야 하고, 영매는 미리 자극적인 음식을 피하여 교령회 준비를 하여야 한다. 참석자들은 되도록 영혼의 존재에 대해 적대감이나 의심을 가지지 않는 것이 좋다. 교령회가 성공하려면 영매와 참석자들 사이에 신뢰와 협동 정신이 있어야 한다. 교령회는 참석자들이 정신을 집중한 상태에서 영매가 귀신을 부르면서 시작된다. 이렇게 하여 나타난 귀신은 참석자들에게 자신의 목소리로 말하기도 하고, 때로는 영매의 육체를 빌려 말하고 제스처를 취하기도 한다. 때로는 영매의 입이나 코에서 엑토플라즘이라는 영적 물질이 흘러나와 귀신이 이 물질로 자신의 형상을 나타내거나 음성을 전달하기도 한다.

교령회를 진행하는 모습

역사적으로 유명한 교령회에 관한 사례를 몇 개 소개하겠다. 19세기 영국의 유명한 영매였던 다니엘 더글라스 홈은 이탈리아 피렌체에서 가졌던 교령회에서 귀신을 불러내어 귀신의 모습을 형상화하여 참석자들에게 보여주는 놀라운 능력을 보여주었다. 당시 교령회에는 독일의 왕자와 왕녀, 러시아의 올시니 백작 등 귀족들이 참석하였다. 참석자 중 한 사람인 미국의 유명한 조각가 하이럼 파워즈는 다음과 같은 목격담을 전하며 놀라움을 금치 못했다. "7인의 참석자가 보는 가운데 홈은 의자에 팔다리를 모두 묶이고 눈이 안대로 가려진 상태로 앉아 있었다. 그를 묶은 것은 속임수를 쓰지 못하도록 하기 위해서였다. 그런 상태에서 홈이 기도하자 허공에서 손 하나가 나타나 러시아 왕녀가 들고 있던 부채를 잡아들고는 다른 참석자에게 부채질을 해주고 사라졌다. 다른 날에는 죽은 나의 아들이 나타나 나의 뺨과 팔을 만지고 악수를 하였다. 나는 아들의 손을 놓치지 않으려고 힘을 주어 꼭 쥐었더니 내 손 안에서 온기만 남고 사라져 버렸다."

　홈은 1869년에 있었던 교령회에서는 아데아 자작과 제럴드 스미스 대령, 의사인 게리 박사 등이 참석한 가운데 아데아의 죽은 아내를 불러내어 형상화해 보여주었다. 그는 또한 프랑스 튀를리 궁전에서 가졌던 교령회에서는 죽은 나폴레옹의 상체를 형상화해 참석자가 내민 종이에 서명해주는 장면을 연출하여 세상 사람들을 경악시켰다. 이 서명지는 현재 영국 심령학회가 보관 중이라고 한다. 홈은 스코틀랜드의 유서 깊은 백작 가문에서 태어난 사람으로 어려서부터 특별한 영능을 보였으며, 교령회 중에 자신의 몸을 천장까지 떠올리는 공중부양의 능력도 보여준 사람이다.

또 다른 유명 사례는 20세기 최강의 영능력자로 알려진 에바 C의 교령회다. 에바 C는 1890년 알제리에서 프랑스 육군 장교의 딸로 태어났다. 본명은 말타 베로우였는데 12살 때 열병을 크게 앓은 뒤 죽은 사람의 영혼과 소통하는 비범한 능력을 갖게 되었다. 사람들은 그녀를 얼마 전에 죽은 짐시 무당인 에바 카리에르의 이름을 따서 에바 C라고 부르게 되었다. 에바 C는 당시 유럽에서 영혼에 대한 관심이 높아지면서 일약 유명 영매로 알려지게 되었으며, 여러 교령회에 초대되어 귀신을 불러오는 일을 자주 하게 되었다. 특히 그녀는 교령회 참석자들에게 귀신의 영혼을 물질화하여 형상을 보여주는 것으로 유명하였다. 그래서 당시의 저명한 과학자들이 그녀가 사술을 쓰는 것인지를 밝히기 위해 교령회에 참석하여 검증하기도 하였다.

프랑스의 생리학자로서 노벨상까지 받은 샤를 리셰 교수도 에바의 교령회에 참석하여 놀라운 장면을 목격하고 그가 목격한 것의 진위를 확인하기 위해 조사하고 연구를 진행하였다. 리셰 교수는

1905년 어느 날 밤 3년 전에 죽은 아내가 나타나 "에바를 찾으세요. 그녀를 통해서 당신을 만날 겁니다."라고 말하는 이상한 꿈을 꾸었다. 그래서 리셰 교수는 에바라는 사람을 찾아다닌 끝에 15세의 창백한 소녀인 에바 C를 만나게 되었으며 그녀가 진행하는 교령회에 참석하게 되었다. 검은 옷을 입은 에바 C가 자기최면 상태에 몰입하여 한참이 지나자 그녀의 입에서 하얀 연기가 뭉클뭉클 새어 나오기 시작하였다. 그 연기는 꿈틀거리더니 차츰 사람의 얼굴 모습으로 변해갔다. 이를 유심히 보고 있던 리셰 교수는 그만 "악!" 하고 소리를 지르고 말았다. 연기가 변한 모습은 바로 자기의 죽은 아내였던 것이다. 아내의 얼굴은 교수를 보면서 웃고 있었고, 사람들은 놀라서 웅성거리거나 밖으로 뛰쳐나가기도 하였다. 그러

영매 에바가 두 손 사이에서 불빛을 일으키고 있는 모습

던 새에 연기는 뿌옇게 흐려지다가 에바의 입속으로 사라졌다. 에바는 리셰 교수나 그의 아내와는 일면식도 없는 사이인데 어떻게 그가 아내의 형상을 지어 보인다는 말인가! 이때부터 리셰 교수는 영혼의 존재를 믿게 되었으며, 에바의 교령회에 자주 참석하여 에바의 입에서 나온 물질에 대해 연구하기 시

작했다. 리셰는 그 물질에 대해 엑토플라즘이라고 이름을 붙였다. 리셰 교수는 후일 그의 저서에서 교령회에 대해 진실성을 의심할 수 없게 되었다면서, "형이상학적인 영역에 그렇게도 많은 모순이 존재한다는 것은 우리의 책임이라고 할 수 없다."고 술회하였다.

에바 C는 교령회에서 이집트 왕녀의 영혼을 불러내어 온통 황금으로 치장한 생전의 형상을 나타나게 한 적도 있다. 작가 겸 조각가인 비손 부인이 죽은 딸의 모습을 한 번이라도 보게 해 달라고 해서 열게 된 교령회에서는 비손 부인의 딸의 영혼을 불러내어 생전의 모습을 보여주기도 하였다. 그 일을 계기로 에바는 비손 부인의 양녀가 되어 파리의 비손 부인 저택에서 거주하며 그곳에서 자주 교령회를 개최하였다. 파리대학의 저명한 심령연구가인 폴 슈렝크 노팅 교수는 1909년 비손 부인의 집에서 열린 교령회에 참석하여 에바의 입에서 나온 연기가 머리에 스카프를 두른 여자의 모습으로 변해가는 것을 보고 그 여자의 얼굴을 촬영하는 데 성공하였다. 그 뒤 노팅 교수는 다른 심리학자 및 과학자들과 함께 뢴트겐 사진기와 적외선 카메라 등 최신 과학 장비를 동원하여 4년간에 걸쳐 에바의 교령회에 대해 상세히 기록하고 연구한 뒤 보고서를 발표하였다. 노팅 교수는 이러한 연구를 토대로 『물질화 현상』이라는 책을 출간하였다. 연구에 참여하였던 학자들은 "우리는 속임수를 쓰는 증거를 찾기 위해 굉장히 노력했습니다. 그러나 찾을 수가 없었습니다. 에바는 속임수를 쓰는 것이 아니었습니다. 엑토플라즘은 에바의 입에서 나오는 것이 확실합니다. 그러나 그 이상의 것은 현대 과학으로는 도저히 설명할 수가 없습니다."라고 그녀의 영적 능력과 엑토플라즘의 존재를 인정하였다.

마지막으로 하나만 더 소개하겠다. 영국의 거대한 비행선 R101의 추락 사고에 대한 이야기다. 영국은 수년간의 야심 찬 계획을 추진한 끝에 길이 237m, 크기 160,000㎥의 비행선 R101호를 완성하고 첫 비행에 나섰다. 그러나 R101호는 1930년 10월 5일 새벽 2시 프랑스 북부 보베 상공에서 폭발하여 추락하고 말았다. 비행선에 탑승하고 있던 승무원과 승객 54명 중 생존자는 단 6명뿐이었다. 사망자 중에는 인도 총독이 되려는 목적을 품고 이 사업을 야심 차게 추진한 공군 장군 겸 항공장관, 영국 항공성 국장 등의 귀빈도 포함되어 있었다. 항공성에서는 조종 미숙과 기상 악화로 인한 사고라고 발표하였다.

영국 비행선 R101호

그런데 이틀 뒤인 10월 7일 영국 심령학회가 주관하고 영매 아이린 가렛(Eileen Garrett)이 참석한 교령회에서 충격적인 일이 발생했다. 아이린 가렛은 아일랜드 출생의 영매로서 1차 세계대전에서 사망한 병사들의 영혼을 불러내어 가족들과 상봉하게 한 일로 유명한 영매다. 그 교령회는 소설 『셜록 홈스』의 작가로 얼마 전 사망한 코난 도일의 영혼을 불러내기 위한 모임이었으며 기자들도 여럿 참석해 있었다. 그런데 막상 나타난 영혼은 놀랍게도 이틀 전에 사고로 죽은 R101호의 기장 카마이클 어윈의 영혼이었다. 어윈의 영혼은 아이린 가렛에게 빙의하여 다음과 같이 사고의 원인에 대해 말하기 시작하였다. 그는 항공성의 발표와는 달리 사고의 원인이 기체 결함과 항공장관 톰슨 경의 영국령 인도 방문 일정에 맞추기 위한 무모한 비행 지시 때문이었다고 주장했다. 그는 "엔진이 너무 무겁고 비행선 무게를 지탱하지 못했다. 부력이 부족하였으며, 승강타도 곧 고장 났다. 오일 파이프가 막혔으며, 연료 펌프와 공기 펌프, 냉각장치도 고장 났다. 그런데도 비행선의 기능을 완전히 파악한 사람이 아무도 없었다. 승무원 수도 부족한 데다 시험 훈련 기간도 너무 짧았다."라고 사고 원인에 대해 설명했다. 그는 연이어 개최된 4회의 교령회에 계속 나타났다. 그는 "출발 전부터 이미 선체가 불완전함을 알았으나 독촉 명령에 할 수 없이 불안한 출발을 하였는데, 이것은 살인 행위다."라며 원망하기도 하였다. 나중에는 같이 희생된 항공성 브랑크 국장과 다른 승무원들의 영혼도 나타나 어원과 같은 주장을 하였다. 영국 항공성은 그 뒤 사고 원인에 대해 다시 조사한 끝에 귀신들의 주장이 사실임을 확인하였다.

영국은 이 사고로 한동안 떠들썩하였으며, 특히 영매 아이린 가렛이 죽은 승무원들의 귀신을 불러냈다는 것이 가짜가 아닌가 하고 논쟁이 심하였다. 그래서 영국과 미국의 심령학회에서 아이린 가렛에 대해 여러 차례 실험을 하였는데, 연구자들은 그녀의 영적 능력에 감탄하지 않을 수 없었다. 한번은 물고기 화석과 천으로 된 붕대의 조각, 그리스 화폐, 고대 바빌론의 돌을 각각의 봉투 속에 넣어서 밀봉한 뒤 그녀에게 주고 내용물을 알아맞히라고 했는데 그녀는 내용물을 정확하게 맞혔다고 한다.

그 외에도 교령회에 귀신이 실제로 나타난 사례는 무수히 많다. 과학자들이 엄격하게 점검하고 통제하는 상태에서 진행된 교령회에서 귀신의 형상과 음성이 출현하는 것이 확인되고, 나아가 물질화된 영혼에 대해 그 샘플이 채취되어 성분까지 분석된 이상 이제는 이를 눈속임이나 환상이라고 치부할 수 없게 되었다. 물론 자신의 영적 능력을 과시하기 위해 속임수를 쓰는 영매들도 많이 있었다. 그런 영매들은 어두운 조명 아래 미리 숨겨둔 사람을 잠시 나타나게 하거나, 비디오 기기를 이용하여 영상을 비추어 마치 실제 귀신이 나타난 것처럼 착각하게 만드는 방법을 사용한다. 특히 20

세기 초 영국에서는 트릭으로 귀신을 불러낸 것처럼 쇼를 하는 교령회가 많았다. 당시 교령회 입장료가 서커스의 4배 정도로 인기가 많았다고 한다. 그래서 과학자들이 진짜 영매와 가짜 영매를 가려내기 위해 엑스레이 사진기 등 최첨단 기기를 동원하여 교령회를 샅샅이 조사하곤 하였다. 그때보다 영상기기와 통신장비가 훨씬 발달한 요즘에는 마음만 먹으면 얼마든지 가짜 '귀신쇼'를 연출할 수 있을 것이다.

우리나라에서는 위자보드나 분신사바로 귀신을 부르는 사례는 종종 있으나 유럽식의 교령회를 개최하는 일은 드문 것 같다. 물론 무당들이 죽은 사람의 혼백을 부르는 굿이나 초혼제 등을 교령회의 일종으로 볼 수 있을 것이다.

7. 귀신을 함부로 불러들이지 마라

지상을 떠도는 귀신은 두 부류가 있다. 하나는 사람에게 집착하여 그 사람을 따라다니는 부류고, 다른 하나는 특정한 장소나 물건에 집착하여 그 장소나 물건 주위에 붙어 있는 부류다. 전자의 예로는 갑자기 사망한 남편이 홀로 된 아내를 너무나 사랑한 나머지 아내 곁을 떠나지 못하거나, 장애가 있는 아들을 보살피던 어머니가 사망하게 되었으나 자신이 아니면 아들을 돌볼 사람이 없다는 걱정 때문에 죽은 뒤에도 저승으로 가지 못하고 아들 주위를 맴도는 경우를 들 수 있다. 후자의 예로는 생전에 자신이 지은 집에 애착을 가지고 죽은 뒤에도 그 집 주위를 맴도는 경우를 들 수 있다.

1990년에 개봉한 할리우드 영화 〈사랑과 영혼〉을 보면 샘 휘트(패트릭 스웨이지 분)의 영혼이 괴한의 습격으로 살해당한 뒤에도 연인 몰리 젠슨(데미 무어 분)을 떠나지 못하고 그녀 주위를 맴도는데, 샘 휘트의 영혼이 대표적으로 사람에 집착하는 지박령이다. 그 영화에서 샘의 영혼은 몰리에게 자신의 애틋한 사랑을 전하거나 몰리에게 다가오는 위험에 대해 알려주고 싶어 하지만 육체가 없고 물리력을 행사할 수 없어 어쩔 방법이 없다. 그러다가 오다 메(우피 골드버그 분)라는 영매의 도움으로 자기 뜻을 전할 수 있게 된다. 처음에는 샘의 영혼이 자신의 의사를 오다 메에게 채널링의 방법으로 전달하고 오다 메는 이를 다시 몰리에게 전달하였다. 그러다가 나중에는 아예 샘의 영혼이 오다 메에게 빙의하여 그녀의 육체를 이용해 몰리를 포옹하고 가슴과 따뜻한 체온으로 사랑을 직접 전달하였다. 샘이 사고를 당하기 전 몰리와 함께 도자기를 빚으며 서로를 포옹하고 있는 장면은 오랫동안 잊지 못할 명장면으로 꼽히며, 영화에 삽입된 노래 〈Unchained Melody〉는 언제 들어도 감미로우면서 애틋한 느낌을 주는 명곡이다.

영화 〈사랑과 영혼〉의 한 장면

사람에 집착하는 귀신이든 장소나 물건에 집착하는 귀신이든 불문하고 귀신이 주위에 존재하는 것은 우리의 정신적, 육체적 건강을 해칠 우려가 있으므로 좋지 못한 일이다. 그러므로 일부러 귀신을 주위로 불러들일 필요는 전혀 없다. 상당한 영적 능력과 기술을 갖춘 영매, 무당 또는 채널러, 도인 등이 귀신이나 영을 불러 그들과 교신하거나 점을 치는 것은 무방하나 일반인들이 단순한 호기심 또는 실수로 귀신이나 영을 불러들이는 것은 매우 위험하므로 극력 피하여야 한다.

우선, 가족이나 친구 등 가까운 사람이 사망하였을 때 과도하게 슬퍼하여 망인이 저승으로 떠나지 못하고 주위에 남아 있도록 붙잡지 말아야 한다. 유족은 망인이 부담 없이 저승으로 떠나갈 수 있도록 의연한 자세로 기도하고 염원해 주어야 한다. 망인의 입장에서 볼 때 땅을 치고 뒹굴며 울부짖는 가족을 남겨두고 쉽게 떠날 수 있겠는가. 그렇게 되면 망인이 차마 떠나지 못하고 가족이나 친구 주위를 맴도는 지박령이 된다. 물론 이런 지박령들은 어느 정도 시간이 지나면 자신의 존재 때문에 가족이나 친구의 건강이 악화되고 자질구레한 사고가 생기는 등의 피해가 발생한다는 사실을 깨닫고 스스로 저승으로 떠나가는 경우가 많다. 그러나 한동안이라 하더라도 일부러 귀신을 떠나지 못하게 주위에 붙잡아 둘 필요는 없지 않겠는가.

다음으로, 누군가가 소중하게 생각하였음 직한 골동품이나 보석에는 과거에 그 물건을 소유하였던 사람의 영혼이 붙어 있을 가능성이 크므로 이런 물건을 집으로 가져오는 일은 조심해야 한다. 영매 윈코우스키는, 자신이 조사한 바에 의하면 누군가가 전에 소유하였던 이력이 있는 보석의 약 75%에 유령이 붙어 다니는 것으로 추정된다고 하였다. 값비싼 다이아몬드, 오래된 고급시계와 자동차, 그림, 고풍스러운 은 식기와 은제 컵 등 골동품 가게에서 거래하는 중고품에는 귀신이 붙어 있을 가능성이 있으므로 이를 함부로 집에 들여서는 안 된다. 유럽에서 저주받은 다이아몬드라고 해서 유명한 '4대 블러드 다이아몬드(Blood Diamond)'는 이름 그대로 그 다이아몬드를 소유하는 사람에게 숱한 피를 불러왔음을 앞에서 소개한 바 있다. 억울하게 죽은 원래 소유자들의 영혼이 붙어 있다가 다음 소유자들에게 해악을 가한 것으로 추정해 볼 수 있는 사례다.

1988년 미국에서 개봉한 톰 홀랜드 감독의 영화 〈사탄의 인형〉과 2015년 영국에서 개봉한 앤드류 존스 감독의 영화 〈로버트: 인형의 저주〉는 악령이 붙은 인형을 소재로 한 영화다. 〈로버트: 인형의 저주〉는 실화를 영화화한 것인데, 실제 이야기는 다음과 같다. 로버트 유진 오토라는 미국 플로리다에 사는 아이는 1906년 흑마술에 능한 보모로부터 '소년 인형' 1개를 선물 받았다. 그는 인형에 자신의 이름을 따서 '로버트'라는 이름을 붙이고 어린 시절에 자기가 입었던 옷을 입혀 늘 가지고 놀았다. 그런데 언젠가부터 인형이 스스로 움직이고 표정을 바꾸거나 킬킬거리는 소리를 내기 시작하였다. 인형이 혼자 움직이는 것을 이웃 사람들이 목격하기도 하였다. 로버트 유진이 사망한 이후 집에 남겨진 그 인형은 혼자 움직이고 사람들을 괴롭히기도 하였다. 인형과 가까이한 사람 중에 교통사고를 당하거나 이혼을 하거나 실직을 하는 등의 불행을 겪은 이가 많았다. 인형 '로버트'는 현재 플로리다주 키웨스트에 위치한 박물관에 전시되어 있는데, '로버트'를 촬영하다 보면 카메라 셔터가 눌러지지 않는 이상 현상이 발생할 때가 있다고 한다. 이와 같이 죽은 아이가 가지고 놀던 인형에 그 아이의 영혼이 붙어 있는 경우가 있다. 그러므로 아무리 돈이 궁하더라도 사랑스러운 아이에게 선물하는 인형은 새것을 사 주도록 하고, 혹시 죽은 아이가 쓰던 것인지도 모르는 중고품 또는 골동품 인형은 사 주지 않는 것이 좋다.

영화 〈인형의 저주〉의 한 장면

귀신은 강신술이나 교령회 같은 의식을 통하거나, 펜듈럼·타로카드 같은 영적 물건을 이용하거나, 위자보드(Ouija Board) 게임 또는 분신사바(콧쿠리상) 주술놀이를 통해 불러들이는 것이 가능하다.

강신술(降神術)은 특수한 방법으로 귀신을 맞아들여 그 힘으로써 물체를 뜨게 하거나 귀신의 말을 듣게 하는 술법을 말하는데, 심령술(心靈術)·교령술(交靈術)이라고도 한다. 영적 존재와의 교신, 즉 채널링을 고차원의 영적 능력을 갖추지 못한 일반인들이 시도하는 것은 자칫하면 악령을 불러들여 큰 불행을 초래할 수 있다. 교령회를 통해 귀신과 교신하는 의식은 미국의 폭스 자매가 영성주의(Spiritualism)를 표방하며 공개적으로 교령회를 시행한 19세기 중엽부터 미국과 유럽 등 서구에서 큰 인기를 끌게 되었다. 영국의 문호 찰스 디킨스와 『셜록 홈스』의 저자 코난 도일도 교령회에 심취하였으며, 그들은 교령회에서 영과 교신하는 등의 신비한 체험을 한 것으로 알려져 있다.

요즘에는 위자보드(Ouija Board) 게임이나 분신사바(콧쿠리상) 주술을 이용해 귀신을 부르는 놀이가 젊은이들 사이에 유행이다. 그러나 이러한 놀이는 자칫하면 악령을 불러들여 해코지를 당할 수 있으므로 절대로 하여서는 안 된다. 위자보드 게임과 분신사바 주술놀이에 대해서는 뒤에서 좀 더 자세히 살펴보기로 한다.

펜듈럼(Pendulum)이란 실 끝에 추가 달린 도구를 말하며, 원래는 실 끝을 쥐고 있으면 추가 저절로 움직이는 현상을 이용하여 질병 진단, 심리 파악 등에 활용되었다. 펜듈럼에 관해 본격적으로 연구한 사람은 프랑스의 화학자이자 국립역사박물관 관장이었던 슈브럴(Chevreul)이었다. 그는 관념운동반응 현상에 관심을 갖고 펜듈럼에 대해 체계적으로 연구한 결과 피험자의 무의식적 작용이 근육의 움직임에 미세한 영향을 주어 펜듈럼이 움직인다는 사실을 밝혀냈다. 그 이후 최면술사들이 피술자들의 최면 치료에 펜듈럼을 이용하였는데, 최면상태에서 피술자의 무의식 또는 잠재의식을 끌어내어 펜듈럼의 움직임에 반영되도록 하는 기법이다. 인간의 의식 또는 무의식, 잠재의식 등 사념의 본질은 에너지이므로 우리가 의도적으로 생각을 집중하거나 최면 등에 의해 무의식이나 잠재의식이 표면화할 경우 그 에너지가 펜듈럼의 움직임을 끌어내는 것으로 생각된다. 펜듈럼 실험은 누구나 쉽게 해 볼 수 있다. 그 방법은 우선 피술자 한 사람 또는 두세 사람이 편안한 마음 상태에서 호흡을 가다듬은 다음 엄지손가락과 집게손가락으로 펜듈럼의 실 끝을 잡는다. 다음으로 간단한 질문을 하고 펜듈럼에 어느 한쪽으로 움직여 "예." 또는 "아니요."라는 답변을 하라고 마음속으로 명령한다. 이러한 간단한 질문에 대해 펜듈럼이 반응하여 답변이 성공하면 좀 더 어려운 질문으로 나아가게 된다. 독자 여러분도 펜듈럼을 잡고 마음을 집중하여 "시계방향으로 회전하라!"든가 "그 반대 방향으로 회전하라!"고 명령을 한번 내려 보라. 신기하게도 펜듈럼이 명령대로 반응할 것이다. 물론 장난삼아 해서는 안 되고 마음을 집중해야 한다. 요즘은 펜듈럼으로 수맥을 찾는 데 활용하기도 한다. 그러나 이러한 펜듈럼을

귀신을 불러오는 데 사용하는 것은 매우 위험하므로 가급적 피하
는 것이 좋다.

펜듈럼의 일반적인 형태

타로카드(Tarot Card)는 점술에 사용되는 다양한 그림이 그려진
78매의 카드를 말하는데, 이 카드를 뽑으면서 문제를 분석하고 해
답을 찾아가는 방법으로 점을 치거나 게임을 한다. 타로카드의 기
원은 명확히 밝혀지지 않았으나, 이집트·중국·인도·아라비아 기원
설 등이 있다. 14세기경 유럽에서 타로카드로 게임을 하였다는 기
록이 남아 있다. 18세기 말 프랑스의 앙트안 쿠르 데 제블랭이『고
대세계와 현대세계의 비교분석』이라는 저서에서 타로카드가 고대
이집트 신화에서 유래하였다고 주장하면서부터 신비적인 주술 도
구로도 사용되기 시작하였다. 타로카드는 총 78장의 카드로 되어
있는데, 대 아르카나 22장과 소 아르카나 56장으로 구성되어 있

다. 각 카드에는 운명의 수레바퀴, 은둔자, 정의의 여신, 죽음의 여신, 광대, 마술사, 교수형을 당한 죄인 등 각각의 의미에 따른 그림이 그려져 있다. 각 카드에 있는 그림의 종류와 위치의 조합에 따라 그 의미를 종합, 해석하여 인간의 미래와 길흉 따위를 점치게 된다. 처음에는 단순한 게임으로 이용되던 타로카드가, 심령주의자들이 인간의 길흉화복을 점치거나 심리를 분석하는 도구로 활용하면서부터 신비주의적인 색채가 더해졌으며, 오늘날에는 귀신 등 영적 존재를 불러오는 도구로 활용되기도 한다.[87]

타로카드 게임을 하는 모습

---

87) 정홍경 저, 『정통 타로카드 배우기』(넥서스Books, 2009)

8. 위자보드와 분신사바

위자보드 게임이나 분신사바 주술놀이를 통해 귀신을 부르는 것은 매우 위험하며, 자칫 섣불리 귀신을 불렀다가 큰 불행을 당한 사람들이 많다.

위자보드 게임은 글씨가 씌어 있는 보드(Board, 나무판) 위에 말판을 얹고 질문을 한 다음 그 말판이 움직여 멈추는 곳의 글자에 따라 대답을 얻는 게임이다. 원래 위자(Ouija)라는 이름은 프랑스어 'Oui'와 독일어 'Ja'에서 따온 것으로, 둘 다 '예(Yes)'라는 뜻이다.

위자보드의 유래에 관해서는 여러 가지 설이 있는데, 14세기 프랑스에서 집시들이 영혼에게 궁금한 것들을 물어보던 놀이에서 유래했다는 설이 유력하다. 그 이후 1890년경 케나드 노벨티라는 회사에서 위자보드의 일종인 '토킹 보드(Talking Boards)'를 만들어 판매하였다. 제1차 세계대전 이후인 1920년경부터 미국에서 위자보드 게임이 큰 인기를 얻게 되자 1966년 파커 브라더스 사에서 지금의 위자보드와 같은 상품을 판매하기 시작하였고, 현재는 미국의 유명한 완구업체인 해즈브로(Hasbro)에서 제작 판매하고 있다. 위자라는 명칭은 케나드 노벨티 회사의 임원들이 처음 보드를 제작하였을 때 보드에 무슨 이름이 좋겠냐고 직접 물어봤더니 말판이 알파벳 O, U, I, J, A로 차례로 움직여 그 글자 그대로 위자(Ouija)라고 이름을 지었다는 이야기도 있다.

위자보드에는 알파벳 A부터 Z까지의 글자와 0, 1, 2 ……9까지의 숫자 및 'Yes'와 'No', 'Good-bye', 'maybe' 등의 단어가 새겨져 있다. 그 보드 위에 플랑셰트(Planchette)라는 말판을 얹어 사용한다.

일반적으로 사용되는 위자보드

게임 방법은 다음과 같다. 참가자는 두세 명이 적당하며, 장소는 조용하고 너무 밝지 않은 곳이 좋다. 전등을 끄고 촛불을 켜는 것이 좋으며, 향이나 세이지로 은은한 향기를 내는 것도 도움이 된다. 우선 위자보드 위에 말판을 얹고 그 말판 위에 참가자들이 손(검지와 중지)을 얹는다. 처음 시작할 때는 말판을 알파벳 G자 위에 두고 시작한다. 참가자들은 호흡을 가다듬은 다음 마음을 집중하여 주문을 외운다. 주문은 "여기에 누가 와 있나요?"라는 질문으로부터 시작한다. 참가자 중 한 사람을 영매로 정해서 그 영매가 질문하는 것이 좋다. 질문 후 인내심을 가지고 기다린다. 이때 말판이 움직여 'Yes'를 가리키면 귀신이 찾아온 것이며, 이때부터 게임이 시작된다. 인위적으로 말판을 움직여서는 안 된다. 귀신에게 살았을 때 이름이 무엇이며, 왜 죽었는지 등을 계속해서 질문할 수 있다. 귀신의 답변을 참가자 이외의 다른 사람이 종이에 받아 적는 것도 좋은 방법이다. 질문과 답변은 영어로 하여야 한다. 마칠 때는 "이제 게임을 끝내고자 한다."고 말한 뒤 말판을 'Good-Bye'에 옮겨 끝내게 된다. 말판이 보드 위에서 저절로 8자를 그리며 회전하거나 알파벳 Z자로부터 A자 쪽 또는 숫자 9로부터 0 쪽으로 움직이면 귀신이 게임을 끝내고 싶어 한다는 표시다.

위자보드 게임은 처음에는 단순한 오락용으로 시작된 것이지만 차츰 의도하지 않게 악령 등을 불러오는 경우가 늘어났다. 그래서 많은 경험자에 의해 위험성이 경고되면서 다음과 같은 주의사항이 생겼다.

(1) 절대로 혼자서 게임을 하여서는 안 된다. 반드시 두 명 이상이 함께 하여 야 한다.

(2) 참가자의 집이나 묘지에서 게임을 하여서는 안 된다.

(3) 15분 이상 게임을 지속하지 않도록 한다. 게임을 오래 지속하면 귀신이 게 임을 끝내지 않으려 할 우려가 있고, 악령인 경우에는 그 힘이 더 세진다.

(4) 미래에 일어날 일 또는 참가자의 장래를 물어보아서는 안 된다. 만일 이런 것을 물어보면 귀신이 보드나 주위 물건을 흔들고 던지는 등 행패를 부릴 수 있다.

(5) 보드에서 말판이 떨어지지 않도록 주의해야 한다. 말판이 떨어지면 귀신 이 중도에 사라질 수 있다.

(6) 게임을 마칠 때는 반드시 귀신에게 게임을 끝내도 되겠냐고 물어 동의를 얻은 뒤 "잘 가세요."라는 인사와 함께 말판을 'Good-Bye' 쪽으로 옮겨 끝내야 한다.

　이러한 주의사항을 무시하고 게임을 하였다가 낭패를 당한 사람 들이 많다. 대표적인 사례가 귀신이 게임을 끝내지 않으려고 억지 를 부리고, 만약 그의 동의 없이 게임을 끝냈을 경우 해코지를 하 는 것이다. 또한 단순한 귀신이 아니라 강한 악성과 위력을 갖춘 악령이 나타나 참가자와 주위 사람들에게 큰 불행을 일으키는 경 우도 있다. 인터넷 웹사이트 등에는 이러한 피해를 봤던 참가자들 의 경험담이 많이 올라와 있다. 필자가 전해 들은 사례 하나만 소 개하겠다.

한국에서 미국 LA로 유학을 간 고교생 A(18세)는 어느 토요일 오후에 친구 B의 집에 놀러 갔다가 우연히 그곳 지하실에 있는 위자보드를 발견하였다.

A : "어, 이게 뭐야?"

B : "응, 위자보드라고 게임하는 건데, 전에 같이 살던 삼촌이 두고 간 거야!"

A : "와, 이게 위자보드구나! 한국에서 얘기 들은 적 있는데, 귀신도 부를 수 있다며?"

B : "그래, 하지만 위험하다고 삼촌이 절대 게임하지 말라고 그랬어."

A : "괜히 겁주는 거겠지. 진짜 위험하면 이런 걸 만들어 팔겠어?"

B : "그렇네. 그럼 우리 한번 해볼까?"

그때 다른 친구 C와 D가 놀러 와 일행은 네 명이 되었다. D는 위자보드 게임은 위험하다며 자신은 구경만 하겠다고 하면서 15분 이상 오래 하면 안 된다는 얘기를 들었다고 말하였다. 그래서 A, B, C 세 사람이 그곳 지하실에서 위자보드 게임을 시작하였다. 게임 방법은 위자보드 뒷면에 영어로 된 설명문이 있어 그 설명에 따르기로 하였다. D는 귀신이 대답하면 그걸 노트에 받아 적는 역할을 하기로 하였다.

세 사람은 위자보드 위에 말판(플랑셰트)을 얹고 그 위에 함께 손을 얹었다. B가 영매 역할을 맡기로 하여 질문을 시작하였다.

"여기 주위에 죽은 영혼이 와 있나요?"

그러나 5분이 지나도록 말판은 움직일 기미가 없었다. 그러자 A가 "이거 사기 아냐?" 하며 킬킬거렸다. 그런데 조금 뒤 말판이 조금 움직이기 시작하였다. 세 사람은 누군가가 일부러 장난으로 움직이는 것으로 생각하여 서로의 얼굴을 쳐다보았다. 그러나 세 사람 모두 의아해하는 순간 말판이 쑥 미끄러져 'Yes' 위에 가서 멈췄다. 일행들은 너무 놀라 숨이 멈출 것 같았다. B가 조심스레 물었다. "당신의 이름은 무엇입니까?" 말판이 움직여 멈추는 알파벳을 차례로 받아 적어 보니 귀신의 이름은 엘리자베스였다. 계속하여 질문한 결과 엘리자베스라는 귀신은 미국 캘리포니아주의 샌디에이고에서 살다가 15살에 교통사고로 죽었으며, 죽은 지 60년이 된 사실을 알아냈다. 친구들을 떠나 저승으로 가고 싶지 않아서 이곳에 남았으며, LA에는 친한 친구가 살던 집이 있어서 자주 온다고 하였다.

　일행들은 설마 하며 시작했다가 실제로 귀신이 나타나 질문에 대답하자 두렵기도 하고 한편 신기하기도 하여 시간 가는 줄 모르고 게임에 몰두하였다. 그러던 중 D가 시계를 보니 어느덧 20분의 시간이 지나고 있었다. D는 가족들과 식사 약속이 있어 집에 가야 한다며 먼저 나갔다. 나머지 일행은 게임을 15분 이상 하는 것은 위험하다고 한 말이 생각나서 귀신에게 "이제 그만 해도 될까요?"라고 물었다. 그런데 귀신은 즉각 'No'라고 대답하였다. 그걸 본 일행은 얼굴이 하얗게 질렸다. 말판을 잡고 있는 손이 파르르 떨렸다. C가 용기를 내어 "나는 집이 여기서 멀리 떨어진 산타모니카라서 더 늦기 전에 가야 하는데 그만두면 안 될까?"라고 다시 물었다. 그러자 갑자기 지하실의 전등이 몇 번 깜박거리더니 말판이 다시 'No'에 가서 멈췄다. 일행은 이제 숨도 제대로 쉴 수 없는 공포를 느끼기 시작하였다. 등에서 진땀이 흘러내렸다. 이번에는 B가 "어른들이 돌아오실 시간이 됐는데, 다음에 계속하면 안 될까?"라고 물었으나 여전히 대답은 'No'였다. 그러자 C가 순간 화를 참지 못하고 "뭐야, 이게!"라고 소리 지르며 보드를 밀쳐버렸고, 보드와 말판이 탁자 아래로 떨어졌다. A와 B는 얼굴이 파랗게 되었으나 이미 엎질러진 물이었다. 이렇게 하여 게임은 끝나게 되었고, C는 서둘러 귀가하였으며 A도 집으로 돌아왔다.

A는 집으로 돌아와 저녁 식사를 하고 잠자리에 들었으나 기분이 찜찜하여 영 잠을 이룰 수가 없었다. 밤 11시가 되었을 무렵 휴대폰에 모르는 번호로 전화가 걸려 와 받았으나 아무 말도 없이 끊어졌다. 이상해서 그 번호로 전화를 걸었더니 없는 번호라는 표시가 떴다. 이제 잠은 완전히 달아났으며, 머리카락이 치솟고 등줄기가 서늘해지는 공포감이 덮쳐왔다.

A는 위자보드 게임 때문에 주말을 기분 나쁘게 보내고 다음 주 월요일이 되어 학교에 갔다. 그런데 같은 반 친구들이 모여 웅성거리고 있었다. 들어보니 C가 토요일 저녁에 귀가하던 중 집 근처 도로 횡단보도에서 과속으로 질주하던 트럭에 치여 크게 다쳤다는 것이었다. 며칠 뒤 A가 친구들과 함께 병원으로 C를 문병 가서 들은 얘기로는, C가 위자보드 게임을 한 날 저녁에 귀가하던 중 집 근처 횡단보도를 건너려고 서 있는데 갑자기 옆에 희끄무레한 반투명 형태의 소녀가 나타나 깜짝 놀라 도로로 넘어졌고 그 순간 달려오던 트럭에 치이게 되었다는 것

이었다. 목격자들의 말에 의하면 그곳은 인적이 뜸한 곳이고, 사고 당시 근처에 C 이외의 다른 사람은 없었다는 것이다. A와 B, D는 분명 귀신 엘리자베스의 짓이라고 생각했다. 엘리자베스가 자신의 허락 없이 게임을 끝낸 것에 대한 보복으로 C를 다치게 한 것이라고 생각한 것이다. A와 친구들은 인터넷을 통해 위자보드 게임 피해자들의 모임이 있는 것을 알고 그들에게 도움을 요청하였다. 그 모임 소속의 전문 영매가 다시 엘리자베스의 영혼을 불러내어 화를 풀도록 설득하였다. 엘리자베스의 영혼은 자신은 너무나 심심하여 견딜 수 없다고 하며 C가 자신을 무시하고 보드를 엎어버려서 앙갚음한 것이라고 시인하였다. 그 이후 A는 위자보드 게임 피해자 모임에 가입하였으며, 위자보드 게임을 하고 싶어 하는 사람을 보면 극구 말린다고 한다.

위자보드 게임이 세상에 널리 알려진 것은 1973년 개봉한 윌리엄 프리드킨 감독의 영화 〈엑소시스트〉에 이 게임이 등장하면서부터다. 여주인공인 리건(린다 블레어 분)은 위자보드 게임을 하다가 우연히 하우디 선장의 악령을 불러내었다고 얘기한다. 그 외에도 위자보드 게임이 등장하는 영화로는 2016년 개봉한 제임스 완 감독의 영화 〈컨저링 2〉, 같은 해 개봉한 마이크 플래너건 감독의 영화 〈위자 : 저주의 시작〉 등이 있다.

〈컨저링 2〉에서는 여주인공 자넷(메디슨 울프 분)이 엄마 몰래 위자보드 게임을 하다가 보드를 침대 밑에 내버려 두는데 그 이후 악령이 들어붙어 가족들을 괴롭히기 시작하는 것으로 나타난다. 〈위자 : 저주의 시작〉에서는 1967년 LA에서 사이비 심령술사로 살아가던 엘리스(엘리자베스 리저 분)가 새로운 심령도구로 사용하기 위해 위자보드를 집에 들이게 되는데 딸 도리스(룰루 윌슨 분)가 절대 혼자 해서는 안 된다는 규칙을 어기고 위자보드 게임을 하여 집 안에 잠들어 있던 악령을 깨우게 되는 것으로 이야기가 시작된다. 특히 〈위자 : 저주의 시작〉에서는 위자보드 게임의 '절대규칙'이라며 첫째, 혼자서 게임하지 말 것, 둘째, 묘지에서 게임하지 말 것, 셋째, 영혼의 동의 없이 게임을 끝내지 말 것을 제시한다.

아이돌 그룹 H.O.T.의 리드보컬 문희준은 2011년 11월 10일 방송된 OBS 〈김구라 문희준의 검색녀〉 11월 괴담 편에 출연하여 자신의 그룹이 절정의 인기를 누비던 데뷔 초에 위자보드가 그룹의 해체 시기를 정확히 예언해 놀랐다는 이야기를 하여 큰 화젯거리가 되었다. 문희준은 멤버 토니 안이 위자보드를 가져와서 함께 게임을 하였는데, 위자보드가 H.O.T는 해체하게 될 것이며 그 시기는 2001년이라고 예언하였다는 것이다. 실제로 H.O.T는 멤버들의 계약관계 등 문제로 2001년도에 해체하였다.

MBC TV는 2016년 6월 12일과 2016년 11월 13일에 〈신비한 TV 서프라이즈〉에서 위자보드에 관한 이야기를 두 차례 방영하였다.

MBC 〈신비한TV 서프라이즈〉에 방영된 위자보드 게임

처음 방영한 내용은 2016년 페루의 어느 학교에서 위자보드 게임을 한 학생들 80여 명이 집단으로 발작을 하게 된 사건이었다. 식중독이나 전염병 등 어떠한 질환도 발생하지 않았는데 학생들이 발작을 일으키며 의식을 잃은 것이다. 그 학생들은 이구동성으로 위자보드 게임을 하고 난 뒤 검은 옷을 입은 귀신을 보았다고 증언하였다. 일부에서는 학생들이 집단적 히스테리 증상을 일으킨 것이라고 하지만 발작의 원인은 아직 정확히 밝혀지지 않았다고 한다. 두 번째 방영한 내용은 앞에서 설명한 자동서기에 관한 것으로, 미국의 펄 커렌이라는 무명작가가 위자보드 게임으로 불러낸 영혼 페이션스 워스에 의하여 자동서기 방식으로 위대한 소설을 창작한 데 대한 이야기다. 펄 커렌은 소설을 창작할 만한 능력을

전혀 갖추지 못한 여자였는데 1917년 어느 날 위자보드 게임으로 17세기에 인디언에게 살해당한 페이션스 워스의 영혼을 불러내게 되었으며, 그 이후 페이션스 워스의 영혼이 펄 커렌의 손을 이용해 『유감스러운 이야기(The Sorry Tale)』등의 매우 뛰어난 작품들을 창작한 것이다.

위자보드 게임으로 죽은 사람의 영혼을 불러낼 수 있는 확률이 그리 높다고 할 수는 없다. 그러나 확률이 높지 않다고 하더라도 위자보드 게임으로 귀신을 불러낸 사실은 너무나 많은 경험자가 증언하고 있으므로 이제 허황한 얘기라고만 치부할 수 없게 되었다. 위자보드는 나무판 위에 문자와 숫자가 쓰인 것인데, 물체로 된 나무판과 문자 및 숫자로 된 정보 자체에 무슨 영험한 능력이 있어 영혼을 부를 수 있는 것이 아니라 게임에 참가하는 사람들의 간절한 염원과 집중력에 의하여 발생한 영적 파동이 비슷한 파동을 가진 귀신의 영혼과 공조 현상을 일으켜 그 영혼을 불러들이는 것으로 생각된다.

위자보드 게임과 비슷한 것으로 분신사바 놀이가 있다. 분신사바는 동양판 위자보드 게임이라 할 수 있다. 분신사바의 놀이 방법은 우선 손으로 펜을 잡고 O·X나 숫자, 도형 등을 미리 그려놓은 종이 위에 댄 채 "분신사바 분신사바 오얏떼 쿠다사이"나 "분신

사바 분신사바 이웃테 쿠다사이", 또는 "분신사바 분신사바 오디세이 그라사이" 등의 주문[88]을 외운다. 그때 귀신이 나타나 펜을 움직여 미리 써놓은 글자나 숫자, 도형을 가리키거나 새로운 글자를 쓰게 되면 그것을 해석하여 점을 치는 놀이다. 분신사바가 언제, 어디서 처음 유래한 것인지는 분명하지 않다. 그러나 주문이 일본 말과 비슷한 것으로 보아 일본에서 유래한 것은 분명한 것 같다. 일제강점기 때 일본으로부터 대구 지역에 전해져서 전국으로 퍼졌다는 설이 있다. 일본에서는 분신사바와 비슷한 놀이를 '콧쿠리상(こっくりさん)'이라고 한다. 콧쿠리는 한자로 '狐狗狸(호구리)'라고 쓰는데 여우, 개, 너구리를 뜻한다. 일본에서는 이들 동물이 영력이 높아서 나이를 많이 먹게 되면 요괴로 바뀌거나 인간에게 빙의한다는 전설이 있다. 그래서 콧쿠리상 놀이를 통해 동물령을 불러들이기도 한다. 우리나라 전설 중에 인간의 모습으로 변신한 백 년 묵은 여우에게 홀렸다는 이야기와 유사하다. 일본에서는 어린 학생들이 콧쿠리상 놀이를 하다가 귀신을 불러들여 집단으로 빙의되는 사건이 발생하기도 하였으며, 그래서 교육 당국이 콧쿠리상 놀이를 금지한 일도 있다. 1880년경 난파한 미국 선박이 일본 시즈오카현 시모다항에 표류하게 되었는데 그 선박의 선원들이 일본인들에게 위자보드 게임을 알려준 것이 콧쿠리상의 시초가 되었다는 설이 있다.

---

88) 주문의 뜻이 무엇인지는 불분명하다.

2004년 안병기 감독의 〈분신사바〉라는 영화가 개봉되었으며, 그 뒤 제3편까지 속편이 나왔다. 왕따를 당한 학생이 다른 학생을 저주하기 위해 분신사바 주문으로 귀신을 불러들이고 그 이후 같은 반 학생들이 한 명씩 죽어간다는 이야기다.

영화 〈분신사바 2〉의 포스터

9. 귀신을 촬영할 수 있나?

전 세계적으로 귀신이나 유령을 촬영한 사진이라는 것들이 여럿 있다. 인터넷에는 세계 10대 유령사진이라고 하여 순위를 매겨 놓은 것들도 있다. 그 1번이 '창가의 소녀', 2번이 '선원들의 얼굴', 3번이 '무덤돌 위의 남자'라는 식으로 사진 제목과 귀신 이름, 배경 스토리까지 상세히 올라와 있다. 우리나라에도 '옥수역 귀신'이니 '봉천동 귀신'이니 '제주도 성산 일출봉 귀신'이니 하여 떠도는 사진들이 많다. 그러나 결론부터 말하자면 이런 사진의 대부분은 가짜다. 사진 전문가들은 이들 사진 대부분이 촬영자가 의도적으로 조작한 것이거나 실수로 이상한 형상이 촬영된 것이라고 설명한다. 의도적으로 조작할 때는 카메라로 이중노출을 하는 방법을 주로 많이 사용한다. 우리가 카메라로 야간 불꽃놀이를 촬영할 때처럼 한 필름에 두 번의 영상을 촬영하는 것이다. 실제 대상물을 촬영한 사진에 귀신처럼 보이는 이상한 형상을 촬영하여 합성하기도 한다. 이처럼 이중노출에 의하여 유령사진을 만들어냄으로써 유명해진 사람이 미국 보스턴에서 1850년경 활동한 윌리엄 머믈러다. 요즘 나오는 아이폰에는 아예 'Ghostcam'이라는 앱을 다운받아 유령이 나타난 것처럼 보이는 사진을 촬영할 수 있게 되어 있다.

'Camera360'이라는 카메라 앱을 이용하여도 그런 사진을 촬영할 수 있다. 실수로 귀신 사진이 촬영되는 경우는 촬영 당시 카메라가 흔들리거나, 렌즈에 이물질이 묻어 있거나, 주위의 빛이 무의식중에 카메라에 비쳐 렌즈에 굴절 현상을 일으켜 귀신 형상처럼 찍히는 것 등이다. 그 외에도 촬영자는 의식하지 못했지만 다른 사람이 우연히 지나가다가 귀신처럼 찍히기도 하고, 다른 물체가 착시 현상으로 마치 귀신과 비슷하게 보이는 경우도 많다.

물론 사진 전문가들이 분석해 보아도 조작이나 실수의 증거를 찾을 수 없어 진짜 귀신 사진으로 추정되는 것들도 있다. 우리가 주목해야 할 것은 바로 이런 사진들이다. 가장 유명한 것은 영국 노퍽 지방의 레인험 홀 저택에서 1936년에 촬영된 것으로, 촬영 당시 아무도 없었던 계단 위쪽에 여인의 모습을 한 영상이 희미하게 찍혀 있다. 이른바 '레인험 홀의 유령'이라는 사진이다. 레인험 홀은 원래 영국의 명문 타운센트 가의 저택으로 찰스 타운센트와 그의 아내 도로시 타운센트가 살던 집이다. 도로시는 영국 최초의 수상 로버트 월폴의 여동생으로 찰스의 두 번째 아내가 되었으나 결혼 생활이 순탄치 못하였고, 나중에는 가택 연금 상태로 살다가 1726년에 숨을 거뒀다. 그녀는 평소에 진홍색 드레스를 입기를 즐겼는데, 그녀가 죽은 뒤부터 이 저택에서 진홍색 드레스를 입은 여자 유령을 보았다는 사람이 늘어났다. 뒤에 영국 왕이 된 조지 4

세도 황태자 시절, 이 저택에서 머물다가 침대 옆에 나타난 도로시의 유령을 보고 기겁하여 그곳을 떠났다고 한다. 그 뒤 약 200년이 지난 1936년에 〈컨트리 라이프〉라는 잡지사의 기자 캡틴 프로반드(Captain Provand)가 조수 인드라 쉬라(Indra Shira)와 함께 이 저택의 이곳저곳을 촬영하게 되었는데, 그들이 찍은 사진에 도로시로 추정되는 유령이 찍힌 것이다. 촬영 당시 프로반드는 유령을 보지 못했는데 조수 쉬라가 계단 위에 누가 있다고 해서 급하게 셔터를 눌러 촬영하고 사진을 인화해 보니 정말로 계단 위에 서 있는 반투명 형체의 유령이 촬영된 것이다. 이 사진에 대하여는 여러 전문가가 필름 검사를 하였으나 조작된 것이 아니라는 결론을 내렸다. 당시의 기술 수준으로는 도저히 조작할 수 없는 것이라고 한다. 이 사진이 촬영된 이후에도 레인험 홀에서는 도로시의 유령이 여러 사람에게 목격되었다고 한다.

레인험 홀 저택

이와 비슷한 것으로 영국 그리니치 국립 해양박물관의 튤립 계단에서 촬영된 사진이 있는데, 이 사진에도 계단 위에 있는 유령의 모습이 찍혀 있다. 1966년 영국 국립해양박물관 내 '여왕의 집' 섹션으로 이어지는 나선형 계단(튤립 계단)에서 찍힌 사진이다. 이 사진에는 하얀 소복을 입은 것으로 생각되는 사람이 계단의 난간을 잡고 서 있는 모습이 나타나 있다. 난간을 잡은 손은 매우 선명하게 보인다. 이곳도 과거부터 유령이 많이 나타나던 곳으로 유명하였는데, 갑자기 문이 쾅 닫히거나 어린아이의 노랫소리와 사람 발소리 등이 자주 들렸다고 한다. 300여 년 전 이곳에서 청소하던 하녀가 15m 높이에서 추락해서 사망했다는 소문이 전해오고 있다. 그 하녀의 영혼이 이곳을 떠나지 못하고 수백 년 동안이나 배회하고 있는 것으로 보인다. 이 사진에 대해서도 전문가들이 필름 조사 등을 통해 철저히 검사했으나 조작의 흔적을 발견하지 못했다고 한다.

영국 그리니치 국립 해양박물관

'프레디 잭슨의 귀환'이라는 제목이 붙어 있는 사진도 유명하다. 프레디는 제1차 세계대전 때 영국 공군으로 참전한 기계공이었는데, 1919년 비행기의 프로펠러에 충돌해 사망했다고 한다. 그런데 그가 죽은 지 이틀 후에 찍은 사진에 중대원들 가운데 그의 모습이 나타나 있다는 것이다. 네 번째 줄 왼쪽에서 네 번째 사람의 어깨 너머(아래 사진 중 확대한 부분)에 프레디의 모습이 흐릿하게 나타나 있다. 이 사진을 찍던 날은 그의 장례식이 치러지던 날이었다고 한다. 프레디의 영혼은 자신이 아직 살아 있다고 생각하여 중대원의 단체 사진 촬영에 참가하였던 것일까?

'프레디 잭슨의 귀환' 사진

CCTV에 촬영된 귀신 사진으로 유명한 것이 영국 햄프턴 코트 궁전의 사진이다. 햄프턴 궁전은 런던 근교에 있는데 영국 국왕 헨리 8세의 다섯 번째 왕비 캐서린 하워드가 죽기 전에 구금되어 있던 곳이다. 캐서린은 헨리 8세로부터 부정을 저질렀다는 의심을 받고 이 궁전에 구금되어 있던 중 인근 예배당에 와 있던 헨리 8세에게 선처를 호소하러 가려다가 붙잡혀 1542년 2월 13일 런던탑에서 참수형을 당하였다. 원래 캐서린은 헨리 8세의 네 번째 왕비 '클레페의 앤'의 시종으로 있다가 왕의 눈에 띄어 왕비가 되었다. 그녀는 왕비가 되기 전 자유분방한 생활을 하였으며, 음악 교사 매녹스, 서기관 프란시스 더햄, 시종 토마스 켈페페 등과 교제하였다. 특히 프란시스 더햄과는 결혼을 약속하고 공공연히 잠자리를 같이하였다. 캐서린은 왕비가 된 뒤에도 옛 애인들을 궁전에 들게 하여 사적인 만남을 가졌는데, 그 사실이 밀고에 의하여 왕에게 알려지게 되었다. 노발대발한 왕은 캐서린을 간통죄로 단죄하여 처형하였다. 당시의 영국 법률에 의하면 남녀가 서로 결혼하자는 말을 하고 잠자리를 같이 하면 혼인이 성립되며 부부 사이가 된다고 하므로 사실 캐서린은 왕비가 되기 전에 이미 프란시스 더햄과 결혼한 유부녀였던 셈이다. 그렇다면 유부녀인 캐서린이 헨리 8세와 결혼한 것은 애초부터 이중혼인으로 무효였으며, 따라서 그 이후에 더햄과 잠자리를 가졌다고 하더라도 간통죄는 성립되지 않는다. 이런 법리를 캐서린이 몰랐는지 그녀는 더햄과 결혼했다는 사실을 끝내 주장하지 않고 사형을 당한 것이다. 유능한 변호사를 선임했더라면 충분히 무죄로 석방될 수 있었을 텐데 법조인인 필자가 볼 때

안타깝다는 생각이 든다. 어쨌든 캐서린이 처형당한 이후에 그녀

가 구금되어 있던 햄프턴 궁전의 방과 예배당 중간쯤에 있는 갤러리에 캐서린의 유령이 나타나기 시작했다. 캐서린의 영혼은 한을 품고 저승으로 가지 못한 채 햄프턴 궁전의 지박령이 된 것이다. 그때부터 이 갤러리는 '유령이 출몰하는 갤러리(Haunted Gallery)'라고 불리며 관광명소가 되었다.

캐서린 왕비의 초상화

그런데 그녀가 죽은 지 460년이 지난 2003년에 그 갤러리 근처에 설치된 화재경보기가 오작동을 하여 주변의 CCTV를 조사하던 중 비디오테이프에 유령이 찍힌 영상을 발견하게 되었다. 그 비디오테이프에는 두건을 쓰고 망토를 입은 존재가 갤러리 출구를 힘껏 열었다가 다시 닫는 장면이 포착되어 있었다. 당시 BBC방송이 이 사실에 관해 보도하였는데, 궁전의 경비원은 그 갤러리는 사람의 출입이 금지된 곳이라고 진술하였다. 호주에서 온 관광객 한 명은 그 시간에 그곳에서 두건을 쓴 유령을 보았다고 방명록에 기재하였다. 이 영상의 진위에 대해 여러 전문가가 조사하였지만 비디

오테이프의 영상이 조작된 것이라는 증거는 찾을 수 없었다. 주위의 정황으로 보아도 누가 일부러 갤러리에 출입하는 모습을 연출한 것으로 의심하기는 어려웠다. 그러나 이 영상이 진짜 유령의 영상인지에 관하여 아직도 영국 왕실이 관광객을 끌기 위해 조작한 것이라는 등 논쟁이 끊이지 않고 있는 실정이다.

햄프턴 코트 궁전 갤러리에 나타났다는 유령

일본에서는 2000년대 초에 심령 현상 붐이 일어나면서 '여고생 귀신'이니 '여고 기숙사의 유령'이니 하여 귀신 사진이 크게 유행하였다. 당시 나카오카라는 사람이 귀신 사진 전문 감별사라고 하여 자신이 진짜라고 감별한 귀신 사진들을 모아 전시회를 열기도 하였다.

우리나라에서는 '제주도 심령사진'이라고 하여 한때 유명하였던 귀신 사진이 있다. MBC는 2012년 6월 12일 방영된 〈TV특종 놀라운 세상〉에서 이 사진을 소개하였는데 그 스토리인즉 다음과 같다.

"2012년 5월경 제주도를 여행한 한 관광객이 성산 일출봉에서 바다를 배경
으로 사진을 찍었는데 그 사진에 관광객의 모습 뒤에 긴 머리를 늘어뜨린
다른 사람의 모습이 작게 찍혀 있었다. 사진을 찍은 곳은 절벽 바로 앞이라
뒤쪽으로 사람이 지나다닐 수 없는 곳이었는데 말이다. 그 관광객이 사진을
찍은 직후 할아버지가 돌아가시고 아버지도 병원에 입원하는 등 안 좋은 일
이 연이어 발생했다. 그는 그 사진을 방송국에 제보했으며 방송국에서는 사
진 전문가에게 감식을 의뢰했는데 전문가는 조작이나 합성의 흔적이 없다
고 했다. 방송국에서 현장 주위를 탐문한 결과 약 20년 전에 그곳에서 일본
인 관광객이 추락해 사망한 사실을 알게 되었다. 그래서 사망한 일본인 관
광객의 인적사항을 추적하여 일본에 있는 친척과 연락이 닿았는데, 그 친척
은 사진을 보고 제주도에서 추락사한 자신의 이모부와 비슷해 보인다고 하
였다. 방송국에서는 그 일본인의 사진을 입수해 함께 방영하였는데 역시 머
리를 길게 늘어뜨린 모습으로 귀신 사진의 모습과 닮아 있었다."

이 방송을 보고 많은 사람이 충격을 받았다. 소름이 끼친다거나
이제 무서워서 밤길을 못 다니겠다고 하는 반응이 많았다. 그런데
며칠 뒤 MBC는 다음과 같은 사과 방송을 내보냈다. 일본에서 입
수한 사진이 죽은 일본 관광객의 생전 사진이 아니라는 사실이 드
러났다는 것이다. 일본에서 입수한 사진의 주인공은 미국에서 버
젓이 살아 있으며, 방송국이 사진을 입수하는 과정에 착오가 있었
다는 것이다. 사람들은 완전히 김이 샜다. 그러나 죽은 일본인의

사진이라는 것이 가짜라는 것일 뿐 제주도에서 찍힌 귀신 사진이 가짜라는 것은 아니지 않은가? 정말로 죽은 일본인의 영혼이 그 사진에 찍힌 것인지는 아직도 미스터리다.

MBC 〈TV특종 놀라운 세상〉이 방영한 제주도 심령사진

귀신과 같은 영적 존재를 찍거나 사람의 염력 또는 초능력으로 마음속에 있는 형상을 나타나게 한 사진을 보통 심령사진(Psychic Photography)이라고 말한다. 귀신과 같은 영적 존재는 물질계의 존재가 아니다. 영적 존재도 에너지체이기는 하나 물질계의 물체들과는 진동하는 파장이 다르다. 그래서 물질계에 속하는 우리 인간의 눈이나 카메라 필름에는 감응되지 않는 것이 원칙이다. 디지털 카메라라고 하여 다르지 않다. 그러나 특별한 영적 능력, 즉 초능

력(ESP)을 가진 영매나 채널러들은 귀신을 볼 수 있고 귀신과 의사소통할 수 있는 사실에서 보듯이 예외가 있을 수 있다. 또한 귀신이 특별한 경우에 자신의 영파 진동수를 물질계의 진동수와 비슷하게 낮추면 카메라에 감응될 수 있지 않을까? 혹은 귀신이 영매들이 내뿜는다고 하는 엑토플라즘(Ectoplasm)과 같은 물질을 매개체로 하여 자신의 모습을 형상화하면 사진으로 찍을 수 있지 않을까? 앞으로 과학이 더욱 발전하여 영적 에너지체가 발산하는 진동을 감지하는 장치를 발명하게 된다면 우리 주위에 와 있는 지박령이나 제삿날 찾아오시는 조상님의 사진을 촬영하는 날도 오지 않을까 하고 생각해본다.

엑토플라즘은 영적 에너지가 물질적 매질(媒質)을 통해 구체화한 것을 말하는데, 귀신을 불러내는 교령회 같은 곳에서 영매의 몸에서 발산되는 물질이다. 이 물질은 희끄무레한 옷감 같은 형체를 띠고 만지면 물렁물렁하고 미끈거린다고 한다. 액체나 고체, 기체의 어느 것에도 속하지 아니한다. 앞서 본 영매 에바 C가 교령회에서 귀신을 불러내어 엑토플라즘을 이용하여 귀신의 모습을 보여주기도 하고 목소리를 들려주기도 하자 교령회에 참석하였던 사람들은 아연실색하였다. 이 물질을 처음으로 과학적으로 연구한 학자는 슈렝크 노팅 박사인데, 그는 엑토플라즘을 분석해 본 결과 약간의 백혈구와 상피조직으로 구성되어 있다는 것을 밝혀냈다. 이는 침

에바 C의 엑토플라즘 사진   에바 C의 엑토플라즘 사진 확대

과 비슷하다고 하였다. 그가 엑토플라즘을 태웠더니 손톱이 타는 냄새가 났으며, 재를 분석하였더니 염화리튬과 인산칼슘으로 되어 있었다고 한다. 그 뒤 벨파스트의 퀸즈대학 교수였던 W. J. 클로 포드 박사가 연구를 계속하여 영매의 몸에서 방출되는 엑토플라 즘과 몸무게의 변화를 연구했으며 사진기를 통해 엑토플라즘을 촬영하는 데 성공하기도 하였다. 이러한 물질의 존재를 확인하고 엑토플라즘이란 명칭을 처음 사용한 사람은 프랑스의 생리학자 샤 를 리세(C. Richet) 박사다. 그는 알레르기 현상에 대해 처음으로 계통적 연구를 하여 노벨상을 받은 저명한 학자인 만큼 엑토플라 즘에 관한 그의 주장을 가볍게 무시할 수는 없을 것이다.

이러한 물질이 어떻게 여러 가지 형태로 변화할 수 있는지에 관하여는 영국의 화학자 아서 핀들레이가 영매 에바 C 등의 교령회를 대상으로 40년간의 연구 끝에 내놓은 『생명의 길』이라는 저서에서 다음과 같이 결론지었다. 즉, 엑토플라즘은 분자 조직이 자유롭고 중력의 영향을 받지 않는 일종의 반물질인데, 다른 화학 반응에는 거의 반응하지 않으나 엑토플라즘을 발산하는 영매의 교신이라는 촉매가 있으면 즉각적으로 반응하여 그 교신에 따라 여러 모양으로 변한다는 것이다.

우리나라에서도 영혼을 '혼쥐'라고 하여 뭉게구름같이 생겼다고 하고, 이 혼쥐가 사람이 잠들면 콧구멍을 통해 기어 나와 돌아다닌다고 하는 설화가 있다. 지역마다 그 설화의 내용은 조금씩 다른데 대체로 다음과 같다.

"어느 비 오는 날에 아내는 바느질을 하고 남편은 낮잠을 자고 있는데 남편의 콧구멍에서 흰 생쥐가 나왔다. 쥐가 밖으로 나가더니 낙숫물이 괸 곳을 못 건너고 있자 아내가 바느질 자로 다리를 놓아 주어 건너가게 하였다. 쥐는 어디론가 사라졌다가 돌아와 다시 남편의 콧구멍으로 들어갔다. 잠에서 깬 남편은 꿈속에서 어디를 가다가 큰비를 만나 강을 건너지 못하고 있는데 어느 부인이 다리를 놓아 주어 건너갔다가 다시 그 다리로 돌아올 수 있었다는 꿈 이야기를 하였다. 아내는 자초지종을 말해 주고, 생쥐가 사람의 혼이라는 것도 알게 되었다."

보통 사람의 혼은 한 마리의 생쥐인데, 도둑놈은 또 한 마리의 생쥐가 더 있어서 그 쥐를 죽이면 도둑질하는 버릇이 고쳐진다는 얘기도 있다. 혼쥐 이야기는 우리나라에만 있는 것이 아니라 일본, 중국, 독일에도 비슷한 설화가 있다. 강일순 선생이 창시한 증산교의 도전(道典)에 보면 혼쥐가 콧구멍에서 나와 돌아다니다가 되돌아가지 않으면 그 사람이 죽게 된다고 언급되어 있다.[89] 우리나라의 혼쥐가 바로 서양 학자들이 말하는 엑토플라즘이 아닐까?

귀신을 촬영하는 정도를 넘어서 아예 귀신을 잡아 가둘 수 있다는 내용으로 영화를 만들어 히트한 작품이 〈고스트 버스터즈〉다. 이 영화는 미국 아이번 라이트먼 감독의 코미디물로서 1984년에 개봉되었으며 빌 머리, 시고니 위버 등이 주연으로 등장하였다. 세계적으로 흥행에 돌풍을 일으켜 2억 3천만 달러의 수익을 올렸으며 우리나라에서도 큰 인기를 끌었다. 그 영화의 줄거리는 이렇다.

초심리학(parapsychology)을 연구하는 3총사인 피터 벵크먼(빌 머리 분), 레이 스탠츠(댄 애크로이드 분), 이곤 스펭글러(해럴드 레이미스 분)는 유령을 잡는 장비인 프로톤 팩(proton pack)을 개발하고 유령 퇴치 전문업체인 고스트 버스터즈를 설립한다. 고스트 버스터즈의 유령 퇴치 사업은 매우 성공하여 네 번째 멤버인 윈스턴 제드모어(어니 허드슨 분)까지 고용하게 된다. 한편,

---

89)　도전 제4편 제121장

피터의 애인인 데이나 배럿(시고니 위버 분)은 게이트키퍼(주울)라는 마물(魔物)에게 씌게 되고 데이나를 짝사랑하는 이웃 사람 루이스 털리도 키마스터(빈츠)라는 마물에 씌게 되는데, 그들은 고저(GOZER)가 강림하기를 기다리고 있다고 하는 등 정신이상 증세를 보인다. 루이스는 경찰에 체포된 뒤 고스트 버스터즈 사로 끌려가 심문받게 되는데, 피터는 데이나와 루이스가 서로 연관된 마물에 씐 사실을 알고 둘이 만나지 못하도록 한다. 그런데 고스트 버스터즈 사에 앙심을 품은 환경보호국 직원은 당국의 영장을 제시하며 고스트 버스터즈 사의 유령 저장탱크 등 모든 장비의 작동을 정지시키고 회사를 폐쇄시킨다. 그러자 저장 탱크에 갇혀 있던 유령들이 한꺼번에 도시로 쏟아져 나와 건물이 폭파되는 등 도시는 엉망이 되고 고스트 버스터즈 멤버들은 구속되고 만다. 그러나 시장은 유령들로 인해 엉망이 된 도시를 재건하기 위해 멤버들을 석방시키며, 한편 게이트키퍼와 키마스터는 혼란을 틈타 데이나의 아파트에서 서로 만나는 데 성공한다. 결국 고스트 버스터즈 멤버들은 아파트의 옥상에서 두 마물 및 강림한 고저를 발견하고 고저를 공격한다. 그러나 고저는 모습을 감춘 채 "곧 '파괴자'가 찾아올 것이며 고스트 버스터즈 멤버들이 생각하는 형태 그대로 '파괴자'가 올 것이다."라고 경고한다. 그래서 멤버들은 '파괴자'에 관한 생각을 하지 않으려고 노력하지만 레이가 자신도 모르게 어린 시절 좋아했던 마시멜로 맨(Stay Puft)이라는 마스코트를 생각하게 되고, 그에 따라 마시멜로가 '파괴자'로 등장한다. 멤버들은 마시멜로를 공격하다가 효과가 없자 궁리 끝에 고저의 포털을 프로톤 팩의 레이저를 교차시켜 공격한다. 그러자 고저와 마시멜로는 사라지고 데이나와 루이스도 마물에게서 풀려나 원래의 상태로 돌아온다. 그리하여 도시는 다시 평온을 되찾고 시민들은 고스트 버스터즈 멤버들을 칭송한다는 해피엔딩으로 끝난다.

영화 〈고스트 버스터즈〉의 한 장면

이 영화의 줄거리는 어떻게 보면 실현 가능성이 희박한 코미디 같은 얘기다. 그러나 필자가 주목하는 것은 그 영화에서 등장하였던 유령 퇴치용 각종 장비들이다. 우선 양성자 빔을 발사하여 유령을 포획하는 장비로 프로토 팩이 등장한다. 양의 하전을 띤 빔으로 음의 에너지를 가진 유령을 무력화할 수 있다는 원리라고 한다. 이 장비의 동력원은 핵물질이고 반감기는 5천 년이다. 다음으로 뮤온 트랩이라는 유령을 잡아넣는 장비가 있다. 양성자 빔으로 유령을 몰아오면 트랩 안에 잡아 가두는 장비이다. 야생동물을 사냥하는 덫과 같은 것이다. 그 외에 PKE 계측기가 등장하는데, 이것은 유령과 같은 영적 존재에서 방출되는 염동력(PsychoKinetic Energy)을 측정하는 장비다. 이 장비를 사용하면 근처에 나타난 유령의 위치를 파악할 수 있고 사람에게 유령이 빙의하였는지 여부도 알 수 있다. 마지막으로, 뮤온 트랩으로 잡아 온 유령들을 가둬 놓는 저장 탱크가 있다. 이 저장 탱크는 전기로 작동하는데 전력 사용량이 어마어마하여 미국 환경보호국에서도 이를 문제 삼아 전기를 차단하는 바람에 탱크에 갇혀 있던 유령들이 모두 탈출하게 되었던 것이다.

이러한 장비들은 물론 현실 세계에서는 존재하지 않는 것들이고 상상 속의 장비들이다. 그러나 유령이나 귀신과 같은 영적 존재가 상상 속의 존재가 아니라 실재하는 존재이며 그 본질이 에너지체라는 사실을 인정한다면 언젠가는 프로토 팩이나 뮤온 트랩, PKE 계측기처럼 그들의 존재를 확인하고 포획하는 장비도 개발되는 날이 오지 않을까 하고 생각한다.

여기서 귀신의 무게를 측정할 수 있는지에 대해 알아보자. 뚱뚱한 사람이 죽으면 뚱뚱한 귀신이 되고 홀쭉한 사람이 죽으면 홀쭉한 귀신이 될 터이니 귀신도 각자의 무게를 가지고 있지 않을까? 그러나 아직 귀신의 무게를 측정한 사람은 없다. 다만 영매가 교령회에서 엑토플라즘을 발산하면 그 엑토플라즘이 귀신의 형상으로 변하는데, 엑토플라즘을 발산한 이후의 영매의 체중 변화를 앞서 본 클로포드 박사가 측정한 사실은 있다. 클로포드 박사의 측정결과 영매의 몸무게가 상당 부분 감소했다고 한다. 하지만 감소한 영매의 체중이 곧 엑토플라즘의 무게 및 귀신의 무게와 일치한다고 추정하는 것은 무리라고 생각된다.

한편, 귀신의 본질은 인간이 죽어 육체를 떠나간 영혼이므로 영혼의 무게를 측정하면 귀신의 무게를 알 수 있지 않을까? 실제로 영혼의 무게를 측정한 과학자들이 있다. 1907년 미국 매사추세츠 주의 내과 의사 던컨 맥두걸(Ducan Macdougal)은 미국 의학회지에 발표한 논문에서 영혼의 무게는 21g이라고 발표하여 사람들을 놀라게 하였다. 그는 위독한 결핵 환자 6명의 침대 밑에 정밀한 저울을 설치해 두고 환자가 숨을 거두는 순간 몸무게의 변화를 측정하였는데 환자 6명 모두 숨을 거두는 순간 갑자기 몸무게가 21g씩 줄어들었다는 것이다. 맥두걸 박사는 인간의 영혼도 물질의 일종일 것이라는 전제하에 이 실험을 하였던 것이다. 그는 막 숨을 거둔 환자에게 인위적으로 숨을 불어넣어 보았지만 줄어든 21g이 다시 늘어나지는 않았다고 한다. 그리고 흥미로운 것은 15마리의 개에 대해서도 동일한 실험을 해 보았는데 개에게서는 체중 감소가 일어나지 않았다는 점이다. 이 실험에 대해 정확히 100년 뒤인 2007년 스웨덴의 룬데 박사가 이끄는 연구팀이 정밀한 컴퓨터를 활용하여 맥두걸 박사의 실험 결과를 검증하였는데, 검증 결과 임종하는 사람의 체중은 정확히 21.26214g씩 감소하는 사실이 확인되었다. 사람이 사망하는 순간 감소한 체중이 반드시 영혼의 무게라고 단정하기에는 무리가 있다는 것이 필자의 생각이나 룬데 박사는 영혼 이외에 다른 체중 감소 요인은 없음을 확인했다고 한다. 룬데 박사의 주장에 따르면 영혼의 무게가 21g이라는 것이 과학적으로 확인된 셈이다. 21그램이라면 500원짜리 동전 세 개 정도의 무게다(500원짜리 동전 하나의 무게는 7.7g이다).

500원 동전

우리가 한평생 살아오면서 얼마나 많은 것을 생각하고, 꿈꾸고, 공부하고, 경험하고, 느꼈는데 영혼의 무게가 이것밖에 안 되는가! 이 모든 것이 영혼에 실려 있으리라 생각했는데, 영혼의 무게가 고작 동전 세 닢에 불과하다니 허탈하기만 하다. 그러나 한편 생각해

보면 조그만 컴퓨터 메모리칩에 어마어마한 분량의 정보가 실려 있듯이 우리의 영혼도 물질적인 무게는 불과 21g에 불과하다고 하더라도 한 사람의 평생의 흔적이 모두 담겨 있을 것이다. 환생을 전제로 하면 전생의 경험도 고스란히 담겨 있을 것이고, 나아가 홀로그램 우주의 원리를 인정한다면 우주 전체의 정보까지도 21g의 영혼 속에 모두 담겨 있을 것이다.

고대 이집트인들의 『사자의 서』에는 자칼의 머리 모양을 한 아누비스신이 죽은 사람의 영혼의 무게를 저울로 재는 그림이 그려져 있다. 아누비스신은 '라의 천칭'이라는 저울에 한쪽에는 죽은 사람의 심장을 올려놓고 다른 쪽에는 '마트의 깃털'이라고 하는 타조의 깃털 하나를 놓아 영혼의 무게를 측정하였다. 만약 심장의 무게가 마트의 깃털보다 무거우면 죄를 지은 영혼으로 판정하여 무시무시한 괴물 암무트가 그 심장을 먹어버린다. 심장을 잃은 영혼은 영원히 사후세계로 떠나가지 못하고 이승을 떠돈다고 이집트인들은 믿었다.

이집트 『사자의 서』. 아누비스신이 죽은 사람의 심장 무게를 재고 있다.

기독교에서도 대천사 미카엘이 죽은 사람의 영혼의 무게를 측정하여 지옥으로 보낼 영혼을 구별한다고 한다. 미카엘 대천사는 한 손엔 칼을 들고서 사탄의 상징인 용과 싸우고, 다른 손엔 저울을 들고 최후의 심판 때 영혼의 무게를 잰다고 한다. 그러나 이집트의 신이나 미카엘 대천사는 영혼의 물질적 무게를 잰 것이 아니라 진실과 정의, 사랑이라는 기준으로 그 영혼의 주인공이 살아 있을 때 얼마나 진실되고, 정의로우며, 사랑을 실천하는 삶을 살았는지를 측정한 것이다. 이러한 기준으로 잰 영혼의 무게가 진정으로 의미 있는 무게가 아닐까 생각한다.

대천사 미카엘의 동상

지금까지 영적 세계를 연구하는 심령과학자들은 역사적, 세계적
으로 무수히 발견되는 실제의 현상들을 관찰함으로써 영혼의 존
재를 확인하였으며 영혼의 존재를 전제로 하여 많은 영적 현상들
을 설명할 수 있었다. 그러나 주류 과학계에서는 근대 과학적 방법
론에 따른 실험과 재현이 불가능하다는 등의 이유로 영혼의 존재
성 자체를 인정하지 않고 있는 실정이다. 하지만 뉴턴의 운동의 법
칙과 같은 물리학의 기초 법칙도 자연계를 관찰한 사실을 근거로
한 것이라는 점에서 영혼의 존재를 심령학의 기초 법칙으로 인정
하는 것과 다를 바 없다는 것이 심령과학자들의 반론이다. 뉴턴의
운동 법칙을 전제로 하여 많은 물리적 현상을 설명하듯이 영혼의
존재를 근거로 많은 영적 현상을 설명하는 것은 결코 비과학적이
라 할 수 없는 것이다.

물속에 사는 물고기들이 물 밖에 분명히 존재하는 거대한 세계
를 아무리 부인하더라도 그 세계가 없어지는 것이 아니다. 그 세계

가 존재하지 않는다고 억지를 부리면 부릴수록 더욱 설명할 수 없는 모순된 현상들에 직면하게 될 것이다. 이제 영혼의 존재를 인정하고, 영혼이 활동하는 무한한 세계를 탐구할 때가 되었다. 우리 인간들은 누구나 죽으면 영혼이 육체를 떠나 귀신이 된다. 영혼의 세계를 이해하려면 먼저 귀신에 대해서 알아야 한다. 귀신을 알게 되는 것은 무한한 영적 세계를 알게 되는 첫걸음이 된다. 또한 귀신에 대해 알게 되면 삶을 대하는 우리의 태도가 좀 더 진지해진다. 귀신은 멀리 있는 것이 아니고 우리 주위에 언제나 존재한다. 우리와 시공간을 같이 하여 있을 수도 있고 차원을 달리하여 있을 수도 있다. 심령과학을 비롯한 여러 학문이 더욱 발전하여 우리 모두가 좀 더 쉽게 귀신과 영적 세계를 이해하게 되고 이를 통하여 참된 삶을 살 수 있게 되는 날이 하루속히 도래하기를 기대한다.

1. 김기태 『영혼의 신비』(하늘아래, 2016)

2. 김영우 『빙의는 없다』(전나무숲, 2012)

3. 김영우 『영혼의 최면치료』(나무심는사람, 2002)

4. 김태곤 『한국무속연구』(집문당, 1981)

5. 김태곤 『한국의 무속』(대원사, 2006)

6. 닐 도날드 월쉬(Neal Donald Walsch), 조경숙 역 『신과 나눈 이야기, 원제: Conversations with God』(아름드리미디어, 2019)

7. 데이비드 봄(David Bohm), 이정민 역 『전체와 접힌 질서, 원제: Wholeness and the Implicate Order』(시스테마, 2010)

8. 레이먼드 무디(Raymond Moody) 『Life After Life』 (HarperOne, 2015)

9. 로버트 먼로(Robert Monroe) 『Journeys Out of the Body』(Harmony, 1992)

10. 류한평 『타인최면』(갑진출판사, 1999)

11. 린 맥태거트(Lynne McTaggart), 이충호 역 『필드, 원제 : The Field』(김영사, 2016)

12. 마이클 뉴턴(Michael Newton), 박윤정 역 『영혼들의 시간, 원제: Life Between Lives』(나무생각, 2014)

13. 마이클 뉴턴, 김도희·김지원 역 『영혼들의 여행, 원제: Journey of Souls』(나무생각, 2011)

14. 마이클 팀(Michael Tymn), 김자성 역 『사후세계의 비밀, 원제: The Afterlife Revealed』(북성재, 2013)

15. 마크 베어(Mark F. Bear) 외 2명, 강봉균 역 『신경과학-뇌의 탐구, 원제: Neuroscience Exploring the Brain』(바이오메디북, 2018)

16. 매리 앤 윈코우스키(Mary Ann Winkowski), 김성진 역 『어스바운드, 당신 주변을 맴도는 영혼, 원제: When Ghosts Speak』(도서출판 900, 2011)

17. 맹성렬 『과학은 없다』(쌤앤파커스, 2012)

18. 묘심화 『빙의』(물처럼, 2009)

19. 미하일 라두가(Mikahile Raduga), 이지윤·이균형 역 『자각몽과 유체이탈의 모든 것, 원제: The Phase』(정신세계사, 2016)

20. 박찬호 『UFO와 신과학 그 은폐된 비밀과 충격적 진실들』(은하문명, 2014)

21. 브루스 스카튼(Bruce W. Scotton) 외 2명, 김명권 외 7명 역 『자아초월 심리학과 정신의학』(학지사, 2012)

22. 서정범 『무녀별곡』(한나라, 1992)

23. 서정범 『한국무속인열전』(우석, 2002)

24. 세명 『귀신학을 논하다』(심조원, 1999)

25. 손영수 『4차원의 세계』(전파과학사, 2017)

26. 스베덴보리 『스베덴보리의 위대한 선물』(다산초당, 2009)

27. 스티븐 그리어(Steven M. Grear MD), 박병호 역 『은폐된 진실 금지된 지식, 원제: Hidden Truth Forbidden Knowledge』(맛있는책, 2012)

28. 궁택호웅(宮澤虎雄), 안동민 역 『심령과학』(서음출판사, 2013)

29. 안동민 『빙의령 이야기』(서음미디어, 2019)

30. 엘리자베스 퀴블러 로스(Elisabeth Kübler Ross), 최준식 역 『사후생, 원제: Life after Death』(여해와 함께, 2020)

31. 에디스 피오레(Edith Fiore) 『The Unquiet Dead』(Ballantine Books, 1995)

32. 오강남, 성해영 『종교 이제는 깨달음이다』(북성재, 2011)

33. 옴넥 오넥(Omnec Onec), 목현 역 『나는 금성에서 왔다』(은하문명, 2011)

34. 이븐 알렉산더(Eben Alexander), 고미라 역 『나는 천국을 보았다, 원제: Proof of Heaven』(김영사, 2013)

35. 조지프 B. 라인(J. B. Rhine) 『Extra-Sensory Perception』(Branden Press, 1973)

36. 제이지 나이트(J. Z. Knight), 유리타 역 『람타 화이트북, 원제: Ramtha, The White Book』(아이커넥, 2016)

37. 정홍경 『정통 타로카드 배우기』(넥서스 Books, 2009)

38. 켄 윌버(Ken Wilber), 조옥경 역 『에덴을 넘어, 원제: Up from Eden』(한언, 2009)

39. 케네스 E. 해긴(Kenneth E. Hagin), 오태용 역 『사단, 귀신 및 귀신들림, 원제: The Satan, Demons, and Demon Possession Series』(베다니출판사, 2017)

40. 키리아코스 C. 마르키데스(Kyriacos C. Markides), 이균형 역 『영혼의 마법사 다스 칼로스, 원제: The Magus of Strovolos』(정신세계사, 2001)

41. 프랭크 E. 스트랜지스(Frank E. Stranges), 박찬호 역 『미 국방성의 우주인, 원제: Stranger at the Pentagon』(은하문명, 2018)

42. 한스 홀쩌, 안동민 역 『사후의 생명』(서음출판사, 2010)